隋煬帝弒父 × 李世民奪嫡 × 亨利八世離婚鬧劇 × 甘迺迪總統刺殺案，
潛入歷史深處，知識與解謎的雙重享受！

不負責歷史課

刷新三觀的懸案八卦

陳深名 —— 著

揭開歷史神祕面紗，挑戰傳統刻板觀點

紂王不是暴君？安徒生是王子？
順治皇帝為愛出家？西班牙女王被愛逼瘋？

學校不會教的歷史八卦祕密大公開！

目 錄

前言

中國歷史疑案

世界歷史懸案

前 言

　　人類歷史源遠流長，為我們留下了太多的謎團疑案。謎一樣的歷史，謎一樣的古人，到處都閃耀著人類的智慧之光。在驚嘆祖先勤勞、智慧的同時，我們也為人類源遠流長的文明而驕傲。

　　閱讀歷史，是為了尋找人類發展過程、文明進步的軌跡；探索歷史，是為了還原歷史真相、明辨歷史問題的是非。歷史種種難解的謎團，強烈刺激著我們的好奇心，吸引著我們去思考和探索。同時，歷史還告訴我們，永不停止的探索追求，是人類智慧的天性，也是人類文明進步、發展的動力。

　　本書在精心收集資料的基礎上，還以真實性在趣味性，收錄世界上廣為流傳的經典歷史疑案，分為中國史、世界史兩部分敘述，內容囊括遠古傳說、宮廷祕聞、政治軍事、考古發現、名人之死、神祕寶藏等多個方面，並引用大量最新、最科學的資料，全面詳細探討這些疑案的來龍去脈，嚴謹分析成因，深入解讀歷史，力爭為讀者提供最權威、最豐富、最全面的資訊。

　　項羽為何不肯過江？成吉思汗的陵墓到底在哪裡？傾國傾城的香妃到底葬於何處？神祕的法老墓為何能置人於死地？印度寶藏到底在什麼地方？埃及豔后到底是一個怎樣的女人？……眾多長久以來困擾著人們的謎團，在本書中也許會讓您有新的發現。

　　本書簡明的體例，新穎的版式，多種視覺要素的系統結合，將帶領讀者們進入一個充滿精彩、玄妙的未知世界，使大家在享受閱讀快感、學習歷史知識的同時，更能開闊文化視野，增加審美享受和想像空間。

　　光陰在消逝中社會在不斷進步，但是許多歷史之謎並沒有因為時間的久遠而被遺忘，人們仍在不斷研究探索，大腦從來沒有停止思考，依舊追尋著真相。我們就從這裡開始，邁出揭祕歷史疑案行動的第一步吧！

中國歷史疑案

堯舜之間為何要禪讓

據記載，堯在三皇五帝中是第四個皇帝，姓伊祁，名放勳，號是陶唐氏，所以簡稱唐堯。舜姓姚，名重華。堯自動把權位讓給舜，史書上誇讚為「舉賢」，標榜其為政權交接的典範，即「堯舜禪讓」。其實，這只是遠古的傳說，並無文字記載，到春秋戰國時期才形成較有系統的文字。所以它是否真實準確，歷來備受懷疑。

●「舉賢」

先說「舉賢」的故事。堯很有治理天下的才能，他任義和掌管天地，派義仲等四人掌管東、南、西、北四方。此外，他制定了曆法，將一年定為三百六十六天，分為春、夏、秋、冬四季，使農牧、漁獵都按季節進行。堯在位共七十年，當他八十六歲時，感覺到自己已年老力衰，想找人繼承帝位，便有人向他舉薦了賢能的舜。

據說，舜是個奇人，他的眼睛有兩個瞳仁。母親早逝，舜只跟雙目失明的父親一起生活。後來，父親又娶了繼母。繼母生了一個兒子叫象。象長大後是個好吃懶做、凶悍頑劣的人，又極能搬弄是非。他曾和母親私下密謀，想方設法要將舜害死，以獨占家產。可寬厚仁慈的舜卻一直以德報怨，善待他們，對他們的陷害並不記仇。堯得知舜的事蹟後，對他很滿意，就把自己的兩個女兒 —— 娥皇和女英都嫁給了舜，以更深入了解、考驗他。舜靠自己的美德和威望，使歷山爭奪土地的農民懂得互讓；使雷澤爭奪房屋的漁民化干戈為玉帛；他還教河濱的陶工製作陶器的方法，使陶器更精緻。這麼多的政績使他名聲大振，每到一處，總有許多人跟隨他，從而逐漸形成了聚落，堯也給賞賜給舜很多東西。

舜的父親和弟弟象都很眼紅，想出了更多狠毒的手段來陷害舜。一

次，父親讓舜到糧倉頂上去工作，他卻在舜爬上去後將梯子撤掉，然後放了一把火想把舜燒死。幸好妻子娥皇、女英事先發現了這個陰謀，告訴舜上糧倉頂時帶上兩頂斗笠。如果下面起火，讓舜兩手各舉一頂斗笠。就這樣，起火時舜拿著斗笠的手臂如同翅膀，他從屋頂上飄落下來，安然無恙。

還有一次，父親讓舜去挖井，又想趁機將井填死活埋舜；沒想到，舜卻在井壁上鑿了一個洞，從旁邊斜道爬出來。事後，舜仍舊沒有計較，也不怪罪他們。

堯聽說舜心胸寬廣到如此程度，對他更加放心了，於是就放心把治國大權交給他，自己到各地巡視。舜就就這樣掌權了二十年，把政事處理得很好，得到百姓的擁護。這時，堯已經一百多歲了，視察天下歸來，就把全部權力都交給了舜，自己回家養老。又過了八年，堯去世了，舜一如既往把天下治理得很好，這就是「堯舜禪讓」的故事。

● 禪讓、篡位還是擁戴？

此外還有一個「插曲」：舜晚年時也像堯一樣到處視察，不幸在蒼梧地區生重病逝世。他的兩個妃子娥皇和女英很想念他，經常扶著門前的竹子流下思念的淚水，點點淚珠滴在竹子上，凝結成了斑斑點點的紋，人們稱此竹為「湘妃竹」或「斑竹」。

對於「堯舜禪讓」，有人認為這個傳說是編造的，他們的帝位繼承根本不是「禪讓」，而是「篡奪」，而且從史料中找很多證據。《史記》中記載，舜掌握政權後，為了鞏固自己的統治地位，迅速大量扶植親信，排除異己，就是歷史上所稱的「舉十六相」、「去四凶」。

「舉十六相」就是任用堯原本長期排除在權力中心之外的「八愷」、「八元」。「去四凶」就是把堯正在寵信的混沌、窮奇、檮杌、饕餮同時除掉

了，這樣就將堯的勢力掏空。然後，舜又將堯軟禁，禁止他與兒子、親友見面，逼迫他讓位；最後他為除後患，把堯的兒子放逐到了丹水。堯讓位之後可以安享天年，因為他畢竟是舜的岳父。

傳說舜南巡，死在蒼梧之野，葬在九嶷山上。聽到舜的死訊，娥皇、女英跑到那裡，抱竹痛哭後投水自盡。幾千年前的蒼梧之野，人煙稀少，既不是政治經濟中心，也不是邊關，舜為什麼南巡到那裡？他當時已經是百歲高齡的老人，哪能走到數千里之遙的蒼梧？這麼高齡出遠門，為何沒有家人照應？既然不帶家眷，後來兩個妃子又如何為他投水而死？據此，柏楊先生得出結論：要不是由武裝押解，不得不往；就是追兵在後，盲目逃生至此。二者必居其一，是耶？非也？

另外有人認為，他們並非「禪讓」，而是「擁戴」。

孟子、荀子等就持這種觀點：皇帝職位最高、權勢最大，不可能捨得把天下給人。那麼，他們是怎樣得到天下的呢？《孟子‧萬章》記載，堯死之後，舜跑到南河之南，避堯之子丹朱。但諸侯都跑來朝見舜，人們打官司的也來找舜，歌謠也是歌頌舜。於是舜就接受了人民的推崇，登上了帝位。也就是說，不管堯是否禪讓，諸侯和民眾統一「擁戴」，天下就是舜的了；到了禹的時候，也應如此。這種「擁戴」，與幾千年後宋太祖陳橋兵變、黃袍加身，毫無兩樣。

此外，還有頗為有趣的一說說法，是「畏勞」說，禪讓沒那麼嚴肅和神聖，只不過人們不想擔當這份苦差事。《莊子》說，堯本想把天下給許由，許由不受；又要給子州支父，子州支父也找藉口不受。到底他們為什麼都不願意接受帝位呢？韓非說，堯在位時，他自己屋頂的茅草都不整齊，房子的椽梁都無雕飾，他和家人吃粗糧、咽野菜，冬天裡只能裹著獸皮，夏天也只是披著葛布。即使一個守城門的人，也比他收入高。誰願意自己辛勞了一生，還把這份辛勞留給自己的子孫後代，讓他們也受這份罪呢？

看來，圍繞「禪讓」說，各種千奇百怪的傳說有很多。倘若堯舜禪讓確有其事，那時候他們的高尚舉動也足以讓後世的帝王汗顏。

點擊謎團 —— 大禹治水治的是哪裡的水

一說到大禹治水，現在一般人都認為是黃河水；還有傳說中的龍門，是在陝西的韓城和山西的河津之間，此地峭壁陡立，十分險要。相傳這是大禹鑿開的，所以龍門又被人們稱禹門口。

但試想，按照夏代施工技術的水準，大禹能完成這麼大的工程嗎？還有傳說，是大禹根據水系不同，把天下（全國）劃分為九州，事實上夏初的疆域絕對沒有那麼大。所以說許多神話傳說互相矛盾，很難自圓其說。之所以有這些傳說，是因為人們把一千多年中許許多多的人治水的功績都歸功到大禹一人身上，無限誇大史實。

考證發現：大禹治水，治的並非滔滔黃河之水，也非長江之水。那時的洪水事實上是海侵，也就是海平面上升後，海水倒灌至陸地上。這種災害是世界性的，許多民族都有這種遭洪水所淹的傳說。當洪水退卻之後，地面留下一片淤泥，如果不治理就不能耕種。因此看來大禹的功績，應該就是洪水後對田間水渠的管理，這樣才和孔子所說的「盡力乎溝洫」大致符合。

周公到底有沒有篡位稱王

　　周公姓姬名旦，也稱叔旦，大約活動在西元前一千一百年，是周文王姬昌的第四個兒子。

　　由於封地在周（今陝西岐山北），故稱周公或周公旦。周公也是西周初期傑出的政治家、軍事家和思想家，被尊為儒學奠基人。關於周公，歷史上有很多傳說，而最著名的應該是輔佐周成王的事蹟。

　　周武王姬發去世後，兒子成王誦尚幼，於是周公就作為叔父，處理當時的政事。《左傳·僖公二十六年》中稱，周公曾「股肱周室，夾輔成王」；《史記·周本紀》中也記載，當時因為天下初定，成王年少，「周公……乃攝行政，當國」。可見，周公在當時只是「夾輔」或「攝（代為）行政」，並沒有篡權之意。

　　然而另外有一些記載表明，周公在當時的作為並不是這樣。《荀子·儒效》和《淮南子·氾論訓》中都說，周公「履天子之籍」。清代的王念孫在《讀書雜誌》還解釋說：「謂履天子之位也。」《禮記·明堂位》和《韓詩外傳》卷三中又稱：「周公踐天子之位」等等。

　　近些年來也有人考證，在《尚書·大誥》中記載，「王」稱文王為「甯王」，又叫作「甯考」。什麼是「考」呢？就是對已故父親的稱呼。周公是周文王的兒子，而周成王已是文王的孫子了，因此稱文王為「考」的「王」就只能是周公。

　　種種記載表面，周公當時應該是身居王位，自稱為王。

　　那麼，周公為什麼要「踐位稱王」呢？

● 為國家打算

根據《尚書‧金縢》的記載，周公曾經對太公和召公說：「我之弗辟，我無以告我先王。」周公說的這句話中，「辟」是指王位，「弗辟」也就是不掌握政權的意思。

在武王姬發死後，東方尚未平定，很需要一個新國君來帶領周王朝繼續完成大業；但當時的周成王還很年幼，不足以擔此重任。因此周公在經過慎重考慮後，認為：我如果不即王位，就可能令諸侯叛亂，先王未成之事業將墜，我恐怕死後無言以告先王。

在《荀子‧儒效》也說，周公「履天子之籍」的原因是「惡天下之倍（背叛）周」。意思也是說，當時天下初定，局勢還十分不穩，成王年幼，缺乏治國的能力。國家沒有英武老練的君主，就不能鞏固新生政權。而且實際上，周武王在彌留之際，也曾有過傳位周公的想法。

據記載，周武王曾經稱讚周公為「大有知」，認為只有周公「可瘳於茲」，可以穩定周朝初年的政局，因而主張「乃今我兄弟相為後」，兄死由弟來繼承王位。

當武王說出自己的這種想法後，周公頓時誠惶誠恐，「泣涕共手」，表示不能接受，可見周公本來沒有篡位的想法。

因此《韓非子‧難二》中說：「周公旦假為天子七年。」就是說，他後來執政只不過是代行王政，等到成王年長後，再歸還王位。正因為這樣，「周公服天子之冕，南面而朝群臣，發號施令，常稱王命」。

顯然，周公「假為天子」，應該完全是為了整個國家的事業著想。

● 反對的觀點

但事情還有另一面。《荀子‧儒效》中稱：「周公屏成王而及武王以屬天下。」有人將這句話解釋為：屏者，除也，或蔽也；及，繼也。意思是說，周公屏除成王以繼接武王的天下，「偃然如固有之」，這不是專橫篡位是什麼呢？

《史記‧燕召公世家》中記載當時「召公疑之」，〈魯周公世家〉中也曾記載說周公曾向太公、召公等人解釋。如果周公沒有篡位的野心，召公、太公也是當時的賢人，為什麼會對周公有所懷疑呢？

尤其是後來「管叔、蔡叔疑周公之為不利於成王」，因而發生了動亂。從管叔、蔡叔的一貫表現來看，他們都忠於周朝，不可能會輕易叛亂。在《逸周書》中的〈大匡〉、〈文政〉等篇，便有不少關於管叔、蔡叔「受賜於王」、「開宗循王」的記載。所以現在人認為，他們二人應該算得上是周武王的好助手。

而周公呢？他先是用計將他的哥哥按「兄弟相為後」應該繼承王位的管叔調離京都，然後又趁管叔、蔡叔懷疑其動亂之機興兵東征，把他殺了。

● 為何還要還位於成王？

從上面的記載中我們可以推測，周公應該的確是自己稱王了。那麼既然已經篡位稱王了，為什麼後來還要還政於成王呢？

有學者認為，這是因為召公、太公懷疑周公，管、蔡聯合武庚起兵反周，關中地區也隨之動亂。這種事態的發展完全出乎周公意料，於是他便改弦更張：一方面在平定管、蔡後還政下野；一方面又拉攏召公，與召公平分大權。《史記‧燕召公世家》記載，成王即位後，「自陝以西，召公主之；自陝以東，周公主之」。周公一家除了長子封諸侯外，次子留守周室，世代共掌王政。由此可見，周公比後代的王莽、袁世凱機靈多了，他見篡

位不成，就馬上下野讓位，並且用另外一種方式取得了大量的權力。

　　不過，周公到底是為了國家、民族利益，光明正大代理王政；還是真有篡位的野心，耍盡陰謀詭計而未能全逞？要想在紛然雜陳的大量歷史記載中找出結果，可能還需要一些時間。

相關連結 ── 《周易》究竟是一部什麼書？

　　《周易》是一本闡述八卦的書。八卦，相傳是由伏羲氏所創造，後來又傳周文王，易八卦為六十四卦。司馬遷在《史記‧日者列傳》中稱說：「伏羲作八卦，周文王演三百八十四爻。」

　　《周易》中除了卦、爻辭外，還包括以前稱為「十翼」的彖、象、繫辭、文言、說卦、序卦、雜卦這十種「傳」。其中，《易傳》主要解釋卦義，闡發易理。以上這些，除了伏羲畫卦說可以認為是定論外，其餘都還沒有肯定作者。對於重卦的人，有的說是周文王，有的說是伏羲，有的說是神農，還有的說是夏禹；關於卦爻辭，有的說全為周文王所作，有的說是周公所作，還有的說是孔子所作；對於易傳，雖然歷來都稱是孔子所作，但也有人提出疑義。

　　《周易》一書具體成書於何時呢？有人認為，是周初周成王時期的著作，還有人認為是西周末年所作，但都沒有確鑿的證據。

　　從《周易》一書採取占筮參考書的形式，並依據舊筮辭編造而成這一特點來看，它應該屬於一本占筮書。但從《周易》以八卦為解釋內容，從其中表現出來的樸素唯物主義觀點和樸素辯證觀點來看，它又應該歸類為哲學書。若再從《周易》所涉及的內容，其中有關古代戰爭、祭祀、婚姻、農事這些情況來看，它還應該是一部歷史書。但究竟應該屬於何種性質，現在也同樣難以確定。

商紂王是不是暴君

《封神演義》可以說是一部家喻戶曉的小說著作，它以武王伐紂為背景，寫了一系列正戰勝邪、神打敗妖的故事，在民間流傳甚廣。全書以商紂王為中心，書寫他是一名人人恨之入骨的暴君。那麼，歷史上的商紂王是否真是這樣的一個君王呢？

● 商紂王其人

商紂王，名帝辛，是商朝最後一位皇帝。「紂」是「殘義損善」的意思，「紂王」這一稱呼，是後人為他取的惡諡，史書上記載商紂王「沉溺酒色，奢靡腐化」。

據說紂王甚喜飲酒，他鑿地為酒池，還在酒上行船，紂王就同姬妾親眾在池上一邊划船遊玩，一邊飲酒作樂。

他在宮中立起一些木樁，像樹林一般，在上面掛滿煮熟的肉，然後叫俊男美女裸著身子在這「肉林」間追逐打鬧。餓了就吃，吃了就玩，沒有晝夜。

他還大興土木，用七年時間造一座鹿臺。此鹿臺地基三里見方，高逾百丈。他把搜刮來的金銀珠寶以及擄來的美女聚集到臺上，宴飲狂歡，七日七夜不止，君臣姬妾都忘了時日。

當朝時期還創立了一種刑罰，殘忍暴虐，荼毒四海，就是炮烙之刑。這種殘酷的刑罰是把中空的銅柱用炭火燒紅，然後讓他認為的犯罪之人在上面爬行，最終被烙得皮焦肉糊慘死。

還傳說他為了觀察成長中胎兒的樣子，讓人殘忍剖開孕婦的肚子，看著她鮮血流盡，痛苦死去；他為了知道寒冷的冬天，光腳過河的農夫為什麼不怕冷，叫人砍掉農夫的雙腳，以砸骨驗髓。

他還寵信奸臣，殘害忠良，重用小人，不敬先祖等種種罪行，實在是罄竹難書。他大大的失去了民心，終於被武王一舉打敗，並選擇自焚，王后妲己則被武王送上斷頭臺。

● 紂王真的如此殘暴嗎？

歷史上的商紂王真的會如此殘暴？傳說孔子學生的子貢曾懷疑過這一點，認為有人故意把天下種種殘酷至極的罪惡都加在他頭上；而近代一些歷史學家在考證紂王七十多條罪行的先後次序後，發現這些罪行隨著時間越積越多。也就是說，這麼多罪行，有許多是後人所編造，這使得紂王暴虐的真實性和可信度大打折扣。那麼，人們為什麼要如此有意醜化商紂王呢？

第一點，是他的政敵們別有用心。例如暴虐荒淫、奢侈腐化、鎮壓反叛、剪除異己……其實這些是一切帝王的共性，並非商紂王獨有，但這些表現在商紂王身上為什麼就那麼駭人聽聞、令人髮指？可以肯定的說，是被政敵故意醜化。「勝者為王，敗者為寇」，滅掉商紂王的帝王御用文人，怎樣寫紂王都可以，於是就塑造出了這樣殘酷的紂王。

其次，是想把罪惡引到女人身上，妲己本是商紂王剿滅有蘇部落後的戰利品之一，也是紂王的玩物；可武王伐紂一千年後的《列女傳》，卻把所有的罪惡都歸於妲己一人，這就是一直以來的「女禍亡國論」。其實在封建社會裡，男尊女卑，若帝王本性凶殘、獨斷專行，不會受一個女子所左右，可是怎麼一旦亡國世亂，就讓女人來當替罪羊呢？夏桀時有妹喜，商紂時有妲己，周幽時有褒姒，唐明皇時有楊貴妃，彷彿若沒了這些女子，他們就會成為聖明天子似的。因此，在紂王的故事中將罪惡歸於妲己，既是小說作品的調味料，也是封建文人為開脫昏君罪名、愚弄人民認知的陰暗心理在作祟。

第三，是後代統治者想抹殺紂王的真實歷史功績。據《史記》記載，商

紂王身材高大、膂力過人、博聞強知、思維敏捷。他的才智表現在對複雜的問題，能迅速作出準確的判斷，他的力氣之大表現在足以徒手殺虎、托梁換柱。傳說他一手抓九頭牛的尾巴，往後一拉，九頭牛不得不向後退。他曾經指揮打敗東夷，將國土開拓到中國東南部，從而開發了長江流域。

當時，東夷經常向商朝進攻，擄去很多商朝百姓當奴隸，它對商朝是個威脅。紂王的父親帝乙也曾和東夷大戰過一場，只是未能取得勝利。等紂王登基後，他下令鑄造足夠的兵器，並親自率大軍攻打東夷。雖然東夷的各個部落聯合抵抗，仍然無法擋住紂王的攻勢。

在紂王的指揮下，商這邊的箭鏃是用青銅製造，精巧鋒利、射程遠、殺傷力也更大。所以在兩軍對陣時，東夷的軍隊很快就一批批倒下，商軍一陣猛攻、將之層層包圍，結果東夷的大部分士兵都做了商的俘虜。傳說，商軍對東夷的軍隊如同秋風掃落葉一般，一直追打到長江下游，征服大部分東夷部落，俘虜成千上萬的東夷百姓，取得很大的勝利。從此之後，中原和東南一帶的交通被開發不少，中部和東南部的關係越來越密切。中原地區的文化逐漸滲透到了東南地區，使那裡的人民學會利用優越的自然地理條件生產。

公正評說，以上這些歷史功績應該歸到紂王身上。當然這些多是傳說，歷史上真實的商紂王到底什麼樣呢？這有待歷史學家進一步研究。

相關連結 —— 妲己：古今第一怨女

中國歷代的「紅顏禍水」的故事裡，最惡毒的莫過於商紂的寵妃妲己了。在《封神演義》中，妲己是因為被千年狐精附體，受女媧命令來禍亂商朝，所以才使紂王變得那麼怪戾不堪，做出那些殘無人道的事。

這是迷信說法，不足為人所信，妲己肯定不是由狐狸精附體。按《晉語》記載：「殷辛伐有蘇，有蘇氏以妲己女焉。」意思是說，妲己是紂王征

戰後得勝的「戰利品」。而這個有蘇氏部落又恰是以九尾狐為圖騰，所以才有了《封神演義》中的這種附會。雖然妲己不是狐狸精附體，可照樣可以把紂王迷得唯命是從 —— 唯妲己之言是從。

但是，妲己真是那麼壞嗎？不管是正史典籍的記載，還是稗官野史傳述，妲己都被形容成一個蛇蠍美人，可以說是千古淫惡的禍首。這樣的論調已深入人心、家喻戶曉了，但是，歷史真實的情況是這樣嗎？

先來說商紂王，千百年來，他已被標記為一個暴君的形象了；可事實可能是，這個歷史形象離他真實的形象有很大差距。孔子學生子貢曾說：「紂之不善，不如是之甚也！是以君子惡居下流，後世言惡則必稽焉。」

在春秋時期，紂王罪狀傳說還僅僅限於「比干諫而死」；到了戰國時期，關於比干的死法就豐富起來了，屈原說他是被投到水中淹死，呂不韋的門客卻說他是被剖心而死；到了漢代司馬遷寫《史記》時，有了更具體生動的演繹，說商紂王之所以剖開他的心，是為滿足妲己的好奇心，想看「聖人」的心是否有七竅；而在晉朝，皇甫謐因為是醫生，寫些文史文章的時候，也難免犯「職業病」，更為深入演繹出，紂王在妲己慫恿之下，還解剖了孕婦的肚子要看胎兒形狀。紂王縱有千般不好，也不至如此之毒。後世文人根據個人好惡，加工演繹，以訛傳訛，這其中的謬誤不大才怪？

紂王形象殘暴化的同時，妲己的妖孽和毒辣形象也在逐步升級。從《尚書》中武王伐紂的一句「聽信婦言」開始，到《國語·晉語》：「妲己有寵，於是乎與膠鬲比而亡殷。」再到《呂氏春秋·先識》：「商王大亂，沉於酒德，妲己為政，賞罰無方。」這些都還算是不太離譜的推斷性評價；但到後代，年歲越久，想像的成分就越多，寫出來成為「史料」的記載也就越生動，在以後就到了小說《封神演義》，因為沒有史家記史的顧慮，綜合歷代文人傳下來的諸多素材，演繹起來就更加忘乎所以，因此「千古惡女」這一罪名，也必須扣到她頭上了。

項羽不肯過江之謎

西元前兩百一十年，秦始皇巡遊經過會稽時，一個氣宇非凡的年輕人也隨眾人前往觀看。觀望中，他不禁脫口而出：「彼可取而代之也。」只此一語，眾人皆驚，這個人就是後來的楚霸王項羽。

項羽有雄心壯志，同時又精通兵法、豪氣蓋世，這樣的亂世梟雄，欲成霸業，應屆不難！嘆只嘆他為人剛愎自用，獨斷專行，最終窮途末路，自刎烏江岸。「生當做人傑，死亦為鬼雄。至今思項羽，不肯過江東。」女詞人李清照讚項羽是人傑，又哀其不能忍一時之辱渡江東，東山再起，因此說項只能算鬼雄。但項羽為何不渡烏江呢？兩千多年來，人們對這個謎一直爭執不休。

項羽是秦末時農民起義軍的重要領袖，名籍，字羽，楚國名將項燕之孫，精通兵法，能征善戰。鉅鹿之戰，項羽破釜沉舟，以寡擊眾，全殲秦軍主力，可見其勇謀均優，可謂不可多得的人傑。對於他的失敗和不肯渡過江東的原因，大致有這樣幾種推測。

● 過於一意孤行

這種推測認為，項羽太重情義，無法識別劉邦的用心，同時也剛愎自用，聽不得忠臣良言相勸，一意孤行。項羽和劉邦原本是磕頭兄弟，因奪天下反目。其實項羽有多次機會除去劉邦，卻總是顧念兄弟情分，狠不下心。後來，項羽聽身邊謀臣之言捉來劉邦之父，以此要脅劉邦就範，然而劉邦知其重情重義此一軟肋，不僅不肯就範，居然還恬不知恥地說：「你我乃兄弟，我之父乃你之父，你若殺他，我也要『分一杯羹』。」於是，項羽怕背上這「殺父」惡名，不得不放棄這一滅掉劉邦的大好時機。

◎ 摯愛虞姬

這種推測認為，項羽不過江東，是因為他的摯愛虞姬已死，心死情滅，什麼追求也沒有了，殺出重圍只是死前一搏，別無他念。

不過這樣的推測頗受爭議。《史記》上說：「項王笑曰：『天之亡我，我以何渡為！且籍與江東子為八千人渡江而西，今天一人還，縱江東父兄憐而王我，我何面目見之？縱彼不言，籍獨不愧於心乎？』」這段話一方面說出當時的形勢不可逆轉，一方面說項羽「無顏見江東父老」才自刎。

也就是說，項羽即便過江，敗局已定，所以他才選擇了不渡烏江。

◎ 無顏見江東父老

當時項羽帶著二十八個人到烏江時，烏江亭長說：「我知項王今要路此，特泛舟在此等候，項王只要過了此江即是江東，可再稱王。」然而項王卻說：「當年江東八千子弟與我爭戰，今無一人還，縱使江東父老憐我、王我，我又何以目視之，縱彼不言，吾獨不有愧於心。」後來，將千里馬送於亭長告別。

然後，項羽和二十八個人衝入漢兵營，斬殺百人，人見畏之，皆不敢上，項王發現領兵來的將領竟是自己的好友，項王謂之：「聽說漢王以千金、萬戶侯以購我人頭，既然你我好友，我就把這個好處給你吧。」話畢就自刎了，眾士兵衝上搶項王屍首，最終為五人分得，皆因此而封侯。

◎ 形勢使然

這種推測認為，項羽渡不渡江都一樣。項羽自從固陵戰敗之後，就連連敗退，退到垓下。垓下突圍時往東南逃，一直逃到烏江邊緣。由此可知，他早已經有了退守江東的想法，所以才一路逃奔至此。若說項羽因為

失敗，使得帶領的江東八千子弟葬送了性命，因而愧對江東父老的話，垓下被圍時，「虞姬死而子弟散」，他也應因羞愧而自殺。項羽在渡淮之後，從騎僅僅只有百餘人，到陰陵時又迷了路，向一農夫打聽，結果又被騙，最後身陷大澤，被漢軍追上，無法自救才自刎。

種種推測不一而同，但項羽為何不渡烏江，兩千多年來尚無定論。

相關連結 —— 虞姬

據《史記》和《資治通鑑》記載，項梁殺人後為了避禍，攜項羽從下相跑到了吳中，也就是今天的蘇州。虞氏當時是會稽郡吳中的名門望族。項梁叔姪就在此地結交了江東子弟。虞姬，是吳中的虞氏美女，應為名門望族之女，因為仰慕項羽的英名，便嫁給項羽，伴其左右。

一種傳說認為，虞姬出生文化悠久、風景秀麗的江南名城 —— 紹興，具體出生地是今紹興縣漓渚鎮美女山腳下的塔石村，風光秀麗的美女山也是因此地出此奇女子而命名的。美女山比鄰書法聖地蘭亭、西施故里紹興諸暨，此地出美女不足為奇。

還有傳說認為，虞姬是今沭陽縣顏集鎮人，因為該鄉境內有虞姬溝蜿蜒半境，此溝因人得名，溝畔有胭脂井、霸王橋、九龍口、點將臺、項宅等因歷史而得名的古蹟。

不論如何，虞姬是西楚霸王項羽的愛姬，經常隨項羽出征。楚漢之爭的後期，項羽趨於敗局，西元前二〇二年被漢軍圍困在垓下，也就是今天的安徽省靈璧縣南，兵少糧絕，半夜聽見四面傳來楚地歌聲，悲哀大勢已去，面對虞姬，在營帳中飲酒後悲歌：「力拔山兮氣蓋世，時不利兮騅不逝，騅不逝兮可奈何，虞兮虞兮奈若何？」歌詞悲壯蒼涼，情思繾綣動人，這就是有名的〈垓下歌〉。

當下，這位曾經叱吒風雲的豪傑，也發出了英雄氣短、兒女情長的哀嘆。而身旁的虞姬則無比愴然，拔劍起舞，並自歌和項王 ──「漢兵已略地，四方楚歌聲；大王意氣盡，賤妾何聊生。」遂自刎，以斷項羽後顧之私情，激項羽奮戰的鬥志，希望項羽能勝利突圍。後來，清朝有位詩人以虞姬的口吻作詩一首：「君王意氣盡江東，賤妾何堪入漢宮；碧血化為江邊草，花開更比杜鵑紅。」虞姬如此的大義凜然又忠於自己的愛情，至今令人們傳頌不已。

女屍為何千年不腐

悠悠歲月，芸芸眾生，幾千年歷史長卷中的人們，最終都靜靜塵封在黃土之中。今人把目光聚向那神祕的古墓，希望能解開種種謎團。但當考古工作者挪走墓上一層層的黃土，展現在他們眼前的仍舊是無窮的疑惑、思索和探求。

● 馬王堆的神祕女屍

湖南省馬王堆古墓出土的神祕不腐女屍，撼動世界。人們無比驚訝：為什麼歷經兩千多年，這具女屍不但外形完整，而且面色鮮活，髮色如真。經過解剖，其臟器完整無損，血管結構清楚，骨質組織完好，甚至腹內一些食物仍存。這讓人產生錯覺：這不是千年前的遺留，而是剛剛謝世的人。它帶給人們震驚的同時，也帶給人們重重難解之謎。

西元一九七二年，考古專家在湖南馬王堆發掘出三座西漢墓葬。墓的前面有個斜坡的墓道，墓頂上有封土塚，這是一個長方形的立穴木槨墓。其中，一號墓的土塚高有五至六公尺，墓口長二十公尺，寬一百七十九公分。土壙墓口從上到下共有有四層臺階，共深十六公尺。墓內共有四棺一槨。棺是重棺，外棺是黑漆素棺，二層棺是彩繪棺，三層棺是朱地彩繪棺，內棺是髹漆，內紅外黑，並且以絨圈錦和羽毛貼花絹做裝飾，蓋板上覆蓋著一幅帛畫。

內棺的墓主人是一位女性，約五十歲，全身裹殮著各式各樣的衣服和十八層絲麻織物製的衾被，浸泡在二十公分深的茶色的液體中。

屍體被保存得非常完好，因此各地的專家、學者都前來，在解剖學、微生物學、組織學、寄生蟲學、病理學、化學、生物化學、生物物理學、中醫中藥學、以及臨床醫學等諸多學科上深入研究和合作。透過肉眼觀察、電子

顯微鏡觀察、病理組織、X射線、寄生蟲研究、毒物分析等等，對女屍的死亡年齡、血型、疾病、死亡原因等諸多方面鑑定。結果顯示，此墓主人生前曾有損傷性症狀，患有多種疾病，死因可能是冠心病。各項研究都取得了豐碩的成果，而對於古屍千年不腐原因的研究，更被看做重中之重。

● 古屍為何不腐

　　一般說來，古墓中的屍體只有兩種結果：一種是腐爛。這是因為隨葬品中有大量的有機物質，它們必然會在有空氣、水分、細菌的環境中迅速腐爛，隨之棺木也會腐朽，最後屍體也難免腐爛到只剩下骸骨，甚至成為碎屑；第二種結果就是形成乾屍。這是因為處在極為特殊的氣候條件中。在特別乾燥、或者沒有空氣的地方，細菌等微生物難以生存，這樣屍體就會迅速脫水，最後成了皮包骨的「乾屍」。

　　但馬王堆的女屍是「溼屍」，為何卻沒有腐爛呢？據考查，有五方面的原因。

　　第一，屍體的防腐措施良好。經化學鑑定，棺液沉澱物中包含了大量的硫化汞、乙醇和乙酸等物。這就證明女屍經過汞處理和化學物浸泡處理，其中，硫化汞在屍體防腐固定上的作用早有科學證明。

　　第二，墓室很深。從建墓室的條件看，整個墓室建在地下十六公尺以下，並且還覆蓋有底徑五十至六十公尺，高二十多公尺的大土堆。這樣既不能透水，也不能透氣，更不能透光，基本上隔絕了地表的物理和化學影響。

　　第三，封閉很嚴實。墓室的周壁都是用黏性強、可塑性大、密封性好的白膏泥所築成。泥層厚大約一公尺，在白膏泥的內層同時襯有半公尺厚的木炭層，一共約有五千多公斤。墓室築成後，墓坑又用五花土夯實過。這樣，整個墓室就與地面上的大氣完全隔絕，並能始終保持攝氏十八度左右的恆溫，不但隔絕陽光照射，還能有效防止地下水流入。

第四，隔絕空氣，又密封良好，墓室中已接近真空，具備了氧少的條件，厭氧菌就開始繁殖。在槨室中存放的絲麻織物、竹簡、漆器、樂器、木俑等有機物，尤其是那些陪葬的大量的食物、植物種子、中草藥材等，就產生了可燃的沼氣，從而提高了墓室內的壓力。而且沼氣還能殺死細菌，同時高壓也使細菌無法繼續生存。

其五，棺槨中有神奇的液體，發揮了防腐和保存屍體的作用。據科學實驗顯示，槨內的液體深約四十公分，棺內的液體深約有二十公分。但這些不是人造防腐液，那麼它們是從哪裡來的呢？經科學研究，這些液體是由白膏泥木炭、木料中的少量水分以及水蒸汽共同凝聚而成。內棺中的液體是由女屍身體中的液體化成的「屍解水」等凝結而成。正因為有這些自然形成的棺液，才防止了屍體腐化，並且使得屍體的軟組織能始終保持彈性，膚色如初，彷彿活人一般。

千年女屍重見光日，隨同它的還有很多出土文物，這些更散發著誘人的光芒，讓人流連於這神奇的迷團之中。

新知博覽 —— 金縷玉衣的製作

目前中國已出土玉衣的西漢墓葬一共有十八座，而這當中出土金縷玉衣的墓只有八座。最具有代表性的，是在河北滿城一號墓出土、中山靖王劉勝的金縷玉衣。這件金縷玉衣是用一公斤多的金絲，連綴起兩千四百九十八大小不等的玉片，由上百個工匠花了超過兩年的時間完成。整件玉衣設計精巧、作工細緻，可以說是曠世難得的藝術瑰寶。西元一九六八年，這件金縷玉衣出土時，引起海內外考古界轟動。

從外觀上看，「玉衣」的形狀和人體幾乎一模一樣：頭的部分是由臉蓋和臉罩組成的，臉蓋上刻出眼、鼻、嘴的形狀。臉蓋大部分是由長方形

小玉片構成，雙眼和嘴則是由較大的玉片上刻出，鼻子是用五塊長條瓦狀玉片合攏而成，簡直唯妙唯肖。上衣是由前片、後片和左右袖筒構成，各部分之間彼此分離；前片製成的是胸部寬廣、腹部鼓起的體態，後片的下端則作出人體臀部鼓起的形狀。褲子是由左、右褲筒組成，二者也各自分開。手部做成握拳狀，左右各握住一璜形玉器，足部做成鞋狀。前胸和後背共置玉璧十八塊，並且嚴格按照一定的排列順序。

在「玉衣」頭部有口含、眼蓋、鼻塞、耳塞，下腹部還有罩住生殖器用的小盒和肛門塞，這些也都是用玉製成。另外，頸下有瑪瑙珠四十八顆，腰部出玉帶鉤。

整套「玉衣」形體很肥大，披金掛玉，玉片的角上都有穿孔，可以用黃金製成的絲縷編綴，所以被稱作「金縷玉衣」。

兩千多年前的西漢，按當時的生產力水準，製作這樣一套「金縷玉衣」極不容易。玉料要從很遠的地方運來，再透過一道道的精密工序加工，成為數以千計的、大小和形狀不同的小玉片，而且每塊玉片都需要磨光和鑽孔，大小和形狀都經過嚴密設計和細緻加工，編綴玉片時還需要用很多特製的金絲。製成這麼一套「金縷玉衣」所花費的人力、物力、財力，在當時十分之驚人。窮奢極欲的皇室貴族，因迷信認為「玉能寒屍」。為了使屍體不朽，他們就用如此昂貴的玉衣作殮服，並且使用九竅器塞住九竅，可以說是費盡了心機。

但結果卻恰恰相反，由於這樣的金縷衣價格極其昂貴，就會招來眾多盜墓賊，所以「漢氏諸陵無不盜掘，乃至燒取玉匣金縷，骸骨並盡」。其實，即使沒有那些盜墓賊的光臨，當考古專家打開那神祕的墓室，企求「金身不敗」的墓主人已經化作了一捧泥土，剩下的只不過是一件精美絕倫的玉衣了。而這金縷玉衣，好像正向後世的人們講述這些千百年來已破滅的神話。

佛教是如何傳入中國

　　西元六十四年的一個夜晚，東漢明帝在洛陽城的寢宮，做了一個奇怪的夢，夢到一名身材巨大的金人，頭上頂著白光，在皇宮裡飛翔穿梭。

　　那時的人們若是晚上做了奇怪的夢，第二天都會找人來釋夢或者圓夢，皇帝的夢尤其需要給予合理的解釋。明帝第二天早朝時，將自己的夢作為大臣們議論的主題。博學的大臣傅毅上奏說：「臣聽說西方有神，名字叫佛，就像陛下夢見的那個樣子。」明帝聽了之後非常高興。

　　為了圓夢，他派遣大臣蔡愔、秦景、王遵等十八個人一同前往西域尋找，蔡、秦等人西行至大月氏國，也就是今天的阿富汗境至中亞一帶，遇到了高僧迦葉摩騰、竺法蘭，於是他們邀請兩位高僧到中國，高僧們欣然同意。於是，一行人用白馬馱載著佛經返回。佛像於永平十年（西元六十七年）到達京城洛陽——這就是中國佛教史上第一次「西天助經」。

　　漢明帝最終尋到了西方佛的蹤影，圓了自己的夢，異常興奮。他先安排兩高僧暫時住到原本專門負責外交禮賓事務的官署——鴻臚寺，第二年又下令在洛陽城西雍門外、一點五公里遠的御道之北，專門修造了一座僧院，為紀念白馬馱載的佛經，就將僧院命名成白馬寺。

　　其實，「寺」本是中國古代官署的通稱，因為這兩位高僧初來中國時住在鴻臚寺，僧院也就跟著稱作寺；沒想到的是，這一借稱後來竟成了中國僧院的泛稱，而原本的官署反而不再稱為寺了。

　　這些是關於佛教如何傳入中國的較早文獻記載；但更早的時候，佛教到底是透過什麼樣的途徑傳入中國的呢？至今仍舊是一個尚無定論的歷史之謎。

● 佛教圖像的來歷

據史籍記載和關於遺跡的研究，人們一直認為源於印度的佛教圖像，是沿著西域的古絲綢之路，由萬里流沙的亞洲大陸腹地一程又一程被駱駝馱到中原。

新疆是西域古絲綢之路必經的地方，出土了很多佛教的古文物，其中最著名的應該是西元一九五九年，在新疆民豐縣北尼雅遺址旁邊的一座墓。這是一座夫婦合葬墓，在裡面發現了兩塊白地藍色蠟纈的棉布，其中一塊的左下角上，印著一個長寬均為三十二公分的方框，內有一個半身菩薩像。在菩薩的頭後面有光，其身體的後面也有背光，上身赤裸，手裡拿著花束。

新疆種植棉花遠遠早於中原，那麼這塊棉布，即使不是鄯善本地所織出，也應當是西域某地製造出來的，因此上面的菩薩像表現了那一帶當時的藝術風格，毋庸置疑。

與中原東漢的佛教圖像相較，可知這個菩薩像具有濃厚的希臘犍陀羅風格。在佛教東傳的過程中，還曾留下了其他不少造像的遺跡，第一，西元三世紀開鑿在新疆拜城克孜爾的千佛洞。只可惜，這裡的塑像已經隨著歲月的流逝而湮滅一空了，但然就保存下來了許多精美的壁畫；第二，就是西元三六六年開始築造的敦煌莫高窟，裡面的佛像和壁畫內容豐富，又被較完好的保存，堪稱是中國石窟藝術中最古老的「母窟」。佛教，就是在這場由西向東的「接力賽」中，漸漸滲透到中國。

● 孔望山摩崖造像

在中國最東邊，臨近黃海岸邊，有一座摩崖石刻，能夠質疑上面看似準確的觀點，就是孔望山摩崖造像。它鑿刻於東漢時期，比敦煌莫高窟要早兩百年。在這裡留下的這些圖像中，有很多可以明確辨認與佛教相關，

如有坐佛、立佛、佛涅槃圖、捨身飼虎本生故事圖等等。這當中最為生動的當屬「佛涅類圖」，當時的工匠利用了幾塊相連的青灰色斷崖，在它們陡立的斷面上，細心雕刻出了密集的人群頭像，他們應該是在悲悼佛滅而慟哭的弟子。還有用肉紅色石頭雕刻出來的釋迦牟尼側臥像。一幅幅生動的佛教故事便留在了石崖上，使我們聯想到釋迦牟尼教化眾生，化緣既盡，用一天一夜在婆羅樹下講完《大般涅槃經》，然後右手支頤，安然寂滅。

當然，孔望山摩崖造像的主角其實並非佛祖，而是中國傳統的神仙——西王母和道士。這恰好反映了佛教在最初傳入中國時一種很尷尬的地位。在佛教傳入初期，中國對它的了解不深，經常是從神的角度理解教義；再加上佛教的傳播者為使佛教得以在中國流傳，傳教時會有意順應中國原本的神仙思想，因此漢代人把佛和天界的神，一起當成保佑自己靈魂能夠升天的對象，一起頂禮膜拜。當時的佛教還是處在早期的道教、神仙思想的附屬品地位，所以孔望山造像中，釋迦牟尼像也只能是西王母和道士像的小小陪襯。

一千八百多年後，一直靜默的的孔望山摩崖佛教內容最終被解讀了，另外一個更大的歷史謎團卻留給了歷史學家：既然佛教是透過西域古絲綢之路傳入到中國，那佛教圖像為什麼越過西域、河西走廊和中原，首先在中國最東部的天涯海角顯現法身呢？又為什麼恰恰是孔望山呢？……人們不得不再次翻檢歷史，才發現：孔望山所在的地方是漢代臨朐縣的一個國際港口。由孔望山沿東南沿海航行，就進入了印度洋，這可以說是一條完整的海上絲綢之路。普渡眾生、救苦救難的佛，可能就是如此凌波踏浪，一路遠航，在風的推動之下，比那些需要去穿越流沙的陸地上傳播者提前登上中國。

● 早期佛教如何來到中國

當人們把較的目光投在西北和東南時，也有學者在中國的西南境發現了佛教初傳入時留下的痕跡，這就又形成一種看法 —— 早期的佛教是透過西南絲綢之路傳進中國。

四川是西南絲綢之路的必經之地，崖墓是四川這一地區所獨有的墓葬形式，在崖墓裡出土過很多反映佛教的畫像。比如四川樂山城郊的漢大型麻浩崖墓裡，其中間一後室門額的位置上，有用淺浮雕技法刻出的一尊坐佛像。該佛像高有三十七公分，頭帶光，跏趺坐，手施無畏印。佛像高居在門上，幾乎接近房頂，處在受供奉的位置上，它的形態是模仿外來佛像。

搖錢樹是漢代四川崖墓特有的隨葬物，學者把它看做是社樹。社神象徵土地神，用搖錢樹隨葬，說明墓主如同擁有私有財物那樣子來控制社神。也有學者認為，搖錢樹在漢代是與道教崇拜有關的一種特殊器物，把佛像鑄在搖錢樹上，有用財富來娛佛的意思，此做法到今天還一直流行在雲南一帶的寺廟佛事活動中。雖眾說紛紜，但是漢代的搖錢樹以及陶座本身是象徵受禮拜、受供奉的神物，這一觀點一致。隨著佛教從西南絲綢之路傳到中國，搖錢樹上就相應出現了教的圖像，這說明當時的人們已把佛當做來供奉的對象之一了。

佛教傳到中國，到底是在陸上穿越了流沙，還是乘著海風，還是翻越了西南的重重山嶺，到今還是困擾中國史學界的一個重要問題。相信隨著越來越多的史料被解讀，越來越多的史跡被發現，最終這個問題也會得出滿意的結論。

點擊謎團 —— 古代定居中國的猶太人是否完全被同化

誠如法國漢學家沙畹（Chavannes）所說，所謂周代或漢代即有猶太人定居中國之說，只是揣測之詞，要不就是牽強附會，要不便是出於宗教情緒，並無確切歷史資料為憑。研究中、西宗教的中國學者，也認為猶太人在唐代入中國，大多數為了貿易，不見得是到來長期定居。

不過，明弘治二年（西元一四八九年）開封的《重建清真寺記》碑刻，歷數猶太人的宗教信仰、「敬天禮拜」的綱領、尊孔與尊重中國文化，以及猶太人何時進入中國及開封等事項，卻是較正史（《元史》）記載為早，並且為一般學者承認是猶太人何時到中國定居的可靠資料。弘治碑比對後來的正德碑、康熙二年碑所載猶太人入中國的年代雖不一致，但弘治碑較為早出，似更可信。弘治碑銘刻中有云：「噫！教道相傳，授受有自來矣。出自天竺，奉命而來。有李、俺、艾、高、穆、趙、金、周、石、張、黃、聶……七十姓等，進貢西洋布於宋。帝曰：『歸我中夏，遵守祖風，留遺汴梁』。」

既然有「歸我中夏，遵守祖風，留遺汴梁」等字句，並且由皇帝說出，自然是有大批猶太移民前來定居。宋代汴梁（今天開封），是當時世界一個經濟、文化中心，人口約一百萬。猶太人向宋帝進貢西洋布，似可證明是初次到中國來經商。西洋布就是棉布，產於十四世紀，中國人尚未種棉，因此猶太人進貢棉布，也從側面證明了弘治碑所記，猶太人於宋代定居開封並非無稽之談。當然，個別猶太人入中國，也許在漢朝張騫打通「絲綢之路」之後，就曾有發生。

開封猶太人雖則採取移民「客隨主便」的現實態度，他們仍可信奉猶太教，而由弘治碑「夫一賜樂業立教祖師阿無羅漢，乃盤古阿耽十九代孫也。自開闢天地，祖師相傳授受，不塑於形象，不諂於鬼神，不信於邪

術」等語看來，他們的確很熟悉聖經《舊約》；還有，這些人雖然定居開封，敬天禮拜的時候也始終奉行祖先遺下的「禮法」，例如鞠躬、靜默、鳴贊、禮拜時脫鞋、戴藍帽、女人不戴頭巾，面向西方聖地耶路撒冷等。至於開封猶太教清真寺所藏經籍，例如《五經》不依希伯來文分為五十四卷，而仿波斯將其中二卷合為一卷，僅五十三卷，則似乎表明猶太進入中國前，輾轉亦受其他文化或多或少的影響。也許流浪的猶太人已失國土，卻還互相傳授著宗教信仰，到任何可以容納他們的地方定居。

　　不過，如德國哲學家康德所說，因為猶太人很早就具備成文及頗完整的宗教典籍，所以即使猶太人居於異鄉，也不像別的群體那樣，一旦進入別的宗教信仰地域，日久就喪失原有的宗教信仰。康德認為古今的猶太人即使在習俗、儀式不同的社會，仍然可以保持固有信仰。但以開封猶太人為例，康德總結出來的規律卻不算完全準確。無疑，定居開封的猶太人既有經籍，複造寺院，更奉行祖宗禮法，可是他們採取了不是堅持而是權宜的方法，固有信仰好像作了部分修改。弘治碑說：一賜樂業教與儒教大同小異，而且「受君之恩，食君之祿，唯盡禮拜告天之誠，報國忠君之意」，似有別於原始猶太教信仰。至於開封的猶太人在宋室南遷之後仍以宋朝正朔為建寺的紀年，以及使用一些佛教、道教的辭句，諸如無相、淨業、古剎、道一天真、幽玄、至妙等，也在在表示猶太人到開封來定居後不久，便開始被中國文化同化。

突厥為何以狼為圖騰

　　狼是凶猛的肉食動物，是自然界中最為成功的捕殺獵手之一。牠們具有良好體能與行為本能。為了哺育幼崽，牠們能夠忍飢挨餓，不怕艱險；在對抗外來侵略者和捕殺大型獵物的關鍵時刻，牠們往往都表現出優良的協調精神和勇敢的犧牲精神。牠們以其特有的集群狩獵，在弱肉強食中得以繁衍生存。

　　但在漢文化及其他農業文明中，狼卻有著不好的形象，牠們陰險凶狠，無惡不作。在一些童話故事和成語中，狼更是邪惡的化身。如格林童話中的「狼外婆」形象，中國成語狼子野心、狼狽為奸等等；但在草原上游牧民族卻對牠們敬愛有加，把牠們視為祖先和保護神，如古代的突厥人。

● 突厥人是什麼人

　　突厥源出於鐵勒，最初大約居住在葉尼塞河上游。在五世紀中葉，突厥人成為柔然種族的奴隸，被迫遷居到阿爾泰山的南面，為柔然的奴隸主鍛鐵，因此被稱為「鍛奴」。

　　五世紀後葉，被柔然奴役的部落不斷反抗和逃亡，其中敕勒各部的反抗最為激烈。突厥人以阿史那為核心，擊敗了準備攻打柔然的五萬餘高車人，並將他們收降。在這基礎上，進一步擊滅盤踞在漠北百餘年的柔然汗國，西元五五二年，在鄂爾渾河流域建立了一個嶄新的國家——突厥汗國。

　　隨後突厥征服中亞，其疆域東起遼河上游，西達裏海，南至大漠以北，北至貝加爾湖。但隋代時突厥分為東、西兩部分，東突厥於西元六三○年被唐朝所滅，西突厥則向西遷移。十一至十三世紀，西突厥人中

的塞爾柱和鄂圖曼兩支部落，分別建立了龐大的塞爾柱帝國和鄂圖曼突厥帝國。現今土耳其國家的名稱即源於突厥之名，土耳其民族是突厥人和小亞細亞及近東原有居民長期融合的產物。

● 突厥人的狼圖騰

在突厥人崛起的時候，軍旗上繪著的是金色狼頭，稱為狼旗。突厥人為什麼用狼來作自己民族的圖騰呢？有人以為，狼是突厥人的先祖，有人以為這是由於生殖崇拜的結果。這樣把狼作為圖騰頂禮膜拜的現象，是否反映了原始牧人對狼的畏懼心理，或希望狼能發善心，或是祈求狼的庇護，也或許是兩個原因都有？

在林惠祥《中國民族史·突厥系·突厥》一書中寫到：「突厥之文化，以狩獵畜牧為生，不定居，王權似不甚重，官吏大約即為氏族部落之長，以狼為圖騰徽號，初無文字⋯⋯無曆法，法律簡而嚴，喪葬有走馬劇面之俗，有娶後母寡嫂制，宗教則崇拜太陽天地，信巫觀。尚武勇不畏死。」

「圖騰」一詞為印第安語的音譯，有「親屬」和「標記」的涵義。圖騰崇拜屬於原始宗教信仰的範疇，每個民族中幾乎都盛行過。圖騰崇拜作為原始人的一種宗教信仰，大約與氏族社會同時發生。那時人們認為自己的氏族和某種動物、植物或其他的自然實體之間存在血緣關係，自己的祖先就是由這種特定的物類演變繁衍而成。他們對這些物類或是加上神聖的光環而虔誠鼓吹渲染，或是對其頂禮膜拜，通常禁止打殺和吃食，並以牠作為本氏族的名稱和標誌。

《周書·突厥傳》、《隋書·突厥傳》裡記載了有關突厥人的一個傳說：突厥人的祖先建國於西海之上，後被鄰國所滅，成員盡被殺戮。只有一個小孩，兵人不忍心殺之，但砍掉他的腳、弄斷他的手臂，扔在草澤之中。有一頭母狼，每天都用肉餵養這個男孩。男孩長大後，與狼結合，母狼遂

懷孕。臨國的君主得知後，再次差人去殺掉他。來人見狼正在旁邊，便想一起把狼殺死。但是狼逃走了，來到高昌西北的一座山上。山中有洞，穴內土地平坦、草地茂盛，周圍有數百里，狼藏匿其中，生下十個男孩。他們長大後各有一姓，都娶妻生子，其中阿史那氏最為賢能，於是成為頭領。

在《北史》、《周書》的突厥本傳中還記述了另一個傳說：突厥人的祖先原是匈奴之北的索國，部落首領名阿謗步，有兄弟十七人，其中一個兄弟是母狼所生，名字叫伊質泥師都。泥師都得到了天地之間的特別靈氣，能夠呼風喚雨。他娶了兩個妻子，分別是夏神和冬神的女兒。有個妻子一胎生四子，其中大兒子訥都六設住在踐斯處折施山（在今葉尼塞河上游），由於關心同部落人的疾苦，多方予以周濟，被大家奉為君主，國號突厥。訥都六死，他的諸子聚到大樹下商討繼位之事。他們共同約定，向樹跳躍，跳得最高的就為首領。阿史那子年幼而跳最高者，其他人於是奉他為主，號阿賢設。這一說法雖然很奇特，但終歸還是狼種。

以上兩個傳說雖然存在差異，但有一個共同點，那就是都認為狼是突厥人的先祖。突厥人是由「牝狼」繁衍而成的傳說。豎立在突厥人墓地前的石碑雕刻圖案中，也有十分形象的反映，例如西元一九五六年發現於蒙古境內哈努伊河平原上的不古特石碑上，浮雕畫面就是一隻狼，而且恰恰是一隻母狼。這方石碑普遍被認為是突厥汗國時期為紀念阿史那王族成員而留下的遺物，是突厥人把狼視作自己的祖先，並把它作為自己民族的「圖騰」而倍加尊崇的生動例證。

● 狼圖騰的實際意義

事實上，圖騰本身大也並非作為被直接崇拜的對象而存在。近代民族學的考察發現，在印第安人居住的村落或住宅前，往往都豎有一個按著想像刻製而成的「圖騰柱」。在一般情況下，它也僅僅是作為此處居民的氏

族標誌，而人們對其並不會禮拜。從現存的文史資料中可以看出，突厥人也同樣不是以狼作爲直接的崇拜對象。他們通常只是把狼作爲自己的族徽標誌。例如在其「旗纛之上，施金狼頭」，爲了表達對祖先的緬懷而於「牙門建狼頭纛，示不忘本也」。

當然，「狼頭纛」的建立絕非僅起一種氏族標記的作用。對它的占有，還蘊含著更深層的社會內容。這是因爲它即是一種權力的顯示，也是一種榮譽的象徵。例如，突厥奴隸主貴族對於投靠其麾下的中原反叛勢力，也多賜以狼頭纛以示懷柔籠絡之意。

圖騰形象多種多樣，多姿多態，它們具有團結氏族、維繫血統的組織能力和威力。圖騰也是區別血緣關係的主要標誌。以漁獵爲生產手段的鄂溫克族，視熊爲獸中雄長；周人以天黿爲祖，以來顯示吉禱長壽；古羅馬人的軍旗常常繪有鷹，有些則繪上馬、野豬、牛頭人身怪獸，這些動物都曾是古羅馬人的圖騰。被作爲圖騰的動物種類繁多，爲什麼突厥人卻選中了狼呢？也許，突厥的先人也想讓自己的子孫像狼那樣勇猛頑強吧，也許也包含著他們對狼的敬畏。

相關連結——圖騰崇拜

圖騰崇拜是一種最古老的宗教形式。「圖騰」這個詞源自印第安語「totem」，意思是「它的標記」、「它的親屬」。

在原始人的信仰裡，他們認爲本氏族的人都是源自於某種特別物種，多數情況下，他們認爲自己與某種動物有親緣關係。因此，圖騰信仰就與祖先崇拜有密切的關係。例如「天命玄鳥，降而生商」（《史記》），玄鳥便成爲商族的圖騰。因此，與其說圖騰崇拜是對某種特定的動植物的崇拜，還不如說是對祖先的崇拜，這樣的解釋更加準確。

　　圖騰和氏族的親緣關係，往往是透過氏族起源的神話和氏族稱呼體現。比如，鄂溫克人稱公熊「和克」，祖父是祖父的意思，母熊為「惡我」，是祖母的意思；鄂倫春族把公熊稱為「雅亞」，意思也是祖父；稱母熊為「太帖」，意思也是祖母。匈奴狼的傳說（《魏書·高車傳》）中，傳匈奴單于生有兩個女兒，容貌很美，國人都認為她們是神，單于說：「吾有此女安可配人，將以與天。」於是就築起了高臺，把女兒放到臺上，說是「請天自迎之」。經三年，復一年，有一匹老狼晝夜守臺嘷呼。其小女曰：「吾父使我處此，欲以與天，而今狼來，或神物天使之然」。於是下為狼妻，並產子，後來便繁衍成國；侗族也有個傳說，說他們的始祖母與一條大花蛇交配，生下了一男一女，以後就繁衍成了侗族。

　　「totem」的第二個意思是「標誌」，即圖騰有某種標誌的作用。圖騰是最早社會組織的標誌和象徵，具有密切血緣關係、團結群體、維繫社會組織和互相區別氏族的職能。同時，原始人還透過圖騰的標誌，以得到圖騰的認同，受到圖騰保護。圖騰柱是圖騰標誌中最典型的，在印第安人村落裡，立有很多的圖騰柱；在中國東南沿海的考古當中，也發現了有鳥圖像的圖騰柱；浙江紹興出土了一個戰國時越人的銅質房屋模型，屋頂立著一個圖騰柱，柱頂上塑有一隻大尾鳩；紫禁城的索倫杆頂立了一隻神鳥；古代朝鮮族每一村落村口都立一根鳥杆，也是由圖騰柱演變而來。

隋煬帝為何弒父

　　隋煬帝名叫楊廣，是隋文帝的第二個兒子。按中國封建王朝帝王選擇的習慣，王位本不該由他繼承，但楊廣卻能在隋文帝死後登上皇位。這是為什麼？有人推斷是他殺了自己的父親和兄長楊勇，從而篡權為君，真的是這樣嗎？

● 楊廣其人

　　楊廣相貌英武，聰明伶俐，而且巧於辭令，因此很受父皇母后的喜愛。十三歲時，他就被委以重任，任并州也就是山西太原的總管，被封為晉王。

　　可對於如此殊榮，楊廣還不滿足。生長在爭權奪利的環境中，從小耳濡目染，形成他隱忍複雜的秉性。他深知承繼皇位、一統天下的好處，也知道自己是皇帝的次子，能繼承皇位的可能很小。可他不甘心居於兄長之下，他不可能滿足於一個小小的晉王爵。

　　楊廣並未因父皇立兄長楊勇為太子就灰心喪氣。他有縝密、運籌的心機，也有沙場征戰的功業和威德，更有為了達到目的可以不擇手段的野心，在皇位這一巨大的誘惑面前，他絕不心慈手軟。他很聰明，知道如果想要登基，就要先得到太子的寶座，而要坐上太子寶座，就需要父皇和母后的信賴以及親信黨羽的輔佐。楊廣在制定了爭奪皇位的策略後，就緊鑼密鼓暗自行動。

　　他的第一個步驟，是想方設法博得父皇和母后的歡心。文帝和皇后一向宣導勤儉持家，都不喜歡奢華的生活；而皇后也痛恨那些用情不專的男人，她經常指責那些寵姬愛妾的官員。楊廣對這些都很了解，於是他特別檢點。先是脫掉華服，換上粗布衣服，接著又把箏弦弄斷，裝出一副遠離荒淫娛樂的假象。其實他本是一位縱情女色的紈絝之人，在他的私宅裡蓄

養了許多絕色的美女，但是為能討得母后歡心，他明面上與妻子出雙入對，恩恩愛愛，暗地卻把與其他女子所生的孩子全部掐死，一個活口都不留。當文帝跟皇后到他的府中時，看到屋內一件珍寶擺設都沒有，箏上也落滿了灰塵。身邊的孩子都是楊廣正妻所生，為數不多、幾個侍茶奉水的下人也是布衣荊裙、面目憨厚。廚房裡除了柴米，根本沒有什麼山珍海味。文帝見了之後非常高興，不斷讚揚楊廣的溫良恭儉，皇后也忍不住誇獎兒子遠離聲色，可以擔當重任。

在父皇、母后面前樹立了高達的正人君子形象後，就開始詆毀太子楊勇的形象。而太子楊勇的確不是楊廣的對手，他性格粗莽直率，可以說是胸無城府，根本覺察不出二弟的險惡野心。每次楊廣在外任職回來時，都要暗中送太子一些珍玩、錦衣、美女，而太子每次也都收下，而且一點也不知道遮掩。楊勇每日都華服出入，招搖過市，而且在府中縱情於樂，留下了十幾個孩子。文帝及皇后漸漸對太子越來越厭煩，常常私下談論：「太子品性頑劣，而廣兒卻仁孝恭儉。」

楊廣在父皇和母后面前的表演可以說是大獲成功，於是又在官員中開始行動。一次，他代父皇視察軍營，忽然下起了暴雨，士兵們在雨中操練，侍從拿一把傘為楊廣遮雨，楊廣卻一下子推開，說：「士兵都淋著雨，我怎麼能躲在傘下！」此事在當時被人們傳為佳話，不僅文帝聽說說後心喜不已，連大臣也對楊廣更加敬重和擁護了。

楊廣的第一個步驟達到，幾乎在所有人面前樹立起賢德、仁孝、磊落的形象，他開始了第二個步驟——廣結黨羽。他的處世手腕極高，那些對他有用的人，他就或是以名、或是以利誘惑他們，亦或者以他「正人君子」的作風假象來迷惑，假以時日，一大批朝臣就匯聚到他周圍。朝臣不僅在文帝面前歌頌他的節操和美德，還對太子的不恥行為大加渲染。看多了，聽多了，文帝的心自然也就動了，最後終於下決心，廢太子楊勇，立楊廣為太子。

● 篡奪皇位

陰謀得逞，楊廣終於取得了皇位繼承權，就等父皇駕崩，自己等基了。可他實在等不及，看到鬚髮已經花白的父皇身體依舊那麼硬朗，而自己多年來的假裝實在太辛苦。

一次在入宮的途中，楊廣發現迎面走來一佳人，無比美麗嬌媚，他知道她是父皇最寵愛的宣華夫人。見宣華夫人進入了一座偏殿，楊廣也急步跟進去。宣華夫人見是楊廣，知道他是太子，也就沒起疑心，只是莞爾一笑，請他入座。沒想到，宣華夫人這一笑，一下撩動了楊廣，他竟然毫無顧忌撲向了宣華夫人……

宣華夫人向文帝哭訴自己被太子羞辱，文帝憤怒了。他怎麼也沒有料到，楊廣竟然是這樣無恥，膽敢羞辱父皇的愛妃。文帝開始對楊廣這麼多年的端正行為產生懷疑，他急忙召集大臣草詔，讓廢太子楊勇來議事。可楊廣何等聰明，之所以敢在父皇愛妃宣華夫人面前放肆，就是因為他有放肆的資本了。宮裡宮外全都是他的人馬，縱是父皇，也無法將他怎麼樣。

文帝沒能有機會廢掉楊廣，夜深人靜之時，一方手帕阻住了他的呼吸，結束了他的性命，隋朝的開國皇帝就是這樣駕鶴西去了。

隋煬帝楊廣登基了，他荒淫奢華、陰狠毒辣的本性立刻顯露出來，不僅將自己所有的胞弟全部殺死，還大興土木，把原本強大的隋朝糟蹋的千瘡百孔，使隋朝成了一個短命王朝，永遠的留在史冊當中。

可是，多行不義必自斃。殺父篡位、骨肉相殘的楊廣，自己最終被人勒死，還永遠留給後人一個暴君的醜惡嘴臉。得到的只有後人的唾罵，遺臭萬年。

點擊謎團 ──「竹林七賢」中的嵇康為何慘遭殺害

　　嵇康，字叔夜，生於魏文帝（曹丕）時期，是曹魏王室的女婿，魏時曾做過中散大夫，故世人稱之為嵇中散。嵇康與阮籍、山濤、向秀、阮咸、王戎、劉伶等六人被稱做「竹林七賢」，在當時極有名望。但是這麼有名望的人，不但未受到司馬氏重用，反而慘遭殺害，他的死因何在？

　　關於嵇康的死，後人主要有三種觀點。前兩種觀點都認為和呂安有關。

　　呂安是呂巽的弟弟，呂巽是鍾會親信主人，而鍾會又是司馬昭的心腹親信。根據干寶的《晉書》記載，呂巽對呂安之妻屢有非分之想，事情敗露後呂巽惡人先告狀，枉告呂安誹謗自己，呂安獲罪。無奈呂安在遷徙途中寫信對嵇康大吐苦水，其中「昔李叟入秦，及關而嘆」之句觸怒了司馬氏，呂安被收入獄，嵇康也受牽連一同入獄，二人被司馬氏殺害。

　　另一種觀點認為，嵇康是被鍾會置於死地，其中也牽涉到呂安案，但呂安案僅是鍾會的一個藉口。稱嵇康輕慢了前來拜見他的鍾會，鍾會一直耿耿於懷，借呂案事件置嵇康於死地，這是《魏氏春秋》的記載。

　　第三種觀點認為，嵇康的死就是因為不與司馬氏合作。因為嵇康是曹魏王室的女婿，感情上總要偏向曹魏，而司馬懿對曹魏一黨的大肆殺戮激起了他的對抗情緒，因此作了〈太師箴〉抨擊「宰割天下，以奉其私」的惡劣行為。但有人反對，因為此文寫了之後，嵇康並未立即遭到殺害，如果此文是主因，司馬氏不會拖延嵇康生命。

　　三種說法都證據充分，難分高下，而嵇康之死也就成了難以定論的謎案。

小知識 —— 隋煬帝驅少女拉旱船

據傳說稱，在隋朝末年，隋煬帝楊廣殺父害兄，窮奢極欲。有一年的春天，他聽說揚州一帶瓊花盛開，色如玉、香如油，便立刻從東都趕往洛陽，浩浩蕩蕩東下揚州觀看瓊花。

那時，從洛陽到揚州的通濟大運河還未開通，要走旱路。隋煬帝來到宋州（今商丘）後，嫌乘坐車輦不開心，就換乘龍舟。但平原之地沒有龍舟，楊廣就下令工匠趕造龍舟一艘，並命沿途州縣供給香油、黍稷，鋪地行舟，然後又挑選出五百名美女，分成五班，每班一百名，輪流拉縴（用繩子在岸上拉船前進）。

纖弱的少女拖著沉重的龍舟，一步一滑地走在用香油拌黍稷鋪成的路面上，受盡凌辱。而楊廣看著不斷跌倒又爬起來的拉縴少女，竟然得意大笑。

這幫人從宋州開始，到菜花開花時，拉到蔡道口，又過了數月，慢如蝸牛的龍舟被一條大河攔住去路，楊廣便命令停舟修橋。此時正值麥收季節，百姓害怕皇帝，只好停止收割前來架橋，芒種橋便因此得名。

楊廣一行人從芒種橋繼續東行，在穀子熟時才來到一個休息地，這個休息地後來就被稱為「穀熟」。

龍舟走走停停，直到第二年麥子變黃。這天，他們來到一個村莊，楊廣見農民都喝麥仁湯，覺得稀奇，也令御廚熬了碗嘗嘗。這個平時吃膩了山珍海味的皇帝對麥仁湯很感興趣，讚不絕口。從此，這個窮鄉僻壤的地方就被命名為「麥仁店村」。

幾日後，他們又來到一個小集鎮上。正當楊廣傳令休息時，忽有探馬來報：揚州瓊花已經凋謝，楊廣興致驟落；不久，又有一個軍卒來報：楊玄感起兵作亂，攻陷京城洛陽。楊廣頓時興趣全無，立即傳旨速回朝平亂。

中國歷史疑案

　　在臨行前，這個十惡不赦的暴君，竟將龍舟連同拉纖的美女一起用火燒了。這也是楊廣準備去揚州觀瓊花的最後一站，因此後人稱之為「站集」。

李世民奪嫡篡位之謎

　　在中國的歷史上，「貞觀之治」可以說是封建治世的楷模。唐太宗李世民的年號是「貞觀」。在他在位二十二年中，知人善任、輕徭薄賦、銳意改革、發展經濟，國家一片興旺，國力非常強盛，政治很清明，社會也很安定，可以說是民殷財阜的氣象。

　　據說唐朝的監獄幾乎是空的。貞觀四年，全國判死刑的僅僅有二十九人。社會秩序很穩定，幾乎「夜不閉戶」、「路不拾遺」。行人旅客來往於各地，不用自帶乾糧，路上隨時可以得到供應。農業生產連年豐收，可以說是國富民強。

　　貞觀時期的國家版圖很大。太宗滅掉了東西突厥，穩定了對大西北的統治，掃除外族侵擾之害。他把文成公主嫁到吐蕃，嫁給松贊干布，以鞏固西南邊疆。那時候與中國通使的國家就已經有七十多個了，強大的唐朝成了亞、非各國經濟和文化交流的中心，唐太宗被少數民族尊稱為「天可汗」。

● 傳說中的「玄武門之變」

　　李世民如此一位文治武功都能彪炳千秋的君王，卻是經過一場腥風血雨的「玄武門之變」才登基。

　　一日凌晨，李世民與長孫無忌、尉遲敬德等一行九人帶兵埋伏在玄武門內，守玄武門的主將是常何，他也已經被李世民收買了。李世民在這裡等著，是想將前來上早朝的太子李建成和四弟李元吉殺死。天剛亮，李建成和李元吉就上朝，等走到臨湖殿時，感覺到氣氛有些反常，正當他們要撥馬回府時，突然李世民帶領著一行人馬狂奔過來，一箭就將李建成射死。李元吉也不幸被尉遲敬德射中，當場就死了。隨後，李世民一行人提

著李建成和李元吉的頭趕到了東宮和齊王府，兩家不管大小老少，都被全部殺死，以斬草除根。李世民又派尉遲敬德帶兵衝進父王李淵的殿堂。李淵不得不下詔書，叫東宮和齊王府的將士不要再為了太子和齊王而爭仇洩憤，各路兵馬交給李世民指揮。兩個月後，李淵被迫下詔傳位給李世民。

後人認為，太宗李世民慘殺太子，自立為帝是無君無父的行為；而殺死自己的弟弟，更是窮凶極惡，慘無人道。但據相關史料看來，這起凶殺事件並非「蓄謀已久」，而只是臨時應變；不是「違反父意」，而正為了合父王之意；不是「奪嫡篡位」，而是合情合理，該登帝位。真是如此嗎？

● 史書中「玄武門之變」的記載

對於玄武門之變，一些史書內容是這樣的：有一年的夏天，突厥兵南下，李淵就派李元吉為元帥，帥兵敵敵。李元吉和李建成商量，先讓父王從秦王李世民府裡調來大將尉遲敬德、秦叔寶等部分精兵，隨軍作戰，來削弱李世民的力量，以後再伺機殺李世民。可這個消息被密探得知，李世民無奈，也只好當下鋌而走險，先發制人，發動玄武門政變。

也有書上稱，因李世民屢屢建立戰功，李淵本已有意將太子之位傳給他，李建成和李元吉就要聯合謀殺李世民，以保住太子之位。有例證，在武德七年時，趁著李淵在外地避暑的機會，李建成留守在長安，策劃兵變，但兵變未能成功，李建成還受了到責罰；又例如，同年的七月，李淵在城南校獵，讓建成、元吉和李世民三人比賽騎射之術，建成、元吉故意讓李世民騎一匹劣馬。因為李世民很機靈，跳離了馬背，才得以躲過一劫；再例如，武德九年時，建成、元吉合謀，在李世民的酒中下毒。李世民酒後，竟然吐血數升，差點就丟掉了性命。如此種種例證，使人相信李世民發動兵變是不得不做的「自衛」行為。

關於立太子問題，有史書說，李淵曾經多次想要立世民為太子的，但

李世民沒有當太子的想法，沒有接受。《資治通鑑》記載，李淵在晉陽起兵，其實是李世民的主意。那時李淵對李世民許諾，成功後一定立他為太子。但李世民堅決不接受。也就是說，李世民從來就沒有過想將李建成的之位取而代之，從來就沒想過要奪權。

● 唐太宗是否真的謀權篡位？

　　還是那句話，歷史是勝利者所寫，也就難免會粉飾李世民，而對李建成和李元吉栽贓誣陷。但仍舊可以在史書中找到李世民曾經預謀奪權的絲絲痕跡，有如下幾個例子：

　　第一，在武德四年時，李世民聽一位道士說他會作太平天子，要好好珍惜。李世民很是得意，對此念念不忘。若是他沒有強烈的權力欲望，又何必對皇位如此傾心？

　　第二，李世民曾經設無策府，網羅了很多謀臣，一天到晚一起研討經義，縱橫得失。若是沒有想當天子的意願，又何必下如此大的功夫？

　　第三，他一面堅持不要太子之封，另一面又廣結死黨，處心積慮作兵變準備。他把妻子安排到皇宮父王的身邊，雖然名義上是「孝事文王」，但實際上是要刺探內情；他還收買太子李建成手下的人，私下結交玄武門的主將常何，以方便控制宮廷。若是這些不是為奪權，又能有何目的？

　　第四，分析唐高祖李淵對李世民的態度，也能看得出把皇位讓給李世民並不是自願。因為李淵立李建成為太子的想法從未沒動搖，對李世民卻不放心。在起義初時，他就讓建成去統率左三統軍，而讓李世民統率右三統軍。封為唐王以後，他又讓建成作「世子」，只是封李世民為「秦王」。在稱帝之後，他也是一直堅決要立長子李建為太子，覺得李世民獨斷專行，心地險惡，不再像以前的兒子了。

　　兵變以前，他就發覺了幾個兒子之間水火不相容的局面，但還是決定

讓李建成接替皇位。李世民最多就是在洛陽掌管半壁江山，做個不登基的「皇帝」。

由此可見，李淵在「玄武門兵變」後親自下的詔書，很有可能是被迫的順水推舟，他退位也是迫不得已。

但要撥開層層的迷霧，還是需要確鑿的歷史證據，缺乏詳細記錄，誰也說不清。縱然如王夫之曾說：「太宗親執弓以射殺其兄，疾呼以加刃其弟，斯時也，窮凶極慘，而人心無毫髮之存者也。」但是李世民當皇帝畢竟開創了中國封建社會中難得的盛世局面。

相關連結 —— 女皇武則天的墓碑為何無字

唐朝女皇武則天執政以後，透過科舉制度，大量吸收新興地主及有才能的文人武將，知人善任，不拘一格，提拔了一大批能幹臣下，如姚崇、狄仁傑、裴行儉、劉仁軌、李昭德等，她還獎勵農桑、興修水利、減輕徭役和整頓田制，使國力日益增強。上繼貞觀之治，下啟開元之治，政績斐然。雖然武則天在奪取帝位時誅殺了一些李姓皇族，但她的歷史功績卻不可被埋沒。作為中國歷史上唯一的女皇帝，不僅她的生活讓人關注，就連她死時立的「無字碑」也引起無數後人的猜測和爭論。

傳說武則天年近七十時，齒髮不衰，豐肌豔態，宛若少女。她除了注重頤養，還慾心轉熾，她所寵幸的面首有張易之、張昌宗兄弟及侯祥、僧人惠範、柳良賓等人。也就是說，這些人是因為「陽道壯偉」，而被武則天寵愛的「男妃」；張易之、張昌宗兄弟更是憑藉女皇寵愛權傾朝野，驕橫無比。

唐神龍元年正月，宰相張柬之和崔玄暐、桓彥範等趁武則天年老病危，率左右御林軍發動政變，誅張易之、張昌宗於迎仙院，迎中宗李顯

入朝，逼武則天讓位給李顯，恢復國號「唐」。武則天從長生殿搬進上陽宮。該年的十一月，八十二歲的武則天在東都洛陽上陽宮的仙居殿病死。死前留下遺詔：「去帝號，稱則天大聖皇后。」第二年五月，武則天遺體與高宗被合葬在乾陵，並且僅僅留下了一塊無字碑。

這塊兒無字碑與高宗的碑並列在一起，都矗立於乾陵朱雀門外。西面那塊是「述聖碑」，是武則天撰文、唐中宗書寫，內容是歌頌了高宗的文治武功；東面那塊就是武則天的「無字碑」，高大雄渾，矗立在朱雀門外司馬道東側，與西面頌揚高宗文治武功的「述聖碑」比肩而立。

無字碑是由一塊完整巨石雕刻而成，高共七點五三公尺、寬二點一公尺、厚是一點四九公尺，總重量有九十八噸多。碑頭刻著八條螭龍，互相纏繞，碑的東西兩側各刻著一幅騰飛的「升龍圖」，龍高有四公尺、寬有一公尺，扭動的身軀矯健，神態飄飄如仙，線條流暢美麗，可知雕刻人刀法之嫻熟。碑的陽面是一幅獅馬圖，是線刻畫，上面的獅昂首怒目，威嚴挺立；而馬卻是屈蹄俯首，在悠閒進食。整座碑又高大雄渾，雕刻得非常精細，可以稱得上是歷代石碑的巨製。

令人感到奇怪，當初立此碑時，碑上竟然沒有刻一個字。後人試圖加上的文字，也都是斑駁陸離，若明若暗，模模糊糊。那麼武則天立這塊空白石碑，如此異乎尋常，用意是什麼呢？這成了千百年來讓人們不斷猜測、不斷探究卻又無法找到答案的謎。

縱觀諸說，大致有以下幾種說法。

一種說法稱武則天立「無字碑」是自視德高望重，無言可書，千古功德遠非一塊碑文所能容納。

第二種說法是說武則天自知罪孽太大，無顏為自己立傳。她騙得高宗的信任後，廢唐改周，自稱則天女皇；為鞏固帝位，她又任用酷吏，剷除異己。《隋唐五代史》中，武則天被說成「暴君」，她「使濫刑，任酷吏」。

　　第三種說法稱武則天聰穎過人，立無字之碑，意在千秋功罪讓後人評說。但是一些學者對她評價還是很高，認為唐太宗打下的是盛唐基礎，而武則天則鞏固了統治基礎，使國家得以發展，若沒有她統治的五十年，也就很難有唐玄宗的開元盛世。

　　還有一種說法稱，雖然唐中宗李顯是武則天的親兒子，卻長期在她的淫威之下惶恐度日，對自己母親濫施酷刑的行為也是異常憎恨。武則天先毒死太子李弘，後廢太子李賢為庶人，又逼其自殺。中宗李顯的長子李重潤、女兒李仙蕙都因說話不慎被武則天處死了。有這麼一番飽受折磨經歷，中宗重登皇位之後，雖不公開對母親發洩憎恨，但是確實也無法違心講出歌功頌德的話，碑上也就只好一字不刻，為她留下一塊「無字碑」。

「狸貓換太子」真假之謎

　　有一齣《狸貓換太子》的京劇，內容是包拯 —— 宋龍圖閣大學士欽差大人，巡行到一破窯，被一個雙目失明的老婦攔住了，向他哭訴自己的悲慘身世。仔細聽後，包拯才知到她說她是當時的皇帝 —— 宋仁宗的親身母親李娘娘，並且知道了她那鮮為人知、離奇又無比悲慘的經歷。

● 京劇《狸貓換太子》的來龍去脈

　　李娘娘原本只是宋真宗（宋仁宗之父）的宮女，因受到真宗寵幸，被封為才人、後又封為婉儀，還懷上了「龍種」。母以子貴，李娘娘希望能生下兒子，日後就能平步青雲當上皇后。

　　但陰險毒辣的劉德妃因自己沒有生育，就極其嫉妒李娘娘，於是在李娘娘剛剛生下宋仁宗時，用一隻剝了皮的狸貓將嬰兒換走了。等宋真宗滿懷激動的去李娘娘那裡看自己的骨肉時，眼前的卻是一個血淋淋的怪物。於是他一怒之下，不分青紅皂白就把李娘娘打入冷宮。之後，李娘娘得到一位好心宮女的幫助，逃出了冷宮，得以躲過劉德妃滅口之災。從此李娘娘就在這處破窯裡隱姓埋名，苦苦等待時機，等了二十年，終於盼到出頭之日。

　　包拯是清官，以清正廉明和大公無私而聞名天下。為了替李娘娘洗雪冤仇，他將她帶回京城，設計使仁宗母子相認，從而使真相大白。結果劉德妃等人受到嚴懲，母子團圓，李娘娘封為李宸妃，結局很美滿。

● 宋仁宗生母的傳說

　　戲是這麼演的，但歷史上李宸妃並沒有這麼好的結局，沒能等到母子相認這一天。當宋仁宗解開他的生母之謎的時侯，李宸妃早已經去世多年。

關於宋仁宗的生母有另外一些說法。據說，劉德妃是宋真宗最寵愛的妃子。雖然她是街上賣藝出身，但長得如花似玉。十五歲時被剛成年的太子趙恆（日後的宋真宗）看上而被納入宮。趙恆登基後，劉德妃從「美人」、「婉儀」，一直升到了「德妃」，不足的是一直沒有生育。

為和楊淑妃、沈才人競爭皇后的位子，她最終想出「借腹懷胎」的計畫。她特意將自己身邊一個姓李的侍女打扮得漂漂亮亮，引誘宋真宗；當李宮女懷上「龍種」之後，她自己也裝出懷孕的樣子。只不過李宮女懷的是真胎，而她懷的卻只是假胎。等到十月分娩時，「兩個」龍種先後呱呱墜地，劉德妃就趁機上演了一場「狸貓換太子」的戲。使李宮女被打進冷宮，最後寂寞死去，劉德妃卻登上了早已經夢寐以求的皇后寶座。

《宋史》中則提供了另一種說法，稱李宸妃實有其人。她原來只是劉德妃的一個普通侍女，可是生得花容月貌，被皇上寵幸後懷上了龍子。而此時，劉德妃已經被立為皇后了。劉德妃請求皇帝把李宸妃生下的兒子趙禎立為她的皇子。她便把孩子從李宸妃那裡奪走，交給楊淑妃撫養，將李宸妃母子分開。

真宗駕崩，十一歲的趙禎繼承皇位，也就是宋仁宗。劉皇后升為了劉太后，幕後輔政掌權，又有誰敢挑明背後的真相。西元一〇一三年，仁宗的生母病危，劉太后把她晉升為宸妃；第二年，李宸妃就去世了。劉太后考慮，雖然仁宗還不知自己的生身母親是李宸妃，假若將來仁宗得知了真情，想到生母生前死後都沒能得到應有待遇，一定會怨恨自己，甚至還會遷怒到自己的後人。於是，為盡量減少以後的損失，她吩咐人用一品禮安葬李宸妃。當時宰相呂夷簡也暗中吩咐內侍押班羅崇勳，命他為李宸妃穿上皇后的裝飾入殮，還為她用水銀寶棺。對這些劉太后也全部依允。李宸妃的喪禮舉行得很隆重，光送葬的隊伍就長三十餘里。

西元一〇三三年，劉太后死後，宋仁宗才知道自己的生母是誰。他既

悲痛又很憤怒，發哀痛之詔自責。號陶大哭，為自己身為兒子，卻不能保護自己的母親而哭，還讓母親含恨死去。

悲憤之下，他下令將劉太后親屬的府第包圍，一場血腥的殺戮將要開始，宰相呂夷簡的一番話使仁宗冷靜了下來。他對仁宗說：「太后雖有不義之事，但以皇后禮儀厚葬宸妃，表明她已有自悔之心；劉、楊雖非生母，但對陛下仍有撫育之情，不可或忘。」

仁宗原本決定重葬生母，沒想到開棺考查時發現生母並沒有被鴆殺、殘害或虐待的跡象，這樣才下令解除對劉姓親屬的包圍。宋仁宗追封宸妃為皇后，諡章懿，並且親臨殯儀之處祭告。為彌補對生母的愧疚，他擢升李太后的弟弟李用和，還將公主福康下嫁給李用和的兒子李瑋。

綜上所述，包拯和李宸妃的事情沒有關係，李宸妃也並沒有沒流落於民間。而劉德妃是用那樣的方法把宋仁宗收為自己的兒子，誰也不知到其中的詳情了。讓人更為難解的是，在趙禎登基九年當中，李宸妃為什麼一直緘口不言呢？一直到死也沒有說過。這些就沒有人知道其中的答案了。

相關連結 —— 包拯

包拯（西元九九九至一〇六二年），字希仁，籍貫是廬州合肥也就是今天的安徽合肥。出身在官僚家庭，出生在北宋咸平二年（西元九九九年）。是天聖朝的進士，累遷至監察御史，曾經建議聖上練兵選將和充實邊備。奉使契丹回來之後，還曾經擔任過三司戶部判官，然後有做過京東、陝西、河北路等的轉運使。入朝後，他擔任了三司戶部的副使，還上奏朝廷，以允許解鹽通商的買賣。他改知諫院後，還多次論劾權幸大臣。他還被授過龍圖閣直學士、河北都轉運使，後又移知瀛、揚諸州，以後再此被召入朝，知開封府、權御史中丞、三司使等等的職務。嘉祐六年，也

就是西元一〇六一年擔任樞密副使，歿於任內，諡「孝肅」。

　　包拯做官時，以斷獄英明且為人剛直出名。在知廬州的時侯，他執法不避親黨；在開封的時後，他開官府的正門，使訟者能直至堂前，自訴曲直，以杜絕奸吏。他立朝剛毅，連貴戚、宦官也不得不為之斂手，京師流傳「關節不到，有閻羅包老」諺語。後世也一直把他看做是清官的化身 ── 包青天。

名妓李師師的晚境之謎

> 芳容麗質更長嬈，秋水精神瑞雪標。
> 鳳眼半彎藏琥珀，朱唇一顆點櫻桃。
> 露來玉指纖纖軟，行處金蓮步步嬌，
> 白玉生香花解語，千金良夜實難消。

這是小說《水滸傳》裡描寫宋朝東京名妓李師師的詩。宋江正是透過她向皇帝表達願意接受「招安」，最後梁山全體好漢都接受了朝廷招安，那麼李師師是否真實得存在過呢？

● 李師師與趙佶的傳說

在《貴耳集》和《李師師外傳》中，都記載了李師師和北宋皇帝趙佶的一些風流韻事。

據《貴耳集》記載，一次徽宗來到李師師家，恰巧周邦彥也在那裡，他當時是開封府的監稅官。一聽皇帝來了，躲在床下嚇得不敢喘氣；等皇帝走了以後，周邦彥填了一首詞〈少年游〉記錄這段見聞：

> 並刀如水，吳鹽勝雪，纖指破新橙。
> 錦幄初溫，獸香不斷，相對坐吹笙。
> 低聲問，向誰行宿？城上已三更。
> 馬滑霜濃，不如休去，直是少人行。

刺骨寒冷的水，潔白如鹽的雪，纖細的手指剝開鮮嫩的新橙。錦繡房裡很溫暖，燃著獸香，兩人對坐著吹笙。偶然低聲問：今晚你去哪裡去住啊？已經已三更了。馬走路容易打滑，寒霜又重，還不如不走了，路上人也很少。

後來宋徽宗又去找李師師，聽她唱〈少年游〉時，驚覺詞中所寫之事好像是上次拜訪的情景。聽說此詞是周邦彥所寫後大怒，回宮後就搬一個莫須有的罪名，罷了周邦彥的官，並將他逐出京師。

宋徽宗又去找李師師，看到李師師很憔悴，淚眼愁眉，其實她剛送別周邦彥出京。她與周邦彥纏綿徘惻的感情和那憂鬱而無處申訴的的哀怨，讓宋徽宗很感動，於是下令召回周邦彥，並提拔他做大晟樂正。

《李師師外傳》記載，李師師是北宋汴京人，是洗染工的女兒。按當時當地的民俗，被父母寵愛的孩子，往往都會被送到佛寺裡，掛個出家的名，叫做「捨身」。師師從小就眉清目秀，聰明伶俐，爹娘把她看做掌上明珠，於是就為她捨了身。那時候佛門弟子習慣稱「師」，因此她就叫做了「李師師」。

四歲時，師師的父母不幸雙亡，於是她成了的孤兒，跟隨李姥姥生活。李姥姥年輕時曾經做過妓女，可以說琴棋書畫樣樣精通。於是她將李師師當成她的「搖錢樹」，悉心調教她，讓她也當煙花女子，為她賺大錢。長大後的李師師，色藝雙絕，於是入了教坊，成了當時東京的第一名妓，無論是達官貴人還是文人學士，都以能與她交往為傲。

恰巧當時皇帝宋徽宗是個生性風流、熱衷玩樂的人，他不理朝政，而讓奸臣來把持，自己卻打扮成平民徜徉於花街柳巷，私會妓女。

他第一次見李師師時，假扮的是出手闊綽大商人，將大把的金銀和綢緞送給李師師，以顯示他的富有。可是李師師對他仍然不屑一顧，態度極其傲慢，問她什麼話也不好好回答，使徽宗乾坐一宿，徽宗非常掃興。李姥姥問師師為何這樣冷漠，她說，她看不起這種拿錢買笑，渾身都是銅臭味的人。

後來，聽說來者是皇上，李姥姥很害怕，覺得可能將要大禍臨頭了。而師師卻很冷靜，因為她知道逛妓院的事不光彩，皇帝肯定忌諱，不可能聲張。而且還推測，宋徽宗第一次討了沒趣，是不會甘心的，一定還會再來。

　　果然春節時，宋徽宗又來了。之後李師師和宋徽宗就打得火熱，經常一起彈琴下棋、寫字畫畫，倒也卿卿我我、情愛甚篤。宋徽宗還特別欣賞李師師的身姿，為她作了一幅畫，題字「金勒馬嘶芳草地，玉樓人醉杏花天」。

● 李師師是否真的存在

　　以上兩本書雖然將李師師和皇帝趙佶的事寫得栩栩如生，但也引出了兩大疑問。

　　第一個疑問是：到底趙、李、周之間有沒有這件風流韻事？

　　經考查，周邦彥是生於西元一〇五六年，死於一一二一年的，在汴京李師師家裡見到宋徽宗的時應該是一一〇九年，那時後李師師已經四十多歲了，而宋徽宗趙佶只有二十七歲，他怎麼可能看上一個老婦？再者，周邦彥根本沒有做過稅監這樣的小官，也沒有「大晟樂正」這一的官職。

　　不過，大多數研究宋史的人對他們之間的這些風流韻事，還是持一定肯定態度。因為這段風流韻事流傳很廣，記載的人也都有一定地位，所記的事也應該是有依據；另外，當時叫「師師」的女子還有不少，熙寧時代有師師、宣和時代也有師師，這個「師師」不是那幾個「師師」，僅憑一家之言來推斷宣和時代師師的年齡是錯誤的；還有，宋代官僚文人到妓院鬼混，可以說是大有人在，周邦彥好像行為不太檢點，可是「人老心不老」、年近花甲仍有花心未必沒有可能。

　　第二個疑問就是：李師師的晚景如何？

　　有的說，李師師後來出家了。《李師師外傳》寫道，宗徽宗把皇位讓給兒子宋欽宗後，退居太乙宮，自號「道君教主」。李師師失去了靠山，再加上當時金兵入侵，河北告急，於是李師師到北城慈雲觀裡做了女道士。

　　還有一種說法是她殉難了。金兵攻破汴京後，統帥達賴聽說了李師師是名妓，指名要將她找來，張邦昌等人就到處派人搜捕，終於抓到她，把

她送到金營。而李師師寧死也不願受辱，於是拔下金簪自刺咽喉，沒死，就又把金簪吞入肚中。被金人拘押起來的宋徽宗聽說了李師師慘死的消息，禁不住悲痛欲絕。

還有不少人說她南渡了，流落在江、浙、湖、湘一帶。有人說曾在湖湘一帶見過她；也有人說是在江浙一帶出現，和士大夫一起聽歌；甚至也有說她在杭州重操舊業，到晚年嫁給一商人。劉子翬寫過一首〈汴京紀事〉：

輦轂繁華事可傷，師師垂老過湖湘。
縷衣檀板今無色，一曲當年動帝王。

詩人曾經歷靖康之難，這首詩就是以目睹的口氣所寫，所說還比較可信。

不管怎樣，名妓李師師在國破家亡、兵荒馬亂的動亂時代，下場不可能太好，這麼多種結局都只是猜測，真實的情況或許永遠是個謎了。

點擊謎團 —— 楊貴妃真是被賜死了嗎

在中國興平縣馬嵬坡有楊貴妃墓，在日本山口縣大津郡也有楊貴妃墓。中國人說，在馬嵬坡的墓裡，埋的只不過是個香囊——在貴妃化仙之時，請求土地神把自己胸前戴的香囊放在塚內；日本人說，大津郡的墓裡埋葬的才是楊貴妃，馬嵬坡埋的只是她的貼身婢女罷了，貴妃本人是被日本武士救出後又護送到日本。

那麼，貴妃楊玉環究竟怎麼死的？

據記載，天寶十四年，安祿山范陽起兵，第二年六月攻破潼關，長安一片驚慌。唐明皇李隆基帶貴妃姊妹、皇子妃主皇孫及宦官宮人逃向西蜀，到馬嵬驛時，將士們飢疲難耐，都認為「禍由楊國忠」，要追殺他，

又認為楊貴妃不宜供奉，請求皇上割愛正法……

「上乃命高力士引貴妃於佛堂縊殺之。」《資治通鑑》與《舊唐書》的記載都相同，而《唐國史補》則說楊貴妃縊死於佛堂梨樹下，陳鴻《長恨歌傳》稱「倉皇輾轉，竟死於尺組（短帶）之下。」

除正史「縊死」說之外，唐人詩句中另有很多說法，杜甫的〈哀江頭〉：「明眸皓齒今何在，血污遊魂歸不得」，是說楊玉環為亂軍所殺；李益的「託君休洗蓮花血」說她是淹死的；而另一句「太真血染馬蹄盡」又在說她是被馬踐踏而死；杜牧的「喧呼馬嵬血，零落羽林槍」說她被禁軍所殺；張佑的「血埋妃子豔」、溫庭筠的「埋血空生碧草愁」，又都說貴妃死得很慘烈。除詩語之外，劉禹錫根據「里中兒言」，得出了「貴人飲金屑」、「顏色真如故」，即貴妃吞金而死的說法。

楊貴妃的確是死在馬嵬驛，只是真正的「死法」可能不同，可是為什麼後來又有「流落海外」、「藏匿民間」、「羽化成仙」等等的傳說？可能人們同情哀憐她吧。

小知識 —— 宋徽宗以茶宴群臣

宋人筆記《隨手雜錄》中記載說，蘇軾任杭州知府時，有一天，朝中一位使者突然來杭，悄悄對蘇軾說：「我離開京師前，向官家（即皇上，此為宋哲宗）辭行，官家說：『你向娘娘（此指高太后）辭行後再來找我。』我辭了太后再回到官家這裡，官家帶我到一個櫃子旁，取出一包東西，悄悄對我說：『把這個賜予蘇軾，不得讓任何人知道』。」說著，使者就取出那包東西。蘇軾打開一看，原來是一斤茶，封口題字都是御筆。

但到宋徽宗時，賜茶的形式一變，變成以茶宴饗臣。這在內涵上顯得更豐富，也更奢靡。

　　宋徽宗趙佶是宋哲宗趙煦的弟弟，政治上腐敗無能，生活上荒淫腐朽，最後成了亡國之君。但他卻能書善畫，音樂、詩詞也是樣樣皆通。

　　當時，製茶的技藝日益精緻，鬥茶之風也日益盛行。北宋陶穀在《舛茗錄》中記載說：「近世有下湯運匕（匙），別施妙訣，使湯紋水脈成物象者，禽獸蟲魚花草之屬，纖巧如畫，但須臾即就散滅。此茶之變也，時人謂『茶百戲』。」宋徽宗居然也擅長這種分茶之道。

　　宋徽宗的權臣蔡京在《延福宮曲宴記》中記載說，宣和二年（西元一一二〇年），徽宗延臣賜宴，表演分茶之事。徽宗先令近侍，取來釉色青黑，飾有銀光細紋，狀如兔毫的建窯貢瓷「兔毫盞」，然後親自注湯擊拂。一會兒，湯花浮於盞面，呈疏星淡月之狀，極富悠雅清麗之韻。接著，徽宗非常得意分給諸臣，對他們說：「這是我親手施予的茶。」

　　諸臣接過御茶品飲，一一頓首謝恩。

　　皇帝設茶宴賜待群臣，後來在清代乾隆年間還舉行過，並且每年都例行一次。每年的上元節後三日，皇上便欽點王公大臣中能歌善舞者，曲宴於重華宮內，演戲賜茶，賦詩聯句。有時還專設茶宴，款待外國使節，以示國粹。

　　宋徽宗每日沉湎百藝，不理朝政，政治昏庸，最終導致滅國之災。靖康二年（一一二七年），北宋都城汴京被金人攻破，徽宗與其子欽宗雙雙被俘，押解北上。八年後，徽宗死於金五國城（今黑龍江依蘭）。

成吉思汗的陵寢在哪裡

　　一代天驕成吉思汗，他的陵園建築在美麗而遼闊的鄂爾多斯高原之上，在藍天白雲、黃沙綠地之間，三座蒙古包式的宮殿矗立在那裡。朱紅色的門，明亮的牆，金黃色的琉璃寶頂，完全是一派雍容典雅的氣象；可這不是他真正的陵墓，這裡其實沒有他的遺骨。

● 蒙古的英雄 —— 成吉思汗

　　成吉思汗，名叫鐵木真，一生坎坷。九歲的時候，父親被仇人塔塔爾人毒死了，於是他成了孤兒。他不斷的逃亡、潛伏甚至被捕，也曾經被人當眾羞辱。可是生活的痛苦磨練他的意志，他化仇恨為力量，私下積聚力量，祕密收羅父親的殘部，培植自己的親信。在短短七年，他就橫掃塔塔爾部、克烈部和乃蠻部，一舉成為當時蒙古各部當中最強大的首領。

　　西元一二〇六年，在「忽里勒台」大會上，鐵木真被各部貴族一致推舉為全蒙古的大汗，命名為「成吉思」，後人稱他為「成吉思汗」。

　　成吉思汗的一生在馬背上度過，他能征善戰，所向無敵，四處擴張。他首先向南擴張，降服了西夏；接著攻陷了金國的中都；之後他揮師西進，一直到達中亞、東歐，把中亞古國花剌子模的國君逼到裏海的荒島上，又向東擊潰俄羅斯軍隊，擴張到了頓河一帶。西元一二二六年，他再次率軍攻打西夏。西元一二二七年，在即將攻克西夏首都之時，他逝世於行營中。成吉思汗的赫赫戰功，為他的孫子忽必烈日後統一中國、建立元朝打下了基礎。可以說，他的蒙古鐵騎震撼世界。可是，他的陵墓到底在哪裡呢？

● 尋找成吉思汗陵

按蒙古民族風俗，君主無論死在哪裡，遺骨必須送回祖先的發祥地 —— 漠北。

據《元史》載，「成吉思汗葬起輦谷」，「起輦谷」，可能是一道山谷，在肯特山脈中。「輦」是古代帝王們乘坐的車。「起輦」意思是說，成吉思汗從這裡乘車起步，開始統一了蒙古各部，後才建成了橫跨歐亞大陸的蒙古汗國。只可惜，這個「起輦谷」年代太久，早已湮沒無聞。

據《多桑蒙古史》載，成吉思汗墓地在怯綠連、斡難（今鄂嫩河）、土兀剌河的發源處；在不兒罕合勒敦諸山之一上，可惜這山沒留下任何標誌。莽莽群山，四顧茫茫，去哪裡尋覓？為祭祀成吉思汗，蒙古人為他建立了一座馬背上的陵園，叫做八白室。

「八白室」，也就是八座白色的氈帳。氈帳裡供奉著成吉思汗的遺物，象徵著墓地。這樣的陵園既方便遷移，也方便祭祀，符合蒙古游牧民族遷徙的特點。「八白室」曾經遷移了很多地方，起初在肯特山一帶的蒙古高原上，後來又移到黃河河套一帶，最後又遷到鄂爾多斯高原了，現在「八白室」在伊金霍洛旗。「伊金霍洛」在蒙語裡是「主人的陵寢」的意思。

● 成吉思汗究竟葬於何處

為什麼成吉思汗墓地難尋呢？其實原因其實很簡單。

傳統上看，蒙古是遷徙頻繁的游牧民族。草原瀚海無邊，黃塵漫天，即使建高大陵寢也一樣會被沙丘掩埋。因此蒙古族是薄於「墓葬」，而奉行「野葬」和「天葬」。不管天葬還是野葬，都是將屍體暴露於荒野之中，讓鳥獸吃完然後風化。王公貴族身分高貴，所以不行天葬、野葬，但仍舊遵循「墓而不墳」的原則，也就是深埋在地下是「墓」，隆起在地面是

「墳」，成吉思汗的陵墓很可能是按傳統深埋於地下。

從當時現實來看，成吉思汗是在征戰中去世，那是在即將攻克西夏都城的關鍵時刻，萬一大汗去世的消息傳出去，必然會動搖軍心，就會給敵人喘息和反攻的機會。因此可以斷定，那時成吉思汗為騙取西夏早日投降，必會留下「祕不發喪」的遺囑。等西夏投降之後，才透過一支祕密的騎兵部隊，將靈柩護送到到預定墓地；到達墓地把靈柩深埋後，還把原本地面上的土連同草、木、石等一切，還原成原來的樣子，不留下一點痕跡，並讓馬在墓地上踐踏，使地面平整，再在一匹母駱駝的面前殺死牠的小駱駝，然後派部隊遠遠守護牠。為確保萬無一失，待到第二年青草長起、這片地方與四周的大草原綠成了一片，無法辨認後，這支隊伍才撤走。

為什麼要對駱駝母子那樣呢？因為駱駝有辨識血親的天性，日後要尋找成吉思汗的墓地，只要讓母駱駝為先導，牠就能找到小駱駝死的地方 —— 也就能找到大汗的墓；可如果這隻母駱駝死了，成吉思汗的墓地可能就永遠無人知道在哪裡了。最終駱駝死亡，謎也就解不了了。

一代天驕成吉思汗的陵寢就是這樣被湮沒，化成一個永遠也解不開的謎。

點擊謎團 —— 馬可・波羅到過中國嗎

馬可・波羅（Marco Polo，西元一二五四至一三二三年），義大利旅行家，生於威尼斯。經他口述，作家魯斯蒂謙（Rustichello da Pisa）撰寫的《馬可・波羅遊記》一書中，敘述了他在中國及東方其他國家遊歷的所見所聞，尤其是中國發達的經濟、技術和文化，遠遠超出西方當時的社會經濟發展，在個別保守的西方人認為那是不可思議的。

因此，不少人認定馬可‧波羅從未到過中國，他這本天方夜譚似的書更是撒了彌天大謊，馬可‧波羅本人則是一個欺世盜名的騙子。聽說在西元一三二四年，馬可‧波羅去世前夕，親朋好友們都還勸說他應該為自己的謊言懺悔，馬可‧波羅很生氣：「上帝作證，書中所記還不及我看到的一半！」

據傳，馬可‧波羅於西元一二五四年生於威尼斯的一個商人家庭，父親和叔父都富於冒險精神。為了找尋威尼斯以外的廣闊市場，兄弟二人從西元一二六〇年就從黑海岸沿陸路，到歐洲人極少涉足的中亞一帶。在那裡，他們遇到了元世祖忽必烈的使者，便在使者陪同下從陸路來到中國。兩人在元朝受到忽必烈的熱情招待，忽必烈還交給他們一個任務：問候教皇，並請教皇派一百名傳教士到中國傳教。

西元一二七一年，馬可‧波羅的父親和叔父帶著給元世祖忽必烈的親筆信和幾十名傳教士前往中國，隨行的還有對東方和中國充滿強烈好奇心的馬可‧波羅。這群人歷盡千辛萬苦，經過地中海、小亞細亞、兩河流域、波斯、阿富汗、中亞細亞、帕米爾高原、塔克拉瑪干沙漠，於一二七五年五月到達上都，也就是今天的內蒙古多倫縣西北。年輕的馬可‧波羅深得忽必烈賞識，在元朝為官十七年，除在京城大都視事外，足跡還遍及新疆、甘肅、內蒙古、山西、雲南、江蘇、浙江、福建一帶。

西元一二九八年，威尼斯與熱那亞之間爆發戰爭，馬可‧波羅出錢捐造軍艦「東方號」並自任艦長，但威尼斯海軍不幸戰敗，馬可‧波羅被俘。在獄中他口述自己的東方見聞，由魯斯蒂謙整理成書。一本小書《馬可‧波羅遊記》就這樣誕生了，引起舉世震驚。

從這本書誕生開始，各種懷疑紛至沓來。馬可‧波羅的父親和叔父為他辯解：「從上帝創造了亞當……之時起至現在，任何一個人，無論是基督徒或異教徒，韃靼人、印度人或任何種族的人，從來沒有一個如馬可‧

波羅一樣到過世界上那麼多地方，實地觀察和探險，像馬可·波羅那樣知道那麼多的奇風異俗。」

現代社會也仍有很多學者對他的真實性提出懷疑。德國學者福赫伯於西元一九六五年在一篇報告中指出，遊記裡記載馬可·波羅稱自己在中國做官數年，可是在中國史籍中卻任何紀錄都沒有留下。

但也有人說，此書的見聞概述，不僅資料很豐富，而且趣味盎然，充滿真實感和冒險趣味，是很好的故事集，應該不完全是虛構。況且馬可·波羅口述，魯斯蒂謙記錄加工，要還原歷史真相很難，畢竟事隔那麼多年，回憶肯定有些模糊。

但關於《馬可·波羅遊記》到底是真是假，馬可·波羅本人究竟有沒有到過中國，至今還是在爭論不休。

鄭和「七下西洋」的真正目的

　　明成祖永樂三年，也就是西元一四○五年，三保太監鄭和率領著兩萬七千人的隊伍，乘坐兩百多艘「寶船」，從長江口浩浩蕩蕩駛入大海，經過亞非三十多個國家和地區，最遠到非洲東岸，前後一共二十八年。這就是歷史上有名的「三保太監下西洋」。

● 鄭和下西洋的歷史背景

　　永樂皇帝一直坐鎮北方，穩居北京，為什麼會一反常態，突然間把目光轉向海洋呢？而又為什麼在鄭和六次下西洋後，就終止了這一行動，不再讓他出使了？

　　對此，有研究者稱，鄭和下西洋是為了宣揚大明國威，招引各國前來朝貢，同時也進行大量的貿易活動，從而促進中國同「西洋」各國的經濟和文化交流。

　　也有學者說，這其中暗含了一段不為人知的隱情，相傳這是「靖難之變」後，明成祖為尋找下落不明的建文帝所採取的行動之一，而與西洋進行交流只不過是個幌子。

　　此話有可信之處，因「靖難之變」是這樣：明太祖朱元璋共有二十六個兒子，並鍾愛長子朱標和四子朱棣。在封建王朝中，皇權是以正統世襲，因此朱標死後，朱標的兒子朱允炆繼承了皇位。明太祖於西元一三九八年去世，朱允炆即位，年號「建文」。此時他年幼，各地藩王又都是皇帝的叔輩，擁有軍政大權，可以說是弱君在朝，而強藩在外。建文帝深感不安，就採納黃子澄、齊泰等人「削藩」的意見，想以此鞏固地位。

　　燕王朱棣起初並不敢輕舉妄動，只是裝瘋賣傻；後來發現建文帝相繼削廢了周王、齊王、代王和岷王，感到自己面臨危機，可能很快被廢，

於是以「朝無正臣，內有奸惡」，「構為禍亂，危迫朕躬」為名義，起兵謀反，直逼南京，號稱「靖難」。

內戰相持四年，建文帝本性怯弱迂腐，不管是在政治上還是在軍事上都是敵不過叔父朱棣，派出去征伐的兵將也都大敗而回。終於在建文四年，朱棣攻占了南京，建文帝從此下落不明。朱棣登上了皇位，將都城遷到北京，自稱「明成祖」，改年號「永樂」。

叔父奪了姪兒的皇權，是要擔負「奪嫡」和「篡位」的罪名。名正言順的皇帝在世並且出逃，無疑對朱棣的帝位是個很大的威脅。一方面他為了安穩人心，發建文帝已死的詔書，另一方面暗地根據傳言中的蛛絲馬跡到處苦苦尋覓，於是就引出了很多明察暗訪建文帝的故事，例如「闔宮自焚」。《太宗實錄》記載，朱棣率兵到重川門時，諸王和文武大臣都來朝見，建文帝本來是想出去迎接，可是回望四周，人人皆散，只有幾個內侍而已，嘆息道：「我有什麼臉面見他？」於是就關上了宮門，放火自焚。永樂年間的《實錄》以及清代修編的《明史》也都重複了這種說法。

但《明史・恭閔帝本紀》中卻記載：「都城陷宮中火起，帝不知所終，燕王遣中史出帝后屍於火中，越八日壬申葬之。」這讓人懷疑「不知所終」，又怎能辨認出那被火燒焦的屍體是否是建文帝呢？那正是烈日酷暑的時節，若能辨認屍體，為何還要停屍八日呢？若是辨認不了，停屍那麼多天又有什麼用呢？

總之，建文帝沒死的種種傳說就這樣傳開，有說法稱他是從地道或御溝中逃出去了；也有的說他削髮扮成和尚，藏在某個寺院中；還有的說法稱，他化裝後南逃，一直在海外飄流。

明成祖為尋找建文帝費了很大的氣力，他曾經派親信拿著御制詔書，在尋訪仙人張三豐的名義下，行遍天下州郡鄉邑，二十一年暗地察訪。他派太監鄭和太監六下西洋尋找，也達二十八年之久，真可謂用心良苦。

● 真假建文帝

經查《國榷》、《明通鑑》、《罪惟錄》、以及《建文朝野彙編》、《明史紀事本末》等書，後人找到了建文出亡的蹤跡：他由松陵入滇南、後西遊重慶、再轉入祥符，僑居西粵幾年，又到荊楚之鄉，行程有數千餘里之遙，可以說是「滇桂巴蜀黔，處處藏建文」。但令人難解的是，有些人還假冒過建文帝，使得真相變得撲朔迷離、真假難辨。明王鏊《震澤紀聞》裡就記載這麼一段奇事：在正統年間，一御史外出巡察時，路上遇到一位老僧，他當道而立。不管左右怎麼呵斥，他都穩然不動。御史不得不親自詢問，哪知他宣稱自己是「建文帝」。

從成祖到英宗，歷時已經三十幾年，皇帝就換了三個，建文帝還能健在嗎？有點不足為信。御史不敢貿然行事，稟報了朝廷，把他送到北京，老僧吟詩：

流落江南四十秋，歸來白髮已盈頭。
乾坤有恨家何在？江漢無情水自流。
長樂宮中雲氣散，朝元閣上雨聲愁。
新蒲細柳年年綠，野老吞聲哭未休。

英宗把大臣招來，誰也無法說出他是真還是假。後來英宗又叫老太監吳亮來辨認，他曾伺候過建文帝，吳亮一露臉，老僧說：「你不就是吳亮嗎？」

「我哪裡是什麼吳亮？」吳亮否認。

老僧從容笑說：「那一年我在便殿裡吃仔鵝，把一塊鵝肉掉到地上，你當時手提茶壺，趴在地上，用嘴把鵝肉叼起來，難道你忘了？還敢說你不是吳亮？」

話音剛落，吳亮撲通跪到老和尚膝前，泣不成聲；可是奇怪，當晚上吳亮回家，便不聲不響地吊死了。是自縊，還是他殺？沒有人能說清楚。

　　可是這老僧卻在宮裡安然度過他最後的生命，死後葬在北京的西山，號稱「天下大師」。傳言有人曾經在頤和園後的紅山上找到「前明天下大師之墓」的墓碑，還有人發現在雲南省武定的獅山佛寺塑造的「明天下大師像」的照片，圖上注：「天下大師者，明建文帝也」，彷彿真有其事。曾有這樣一段新聞：「史學界長期爭論不休的明建文帝的下落，上海史學工作者徐作生經過一年考證後認為，當年建文帝出亡後，曾藏於江蘇吳縣普濟寺內，不久轉移到穹窿山的皇駕庵，直到西元一四二三年病歿於此，葬皇駕庵後的小山坡上。」五百多年來，一直懸而未決的建文帝失蹤之謎，算是有了較準確的答案。同時，也為另一個謎團提供了解答，即三保太監鄭和第六次下西洋後就停止了，因為明成祖知道建文帝已經死了，這才放下心來，任何訪察都沒有必要了。

　　鄭和第七次下西洋，是宣德五年（西元一四三〇年），明成祖死後，已經不是明成祖的命令了，鄭和七次下西洋的原因終於明曉於眾了。

點擊謎團 ——「天啟大爆炸」是外星人所為嗎

　　明朝天啟年間，西曆五月六日上午約十點鐘，突然在北京城西南一帶發生大爆炸，可謂驚天動地。方圓二十三里被夷為平地。這場大爆炸是如此慘烈詭祕，世界罕見，其原因到今天依舊眾說紛紜。

　　據專家學者收集當時目擊者見聞的資料，說明爆炸時，原本天空晴朗，突然之間就雷轟炸響，轟隆而過，震天動地。從京城的東北角到西南角，一片遮天蓋地的黑雲綿延，一會兒又發生了地震。

　　《國榷》記載：「震後有人來告，衣服俱飄至西山，掛於樹梢，昌平縣校場衣服成堆，人家器皿、衣服、首飾、銀錢俱有。戶部張鳳奎使長班往驗，果然。」怪事真是太多了。

　　天啟年大爆炸的製造者到底是誰呢？西元一九八六年，也就是天啟災變三百六十週年，北京地質學會與二十多家團體共同發起研討會，以現代科學手段，對該災變進行了一次廣泛而深入的研究，但種種解釋還是莫衷一是。有諸如颶風說、隕星說、地震說、火藥爆炸說、大氣靜電釀禍說、隕星反物質與地球物質相逢相滅說等，不勝枚舉，但還是解釋不了這場爆炸中，出現低溫無火、蕩盡衣物等罕見現象，千古之謎還是不能解釋。

李自成兵敗後的生死之謎

盼星星，盼月亮，盼著闖王出主張，

吃他娘，穿他娘，吃穿不盡有闖王，

不當差，不納糧，大家快活過一場。

這是在明末崇禎年間，各地百姓擁護「李闖王」傳唱的歌謠。

李闖王名李自成，是陝西米脂人。他雖然家境很貧寒，但是為人大仁大義，又有勇有謀。他做過驛卒，還做過邊兵，還加入了農民起義軍反明，還當了起義軍的首領。起義軍南征北戰，隊伍不斷壯大，有幾十萬。起義軍所向披靡，最後推翻了明朝，那時候明朝已經政治腐敗、經濟崩潰、搖搖欲墜了。起義軍建立了大順朝。可是因為鎮守山海關的明將，也就是吳三桂，引清軍入關，闖王不得不帶兵退出北京，在河南、陝西、湖北等地作戰，以後的事就沒人知道了。

雖為一代英豪，可下場卻是這樣，後人猜測不絕，議論紛紛，認為他不是遇難，就是隱居。

● 遇難說

有人說李自成在九宮山遇難。《明史》的結論是：「自成已死，屍朽莫辨」。依據是，當時清朝靖遠大將軍阿濟格追擊李闖王，他給朝廷的報告上說，李自成兵力已盡，只帶二十幾個親信逃進九宮山中，卻又被村民圍困，脫逃不了，只能自縊而死。等大將派人前去驗屍時，屍體已經腐爛了，無法辨認。

另外一個根據，何騰蛟 —— 南明王朝駐湘將領兵部尚書，他向唐王彙報說，他的部眾已經在九宮山下斬李自成，只是首級遺失了。

但「遇難」說令人難以相信。因為李自成驍勇非常，又具雄才大略，一直是官府的死敵，可以說是南明王朝和清王朝統治者的心腹大患，因此他的生死絕對是重大事件。而阿濟格的報告中「屍朽莫辨」，應不屬實；何騰蛟的報告也只不過是謊報戰功，這些只能是傳聞，不可能真有其事。

還有一事值得一提：退居湖湘時，李自成手下還有四十餘萬兵馬，至少也有數萬人駐九宮山一帶，說他僅帶二十名親信，明顯與事實不符；何況假如李自成真被殺，他幾十萬大軍怎麼可能善罷甘休，九宮山也不可能平靜。可事實上，那幾十萬大軍當時很平靜，這就從反面證明李自成未死。

可為什麼有「遇難」說，而且遇難說還在民間廣泛流傳。這可能是李自成與其部下設計的障眼法，是一個緩兵之計。揚言李自成已死，一方面可以打消南明王朝對起義大軍的戒心，下一步可能聯合抗清；另一方面，清王朝也會以為心腹之患已除，就會放鬆警惕。時機一旦成熟，起義軍還會可東山再起。

● 隱居說

還有「隱居說」說李自成隱居在夾山寺。

清朝初年，張瓊伯即將上任雲南同知，在他赴任的途中，遊訪了石門夾山寺，與寺中方丈談古論今，頗為投緣，視為知己。他幾年後又重訪夾山寺，可寺中方丈已死。悼念時，方丈的徒弟告訴他，那方丈就是威震天下的闖王李自成，在九宮山是他的部將孫某替他死。

澧州知州何某於乾隆初年親赴夾山寺，調查李自成的下落，他在寺中親眼目睹了一幅李自成的畫像，叫「奉天玉和尚」。

清末以來，在石門等地發現的斷碑、詩詞、出土文物上，一些尋訪李自成遺跡者也找到了與李自成有關的痕跡，比如「況值戎馬星落雨舊

天」、「金鞍玉鐙馬如龍」、「徐聽三公話政猷，子門徒已數千指中興」……
這些都不是和尚的口氣與心境，反而很像戎馬出身的帝王心聲。

在石門夾山寺裡，西元一九八一年，奉天玉大和尚墓被發現，一副在
瓷壇中盛著的遺骨與李自成身材相近。墓中陪葬物與闖王家鄉 —— 陝西
米脂縣的習俗也相同。郭沫若先生是著名學者、歷史學家，他也不否認李
自成禪隱居夾山寺的說法，但對這一說法人們的意見也有不同。發現奉天
玉大和尚墓等人，有人說只能說明石門夾山寺確實有過奉天玉大和尚這個
人，但怎麼能證明奉天玉大和尚就是李白成呢？還有人說，左眼曾受箭
傷失明李自成，畫像不可能像寺中的畫像那樣雙目炯炯有神，可以說奉天
玉不是李自成。

也有人考證，石門夾山寺是由一座破舊的古廟裝修而成，是一座具有
相當規模、香火不絕的寺院。之所以這樣，是因為奉天玉將化緣累積的資
金全部用來建此寺，而且當地士紳也對寺的建設給予支持。大勢已去的李
自成，在官府窮追不捨之時，怎能明目張膽，不顧一切到處拋頭露面化緣
呢？李自成隱居於夾山寺一說，因此不成定論。

李自成死於黔陽羅公山，死於辰州九宮山，死於廣西峽山，死於平
陽……還有無數種說法，究竟何者為真，實在難以得出結論。

延伸閱讀 —— 李自成為何要殺謀士李岩

明末爆發了李自成農民起義。在李自成的起義隊伍中，有一位著名的
謀士李岩，他提出「迎闖王，不納糧」的口號，為起義部隊贏得了民心。

李岩的結局卻不好，《綏寇紀略》中記載，有人說定州失敗後，河南
全境都向明朝軍隊投降。在李自成大驚失色之時，李岩主動請纓親率兩萬
精兵趕到中州，那樣附近的郡縣就不敢輕舉妄動，偶爾有敢暴亂，李岩也

能及早收拾。謀士牛金星要闖王答應李岩的請求，可是闖王當時沒有答覆。闖王恐怕李岩另有所圖，牛金星也向闖王進言，應該尋機除掉李岩，他得到闖王首肯。次日，以李自成的名義，牛金星召李岩到軍營中飲酒，並在營中隱蔽處安排伏兵，這樣李岩和弟弟李年同時被殺。

雖然記載有頭有尾，但未交待李自成殺害李岩的原因。我們不明白「恐怕李岩另有所圖」究竟是什麼意思。從李岩的身世或許可以看出一點端倪來，正史記載：「李岩原名李信，河南杞縣人，明朝兵部尚書李精白之子，參加科舉考試得中舉人。因為力勸當地官府停徵苛捐雜稅，並拿出家中存糧賑濟災民，得罪了地方政府和豪紳，被捕入獄。李自成部隊攻破杞縣時，被救出獄，因而投降李自成，後因功績被封為將軍。」

從記載看，出身於顯赫家族的李岩與農民起義軍本來就是不同階級。他開始時可能因有才能而得到李自成賞識，但是農民出身的李自成，終究有其階級保守性。後來李岩越是顯露才華，李自成越是不高興，甚至懷疑李岩有一天會取代自己，因而起了殺機。

當然，這樣僅僅是猜測之詞，要解釋李自成殺害李岩的原因，還是證據不足。

崇禎太子存身何處之謎

西元一六四四年三月十八日，農民軍兵在李自成的帶領下，兵臨城下。崇禎皇帝召見兒子，讓他們換上百姓服裝，在太監們的護送下出逃，期望日後光復大明。李自成次日進城，崇禎帝在煤山自縊，太子朱慈炯從此下落不明。

假太子事件

清順治、康熙年間自稱為崇禎太子的人不斷出現，號召人民起兵抗清的事在各地也很多，多是百姓因為不滿清朝的統治，借太子的名義抗清。有個別鬧到北京的，例如順治元年，一自稱太子的男子找到周奎，周奎上報給朝廷後，朝廷派了多個人來審理，可是真假難辨，最後將之處死；康熙十二年，發生三藩之亂的時侯，北京自稱是崇禎三子或自稱崇禎太子的人趁勢回應吳三桂，他們在兩廣招兵應和，之後兩人被捕，送至北京，對質公堂時竟然互不認識，都被處死。

曾經還有過南明弘光假太子的事件。一從北方逃到浙江的男子，自稱太子，南明朝廷派內監將他帶回南京，召集了大臣馬士英等，福王朱由崧盤問，他竟然能對答如流，甚至連一些在場的大臣名字也能叫出來。原宮中內監是由北京南逃，也認為他就是太子朱慈炯；但是，另一些作為太子應該認識的大臣他卻不認識。最後在酷刑之下，他才招了，他是一位駙馬的姪孫，名叫王元明，是來假冒太子，因為對宮中的事略知一二，想投機一下，碰碰運氣。當時，南明朝廷的派系鬥爭本來就十分激烈，一些大臣對這樣的結果極為不滿，左良玉當時是是鎮守長江中游的將領，他領兵沿江東下，造成了極大的內亂。這樣就加速了南明王朝的滅亡。後來，因為對南明福王政權不滿，百姓堅信此人就是真正的崇禎太子，在清兵南下、

未到達南京而福王又逃離的空隙裡，把他擁立為王監國。攻破南京後，豫親王多鐸把擄他到北京，想必為清廷所害，反正從此不知所終。

● 朱慈炯的最終結局如何

崇禎太子的下落引起很多人關注，假太子的出現破壞了剛剛建立的秩序，也留給中國歷史的一椿奇案 —— 真太子朱慈炯到底哪裡去了？流傳的說法有幾種。

有人說，太子在李自成掌握之中。

李自成進城之後，太子被太監栗宗周獻給了李自成，李自成讓軍營中交劉宗敏看管，後來還將太子封為宋王；可有說法稱，吳三桂與清兵聯合，打敗了李自成，雙方談判時，吳三桂要求「歸還太子」，因此李自成將太子交給了吳三桂；還有人說，李自成山海關大敗後，晚上放火燒了宮殿和九城門樓，第二天一早，挾崇禎的三個兒子往西撤退，此後無人再知道太子的消息了。

有人說，太子削髮為僧。說李士淳帶著太子，逃到廣東東嘉應州陰那山的靈光寺，在那裡太子削髮為僧，並且度過了餘生。

李士淳，明朝翰林院編修，曾做過太子的講官。明亡之後，他被迫與太子同在一處，接受李自成封的官職。劉宗敏在戰鬥中負傷，農民軍節節敗退，李士淳帶著太子逃跑。後來，他的後人李大中公開在《二何先生事略》中承認其祖先曾救了崇禎太子。太子的一篇詩作被載在李士淳所編的《陰那山志》中：

> 誰人伸臂劃虛空，裂碎迷雲千萬重。
> 掌握明珠山吐月，周天星斗五輪中。
> 天畫棋盤星作子，指彈日月照將軍。
> 不知何處神仙著，花落棋山還耳聞。

詩中隱含的帝王之氣，不像是普通僧人所作。

還有人說，他是被清廷處死的。太子先被一民間老太太收留，在民家藏匿了三個月，之後因為家貧無力收養，太子被送到親屬周奎家。周奎不敢收留他，聽到清廷的搜捕命令，就將太子上交給刑部，擔心崇禎太子會成為明末遺民的中心，不利於大清社稷的穩定，清統治者下令將明太子處死了。

除此之外，許多種奇怪說法層出不窮，不一而足。例如說從吳三桂軍中逃出後，太子先在皇姑寺暫住，後有和太監高起一起，從天津乘海船南下；還有人說太子逃亡時，死在亂軍之中。

點擊謎團 ── 名妓陳圓圓究竟魂歸何處

蘇州名妓陳圓圓身世複雜，在明末清初與幾位風雲人物崇禎皇帝、李自成、吳三桂等有關係，因為遭遇奇特而引人注目。雖晚年自沉昆明蓮花池，但在昆明沒有她的墓。她究竟魂歸何處，還無人知曉。

陳圓圓，本名陳沅，蘇州人，原姓邢。幼年失母，被送給姨母撫養。後隨姨父學唱，八歲即能登臺扮演楊貴妃、虞姬、崔鶯鶯等。她的扮相極佳，嗓音又圓美，還會填詞，十幾歲就開始紅遍江南，「色藝擅一時」，芳名遠播。

當時，吳三桂時任寧遠總兵，手握十萬精兵，是明末軍事將領中第一號實力派人物。崇禎皇帝對他心存忌憚。一次回京時，田國丈請吳三桂到府裡一聚，便叫陳圓圓為吳三桂殷勤勸酒。一見之下，吳三桂就驚嘆於她的美貌和才藝，於是向田弘遇索要陳圓圓。田弘遇無奈，不得不將陳圓圓送給吳三桂。喜得陳圓圓，吳三桂本想帶她一起去山海關，但父親吳襄極力反對，他只好將圓圓留在父親府中。

　　不久，李自成農民起義軍所向披靡、勢如破竹，一路迅速攻占北京。崇禎帝吊死在煤山，明朝滅亡。

　　農民起義軍進京後，早聞陳圓圓芳名的大將劉宗敏，便到吳襄府上掠走了陳圓圓。李自成本已派牛金星帶著自己的書信招降吳三桂。吳三桂見明朝已亡，又見李自成在北京建立了大順政權，也已經暗生歸順之意。可正當他舉棋不定的之時，得知父親被打、圓圓遭搶的消息，當下「痛哭三軍俱縞素，衝冠一怒為紅顏」，雖然表面上是為崇禎舉喪，實際上是是決心與李自成為敵，為解傷父奪妻之恨。吳三桂為了打敗李自成，投降清兵。清軍在他的帶領之下，迅速占領了山海關，後大舉侵入中原，最終建立了清朝。

　　吳三桂一家三十八口被農民起義軍屠戮，他們把他父親吳襄的頭顱砍下。陳圓圓奇蹟般存活下來，終於回到吳三桂身邊。吳三桂接受清世祖封賞，受命帶兵殺向雲南，後鎮守雲南，成為了一方藩王。在雲南，吳三桂效吳王與西施故事，為陳圓圓選金殿，還派人尋找陳圓圓的親人，給他們殊遇和厚祿，得寵多年的吳三桂極富極貴。

　　可是吳三桂野心膨脹，淫心難足。除了陳圓圓，他還有「四面觀音」、「八面觀音」等美女。陳圓圓年老色衰後，也逐漸看破了紅塵，吃齋念佛，與世無爭。連吳三桂封她為正妃，她也婉言拒絕了。

　　康熙十二年，皇帝下令撤雲南藩鎮，將吳三桂調去鎮守關東。吳三桂樹起「反清復明」大旗，堅決抗旨不遵，與清軍對峙。看出吳三桂不得人心，陳圓圓多次勸阻他，但吳三桂不為她所動。失望之餘，陳圓圓隨玉林禪師做了尼姑，法名是寂靜。

　　吳三桂雖然勢單力孤，還是負隅頑抗，終於在清軍強大武力攻勢下，憂急而死。在昆明被清軍攻陷後，陳圓圓搬進了昆明城外的三聖庵。幾年之後，清將蔡毓帶兵到三聖庵抄查古玩，見到陳圓圓，引動色慾。一生遭際多舛的陳圓圓，不願再受辱，就投蓮花池自盡了。

　　陳圓圓一生經歷如此奇特，結局又引起不少人關注，傳說也很多。有說她死在蘇州，也有說她死在上海，還有說她葬在陝西，或是四川。但缺乏可靠史料記載，都是臆測。較為可信的是她死在昆明，但又有一奇怪說法，說陳圓圓也參與吳三桂的反叛陰謀，失敗之後就與吳三桂一同被殺了。

　　陳圓圓究竟魂歸是蘇州、上海還是昆明？可這些地方都沒有發現她的墓地，史料中也沒有記載，所以對於她的結局，依舊還是個謎。

皇太極的繼位之謎

後金天命十一年，即西元一六二六年八月二十一日，努爾哈赤毒疽發作離世，皇太極繼承汗位。

據朝鮮史籍《魯庵文集》記載，老汗王（努爾哈赤）臨死曾表示過：「洪佗始（皇太極）能成吾志，終無所命而死。」所以看來，皇太極得汗位符合努爾哈赤遺命。

但是，關於皇太極如何繼位的問題，卻有許多不同的爭論，因為當時皇太極在諸貝勒中無論是年齡、功績、外援勢力上都沒有明顯優勢，他如何能不透過政變順利繼承大統，一直是清代的不解之謎。

● 篡位說

一直以來，許多研究明清史的專家認為，皇太極的汗位是從他的幼弟多爾袞手裡篡奪而來。

清人蔣良騏的《東華錄》記載了順治八年，也就是西元一六五一二月己亥詔內，多爾袞稱「太宗文皇帝（皇太極）之位，原係奪立」，也就是暗示皇太極篡奪汗位。據說努爾哈赤生前已經立多爾袞為嗣子了，但是皇太極用陰謀狡詐的手段，從其幼弟手中奪取了汗位。為除篡位隱患，他逼迫多爾袞生母 —— 大妃阿巴亥殉葬。

這種說法受到一些人懷疑，認為大妃殉葬確實出自努爾哈赤的本意。努爾哈赤因為痛恨多爾袞的生母不忠，所以在去世前特命她殉葬。當時多爾袞才十五歲，既無功業，也無威望，因此不可能立多爾袞為嗣。即位後，皇太極對多爾袞「特加愛重」，大力培養提拔他，多爾袞對皇太極的恩育也是萬分感激，盡心力輔佐皇兄，他勳勞卓著，成了皇太極最得力的助手。總之，皇太極與多爾袞兄弟感情較好，無法想像皇太極篡位多爾袞與殺母。

● 爭鬥說

也有研究者認為，皇太極的汗位是經過了激烈的爭鬥，最後力克競爭對手而得到。

在努爾哈赤死了之後，皇太極與貝勒爭奪汗位，鬥爭日趨白熱化，最後皇太極打敗對手，自立為汗。這期間，皇太極與代善之間的競爭最激烈。大貝勒代善有聲望，有勳績，也很有勢力，一直以來是汗位的競爭者。皇太極則抓住一切機會來打擊代善，曾經利用代善與大妃阿巴亥的曖昧關係，借輿論推波助瀾，促使努爾哈赤罷黜大妃，代善的威望也因此遭受了損害。努爾哈赤死後，他逼大妃殉葬，以削弱代善的勢力，最後壓服代善，奪取了汗位。

● 推舉說

還有人認為，皇太極汗位不是奪，而是諸貝勒推舉。

太祖努爾哈赤生前沒有立嗣子，為汗者須要貝勒推舉產生。努爾哈赤共有十六子，大貝勒代善，二貝勒阿敏，三貝勒莽古爾泰和四貝勒皇太極是當時的四大貝勒，爭奪大位最有希望的也就是這四個人。

大貝勒代善年紀長、軍功多，為人也厚道。只有一點，代善妻子和前妻的兒子碩託跟關係不好，代善要殺了這個兒子。經努爾哈赤反覆調查，發現是他的後妻在其中挑撥離間，因此很不高興。代善為了討好父親，殺了後妻，努爾哈赤反而認為這種行為不可以做國君。

二貝勒阿敏是努爾哈赤的姪子，即舒爾哈齊的兒子。舒爾哈齊有了問題，努爾哈赤把他關起來，後來他憂憤而死。其實這件事情和阿敏也有關係。可是努爾哈赤沒有將阿敏關起來，但是他也沒有資格爭奪大位了。

三貝勒莽古爾泰的母親犯了罪，莽古爾泰親手殺了她，同樣失去了做

國君的可能。這樣四個大的貝勒就剩下皇太極了。

皇太極下面還有弟弟多爾袞和多鐸。當時多爾袞十五歲，多鐸十三歲。女真有幼子繼承的這種傳統，不過皇太極和其他得幾個貝勒商量後，趁著努爾哈赤剛死，就說先父有遺言，要大妃殉葬，使多爾袞和多鐸失去母親支持，不可能與皇太極爭奪汗位了。在這種情況下，努爾哈赤死時，代善的長子勸代善說：「四貝勒（皇太極）才德冠世，深契先帝聖心，眾皆悅服，當速繼大位。」代善同意了。第二天日，在貝勒們大臣聚於朝時，代善提議舉皇太極為汗，諸貝勒「皆喜日善。議遂定，乃合詞請上即位」。

這樣一場刀光劍影、不擇手段的權力爭鬥，被代之以和平友好的互相謙讓的程序，順理成章完成了。這與貫穿清朝 —— 特別是其前期血腥的最高權力之爭，形成強烈反差，另一方面也說明了皇太極的足智多謀。綜上各方面的分析，皇太極繼位的各種說法各有駁立，難以確認歷史真相。

相關連結 —— 孝莊太后是否下嫁了多爾袞

縱觀清朝三百年，清初時期最為混亂，疑案不斷，其中最著名的是清宮三大案，就是太后下嫁、順治出家以及雍正即位。而在這三大案中，太后下嫁的爭議最多。

有說法是，清太宗皇太極駕崩後，由誰來繼承皇位是當時最敏感的問題。其中以努爾哈赤十四子多爾袞和以皇太極長子豪格為首的兩大政治集團互不相讓。就在這時，當時還是妃子的孝莊文皇后找到多爾袞，提出讓多爾袞擁戴福臨即位，作為條件之一，就是多爾袞擔任攝政王。多爾袞權衡利弊後，同意了孝莊文皇后的意見。

但也有人認為，這其中還有一個不能告人的祕密，即多爾袞與孝莊文皇后進行過一次權色交易。多爾袞可謂是少年得志，意氣風發，但就是好

色，對他的嫂子孝莊文皇后尤為喜歡，甚至到了痴迷的程度。孝莊文皇后意識到這一點，在皇位繼承的關鍵時刻她使出了撒手鐧，最後一舉成功，使自己的兒子——福臨成功繼承了皇位。

也有野史認為，是前明降臣錢謙益向多爾袞提出此建議。多爾袞與順治帝的一直關係不好，攝政王多爾袞一直感覺像是骨鯁在喉。而此時多爾袞的元妃去世，他很鬱鬱寡歡。錢謙益就此向多爾袞進言：「無非再娶，以慰悼亡」。就是請皇太后下嫁多爾袞，這就使得傳言變成現實，這樣多爾袞也好控制順治帝。此提議很快就得到大臣支持，順治帝也礙於多爾袞的權勢不得不勉強同意。於是太后就正式下嫁多爾袞。孝莊太后死後，康熙等後代子孫因覺得她丟了愛新覺羅家的臉面，把她葬在清東陵陵區外。

其實，「太后下嫁」之說，首先起因於順治五年，即西元一六四八年，多爾袞被封為「皇父攝政王」。此奇怪的稱呼引起了人們的懷疑，人們猜測因為皇帝的母親降貴屈尊下嫁給多爾袞，才使他有了這樣的尊稱；也有人認為，順治帝是因為孝順，考慮到母親的孤寂，再加上她與多爾袞有多年情意，還有對多爾袞擁立自己為帝的恩情，大臣提議，他也就同意多爾袞與母親結合。但不管怎樣，「太后下嫁」的故事，也折射出了順治帝和孝莊文皇后這對孤兒寡母當時尷尬險惡的政治處境。

「太后下嫁」的故事，野史記載很多，但清史稿卻沒有提過。從歷史史實看，清王朝在孝莊文皇后死後，又延續了兩百多年。期間，大清朝對她都是尊崇備至，可以說是極盡歌功頌德，陵寢祭祀方面也是把她放在首位。加入真有下嫁之事，清皇朝怎麼能自取其辱，也有人說，乾隆時期的紀曉嵐在整理清宮檔案時，覺得太后下嫁之事有辱皇家的尊嚴，奏請皇帝批准，就從檔案中刪除這一部分，從此也就沒有人提起這件事了。但是皇后下嫁的故事在民間還是廣為流傳。

董小宛是順治的寵妃嗎

江城細雨碧桃村，寒食東風杜宇魂。

欲弔薛濤憐夢斷，墓門深更阻侯門。

清初大詩人吳梅村的這首詩，使人們把清朝的「順治皇帝出家」（「四大疑案」之一）與明末清初「秦淮八豔」之一的董小宛連繫在一起。很多人認為，董小宛曾經嫁給順治皇帝，兩人情投意合，誓同生死，所以董小宛死後，順治皇帝就出家了。

然而事實真是如此嗎？

● 順治的董鄂妃

明天啟六年，努爾哈赤的第四個兒子皇太極繼承了汗位。皇太極在明崇禎九年改國號為清，改女真為滿洲。「清、滿、洲」三個字均帶水旁，其意就是要滅亡明朝（朱明含義是火）。

皇太極為了實現這一政治企圖，採取的諸多措施之一就是滿蒙聯姻，既能聯合又能控制強悍善戰的蒙古族。他自己的兩個皇后，就都是蒙古族的博爾濟吉特氏；到了順治時代，自然也要按照這種傳統做法選妃、選后。

順治帝的母親孝莊太后，為他挑選了蒙古科爾沁貝勒的兩位女子進宮。遺憾的是，福臨並不喜歡這兩位博爾濟吉特氏女子（也有傳說是為了擺脫博爾濟吉特氏的控制），卻愛上了同父異母弟博穆博果爾的妻子董鄂氏。於是宮內矛盾迭起，母子不和、婆媳不和、順治皇后與董鄂氏不和等等。後來，董鄂氏逝世，順治竟為此棄國出家，當了五臺山的和尚。

以上是一種說法，還有一種說法，稱是因為順治愛上了江南名妓董小

宛而遭到孝莊太后的堅決反對，並強逼董小宛出家為尼，氣怒交加的順治為此出家為僧。

究竟是滿親王的女兒董鄂氏，還是漢人董小宛？為何又有這樣兩種不同的說法呢？正史沒有太詳細的記載，而同屬野史的《清稗類鈔》、《清代野史》卻有著不同的描述。

● 正史與野史的記載

清光緒舉人徐珂《清稗類鈔》是以「世祖（即清順治皇帝）自撰董妃行狀」的形式寫繪。文中首先說明：「后（董鄂妃死後諡封『孝獻莊和至德宣仁溫惠端敬皇后』）董氏，滿洲人也，父內大臣鄂碩，以積勳封至伯，歿贈侯爵，諡剛毅。」

在讚頌董鄂妃的賢、謙、慈、儉等美德時，其中還寫到「性孝敬，知大體，其於上下能謙抑恩惠，不以貴自矜」，「至性節儉，簪珥之數不用金玉，唯以骨角者充飾」，「每得賜賚，必推施群下，無所惜」。董鄂妃絕不「敢以女子干國政」，堅持「婦無外事」。每當順治請她與閱奏章、商討某件事如何處理時，她都「固辭不可」、「唯陛下裁察」。但是，當順治審批刑部呈報的處決囚犯奏章時，她則提醒說：「民命至重，死不可復生，陛下幸留意參稽之」。而對於「諸大臣有偶干罪戾者」，則諫曰：「斯事良非妾所敢預，然以妾愚，謂諸大臣即有過，皆為國事，非其身謀。陛下曷霽威詳察，以服其心，不則諸大臣弗服，即何以服天下之心乎？」

在這篇「自撰行狀」中，順治帝用了不少筆墨，寫董鄂妃之「孝」，如「事皇太后（即孝莊皇太后）左右趨走，無異女侍」，「住南苑，皇太后聖體違和，後（董鄂妃）朝夕侍奉，廢寢食」，「皇太后幸湯泉，後以疾弗從，皇太后則曰：若獨不能強起一往，以慰我心乎！」董鄂妃去世後，「諸含殮具，皆皇太后予治也」而且「概以儉素」。

細讀這段文字，不難看出，董鄂妃的「孝」十分沉重，字裡行間流露出這對「皇宮裡的婆媳」的不和睦，一方如何要求著另一方「強起」，而另一方總是以「奉養甚至」、「恰共婦道」、「以一微賤女」、「敬承皇太后」。

而西元一九二〇年出版，原名為《滿清野史》的《清代野史》中，有〈董小宛別傳〉，節錄如下：

「初，江南既定，漢降臣洪承疇為兩江總督，頗懸物色之賞，軍士競獻美姬以媚主帥。洪氏慕董小宛甚切，然慮其為冒辟疆之妾，未可輕動。麾下健兒佟某揣知洪意，遂明以『庇匪既犯法網，劫女更干官刑』之名，率兵包剿冒府，而暗又造入透露消息，使冒遁逃，只收捕家眷，將董小宛獻於洪承疇。

洪見董小宛大悅，錮之內庭，以衣飾玩好名花精器娛其意。某日，洪醉酒之夜，召董入侍。董涕淚滿面，誓不肯行，洪怒，命閉之後面一小閣中。一年後，洪聞冒賄賂御史，劾奏洪強占民女，大驚，曰：『計毒哉！上（指順治皇帝）常疑漢人不忠，設事發，吾則危矣。』即日飾董獻入宮廷。世祖（順治皇帝）得董大悅之，以寶輿迎之，恩寵有加，誓不相負，於是董得淑妃之號。洪之送董姬入掖庭，本為借刀殺人之計，萬不料天子多情，貯以金屋，心大不平，於是趁太后燕見之機奏曰：『上親政未久，或溺漢姬，廢常朝時日矣。』太后大怒，立召世祖入宮，詰責備至，且囑即日遣之出……董妃遂以太后命，居西山下玉泉寺。然世祖愛戀甚摯，以圍獵為名，與董妃遊於西山，許以必為陽春之煦，絕無秋扇之捐！設若有變，則棄天下若蔽屣耳。如是者幾半月，一夜忽失董妃，太后又遣中宮內臣促駕速返。帝不得已，遂謂庵尼曰：『董妃必復來，子但言朕意已懺悔，幸復至西山居住，忽忽然也。』怏怏而歸。」

有人還曾考證，董小宛應該年長順治二十七歲。同時，順治也確實棄江山不顧，出家為僧，但絕不是為了愛妃不幸病逝，而是由於政治原因。

　　既然如此，人們為什麼又傳聞是董小宛呢？又十分樂意談順治不愛江山愛美人的故事呢？其一，藉此刻劃漢奸洪承疇的醜惡嘴臉；其二，藉以說明清朝的皇帝不是什麼明君聖君，也是耽於酒色的昏庸之主。

　　一個是年輕體弱的皇帝，一個是風燭殘年的太后，兩個人在經過生命最後一程的凝望之後相繼死去，但偏偏年輕的皇帝比年老太后早一天駕崩。

新知博覽 —— 四大名妓之一的柳如是

　　柳如是，本姓楊，初名為雲，還有名影憐和名愛。後來改姓柳，名隱雯，字如是；以後又改名隱，號河東君，是明末清初秦淮河畔眾多佳麗中一朵耀眼的花。

　　柳如是天生麗質，美豔絕倫，琴棋書畫樣樣精通，無數風流才子以一睹她的美貌為幸。然而她非一般青樓女子可比，氣格孤傲，多情重義，心懷天下。年幼時即聰慧好學，但由於家貧，從小就被賣到吳江為婢，妙齡時墜入章臺，改名為柳隱，亂世風塵中，她來往於江浙金陵之間。她擁有絕代美豔，又才氣過人，遂成秦淮名姬。她不僅留下了讓人傳頌的軼事佳話，還留下了不少頗有文采的詩稿如〈湖上草〉、〈戊寅卓〉。

　　柳如是與南明復社的領袖張浦、陳子龍關係很好，尤其與陳子龍情投意合。但陳子龍不幸在抗清起義中戰死。柳氏選擇夫婿的條件很高，很多名士前來求婚，她沒有看中，只跟某些人停留在友誼階段。最後崇禎十四年，她二十餘歲，嫁給已經年過半百的錢謙益，他是東林領袖、文名頗著的大官僚。娶柳後，錢氏為了她，在虞山建了壯觀而且華麗的「紅豆館」、「絳雲樓」，來「金屋藏嬌」，相傳柳氏後來生有一個女兒。

　　後來清兵到來，柳如是勸錢謙益自盡殉明。謙益不從，她也自盡未

遂，後來與錢謙益一起參與鄭成功等人的復明活動。她傾盡了所有珠寶，以助餉義軍；還以自己家為地下聯絡點，為義軍傳送密信；在義軍起事前夕，她還親自到舟山慰勞義軍……在柳如是看來，反清復明體現的是對漢族文化的保護與癡情。

　　柳如是的一生就是這麼傳奇。一位風塵女子，卻氣節錚錚，足以讓無數男兒汗顏。她就像出淤泥而不染的白蓮，為世間留下不盡的清香，她一生體驗充盈，終以一束白練了卻自己四十七歲的年華。

雍正帝登基之謎

雍正帝如何繼位一直是個謎，史學界的爭論從未沒有停止過。

以統治手段嚴苛而聞名的清雍正帝，名愛新覺羅·胤禛，是清兵入關後的第三任皇帝。康熙帝駕崩後，他與眾多兄弟激烈競爭後取得皇位。登基後多方面實行務實改革——「攤丁入畝」，結束了幾千年人頭稅的歷史；「改土歸流」，廢除世襲土司，加大懲治貪官的力度；屢降諭旨全國禁賭，此舉被臣屬稱為「萬世不易之美政」。

與雍正帝勤政愛民相對，是他登基不久後即使用一系列強硬、殘忍的鞏固帝位手段，嚴厲懲處包括十四皇子在內的一批兄弟和前朝寵臣，不是整死，就是打入大牢。處死年羹堯和隆科多，軟禁十四皇子十多年。收拾年羹堯和隆科多這樣的寵臣，目的是要為堵住他們的嘴；打擊兄弟，目的是清除皇位競爭者。從這一點上看，傳說中的雍正偽造了康熙遺詔奪得寶座就變得極有可能。但究竟如何嗣位，至今仍是一個謎，是按遺詔之言登位還是篡位，爭論之說在雍正年間就有，至今無果。

● 雍正篡位的種種傳言

不少人認為，康熙的本意是傳位給十四阿哥胤禛。而雍正是四子，於是他設計將遺詔中的「十」字改為「于」字；也有人認為，雍正是將「禎」改為了「禛」，因為十四阿哥原名是胤禎，雍正名胤禛，篡改遺詔繼位；也有的說，康熙在臨死時說「十四子」時，因舌頭乾澀，當說到「十」字時略停頓，再說「四子」，負責記錄的步軍統領隆科多是雍正的舅舅，故意傳旨說皇上單召四皇子見駕，有意漏說「十」字，幫助雍正繼位，然而最後卻慘遭殺害滅口。

對雍正繼位威脅最大的，就是十四皇子胤禛。康熙在位時，不但特意

安排十四子進軍西藏，還讓他打準噶爾，為其提供建功立業的機會；同時，康熙對十四子在擔任撫遠大將軍期間也非常關心，在給他的朱諭、朱批中說了很多意味深長、寄予厚望的話，比如「人心最為重要，你要時刻把這件事放在心上」之類的話。這說明，康熙很可能想把皇位傳給十四皇子胤禵。

後代有學者分析，正因為篡位心裡有鬼，雍正在陰間都怕受到父親和祖先責罵，所以他才不得不違背「子隨父葬」的風俗，沒有將自己安葬於清東陵陪伴父親和祖父，而是把陵墓選在了相隔數百里之外的清西陵。

還有人說，在康熙臨終前不久，雍正曾將一碗親手煎製的參湯送至康熙的病榻前，沒有多久就傳出駕崩的消息。

● 究竟是否有改詔篡位的事實？

儘管各種傳言看似都有道理，但是這些傳言又都有相反的說法。

首先，改詔說就不成立。歷史學家認為，「傳位十四子」被改成「傳位于四子」就有很大的疑點，因為康熙詔書中漢文是「於」字而非「于」字，同時更有滿文，想改詔書並非將「十」改成「于」那麼簡單。在中國第一歷史檔案館的康熙遺詔上寫著：「雍親王皇四子胤禛，人品貴重，深肖朕躬，必能克承大統。著繼朕登基，即皇帝位。」從遺詔上看，並沒有改字的可能。

那麼為什麼說康熙最後選中的不是十四皇子呢？推想一下，如果康熙真想傳位給他的話，就不會在自己年老生病時把他派到那麼遠的地方。有人說康熙五十七年讓十四皇子到西北指揮對準噶爾的戰鬥，是為了讓他建功立業，但康熙六十年將已立戰功的他召回北京述職後，第二年康熙又在自己體弱多病時讓他重回前線，顯然表明皇位不是要傳給他。雍正繼位後，他被召回北京遭軟禁，這只是雍正對鞏固皇權採取的措施，不能以此來說雍正就是篡位。

　　至於雍正沒有遵循「子隨父葬」的習俗，作為篡位旁證也沒有說服力。順治父親的昭陵是在瀋陽，而順治死後並沒有也去葬到瀋陽；雍正墓是在清西陵，他的下一代乾隆的墓卻在清東陵，說明其實跟葬址在哪裡沒有關係。

　　而「雍正進參湯下毒」的說法，就更不成立了。康熙對醫道很有研究，曾多次說過人參宜於南方人食用，北方人卻不合適吃，所以就算雍正要做手腳，也不會笨到用進參湯這個方法。

　　到底雍正如何子承父業，坐上皇帝寶座？從雍正年間一直到現在仍是有立有駁，眾說不一，也許這位清帝的繼位之謎會一直討論下去。

新知博覽 —— 和珅為何得寵於乾隆數載

　　後人對於清朝大臣和珅平步青雲的仕途爭論頗多，很多人認為是乾隆的錯愛，但清高宗乾隆治國安邦剛毅英明，卻怎讓和珅得寵二十多年？這其中到底有怎樣的緣由？

　　仔細分析和珅得寵的原因，還要從他的主觀努力說起。和珅生在鈕祜祿氏旗，屬於滿洲正紅旗，他的祖先曾經屢立軍功，但是在他年幼時家道中落。少年和珅備受白眼冷落，嘗盡世態炎涼。他發誓一定要出人頭地，因此學習刻苦，詩文才藝都非常高超。

　　不僅如此，和珅還生得身材頎長，眉清目秀，一表人才。而且，他還聰明絕頂，出口成章，處事機敏幹練，而最擅長的就是理財和斂財。在和珅任內務府總管之前，內務府 —— 主管皇家事務的機構，卻經常入不敷出；和珅來之後，內務府不僅不虧空，而且還有盈餘。就憑這點，他也能深得乾隆嘉許。而且相貌俊俏的和珅精通滿、漢、藏、蒙四種語言，平時能夠應對巧答，處理政務也很幹練決斷，這些都和合乾隆皇帝的心思。

如果說有真本事是和珅受寵的基礎，那麼絕妙的拍馬屁術就是他升官的梯子。和珅最善於揣摩乾隆的心思，總是能哄乾隆高興。乾隆愛好黃金，他就建議建造萬佛樓，讓王公大臣和各級官員獻金佛；乾隆喜歡談文論史，和珅就在編纂《二十四史》時在明顯的地方故意抄錯幾個字，被乾隆一一指出，滿足乾隆的虛榮心；乾隆想下江南又顧慮留下鋪張的罵名，和珅就舉出《尚書·舜典》上舜「五載一巡狩」的典故，並親自為皇上監督龍舟等南巡的設施，借機揮霍私吞。

然而關於和珅受寵，還有一個更離奇的說法。據記載，在乾隆還是寶親王時，曾鍾情於父皇的妃子馬佳氏。兩人調笑時，馬佳氏誤撞到寶親王的眉際，被皇后看見，便以馬佳氏調戲皇子為名，下令處死。寶親王知道後，流著淚抱著奄奄一息的馬佳氏說「我害了妳」，隨後咬破自己的指頭，滴一點血在妃子的頸上說：「我今生無力救妳，來生以紅痣相認。」

而乾隆登基後，見和珅酷似馬佳氏，還發現他頸上也有一顆鮮紅的血痣，因此信奉佛教的乾隆便認定和珅是馬佳氏的再世，便萬千寵愛以補前世。為此，和珅所居住的恭王府中還修有一條地道可直接通往皇宮，與皇帝幽會。

然而事實的真相究竟如何？和珅到底由於何種原因受到寵信？也許有他的聰明能幹、拍馬屁、同性獻媚，也許還有更多世人所不知道的謎。

香妃到底身葬何處

> 浩浩愁，茫茫劫；短歌終，明月缺。
> 鬱鬱佳城，中有碧血。
> 碧亦有時盡，血亦有時滅，
> 一縷香魂無斷絕。
> 是耶，非耶？化為蝴蝶。

這首淒切哀婉的詞，刻在一方石碑的背面，此碑的正面刻著兩個大字──「香塚」。此石碑立在一座大塚之前。大塚座落於北京城南，在風景宜人的陶然亭的東北角。

據說這就是有名的「香妃」墓，是在乾隆皇帝的親自授意下建造，史傳的香妃就安葬這裡，為的是自己可以隨時隨地到這裡憑弔，寄託對香妃無盡的哀思。可是，據說還有兩座「香妃」墓，一座在新疆喀什噶爾，一座在河北遵化。兩座墓裡的香妃，還有兩個不同的傳說。

◉ 回部香妃的傳說

傳說，香妃長得國色天香，生來身上就有一股奇香，她本來是回族首領霍集占的王妃。她的香味既不是粉香，也不是花香，她不用香草薰，也不用香湯洗，依舊香氣襲人，因此被叫做「香妃」。

乾隆皇帝本來就風流，聽說了有個如此美人，便對她不能忘懷，想方設法把她弄到自己身邊。正趁霍集占造反之機，他派大兵去鎮壓，還想順便把香妃擄來北京。於是，他再三囑咐平叛邊疆的大將兆惠，一定要把香妃帶回來，而且還要沿途官員小心護持，防止她自殺，還要注意保持香妃容顏不損。最後，香妃被擄到了北京。

　　果然名不虛傳，還未到清宮，香妃的香氣就傳來了。乾隆大喜，對她噓寒問暖，甚是熱情；可香妃卻依舊冷若冰霜，怎麼問都不回答，怒目之中露出一腔仇恨流露。雖然碰了釘子，乾隆仍不罷手，還派宮女去勸她。哪裡料到，香妃突然從袖中拔出一把匕首，寒光閃閃，怒氣衝衝說：「國破家亡，我死意已決。但我不想這樣默默無聞死去，我要找個機會報仇再死！皇上如果強逼我，那就只能盡快實現我的願望！」宮女們大驚失色，趕快稟報乾隆。乾隆知她是烈性女子，不能硬來，只得慢慢想辦法。於是為討好香妃，排解她思鄉之情，乾隆讓人在皇宮西側修建了寶月樓，還在寶月樓旁仿照回族風格，修建了回營，他還按照土耳其風格，在武英殿西修了浴德堂供她沐浴，香妃平素的吃用也都按回族習俗，但香妃還是不為所動。

　　當時，皇太后知道此事後曾告誡乾隆，要不殺掉香妃，成全她；要不就放她走，讓她回新疆安度餘生。可乾隆不忍割捨，就又拖了幾年。皇太后想長痛還不如短痛，拖下去可能會發生變故。於是，她趁舉行祭天大典，乾隆齋戒沐浴的時候，讓人叫來香妃問她：「妳既然不想做皇上的人，到底想得到什麼結果呢？」

　　「死。」香妃回答的毫不猶豫。

　　「那麼，今天就讓妳去死，可以嗎？」

　　「那就感謝太后恩典了。我萬里奔波來到此地，是想尋求一個報仇的機會，既然不能如願，這身軀只是一個多餘的肉瘤，不如早日閉眼，追隨死去的故主為好。」

　　於是太后便讓人將香妃絞殺了。

　　聽到消息，乾隆急忙趕回。看到香妃已經面帶微笑死去了，號咷大哭，痛悔是自己害了她。這人去樓空了，一股香氣卻嬝嬝彌漫，就像一縷幽魂飄向遠方。為了表示對香妃的尊重、哀悼，乾隆下令用軟轎將她的遺體抬回新疆喀什安葬，這就是香妃的故事。

● 香妃是容妃嗎？

　　一些人查閱了清宮檔案，猜想香妃可能就是乾隆帝的寵妃 —— 容妃。因為她是乾隆四十多個嬪妃中，唯一的回族女子。

　　容妃生在新疆葉爾羌回部，祖上是伊斯蘭教的一個首領。哥哥因配合清廷平定霍集占叛亂有功，被召到北京接受封官。於是她隨兄來京，被乾隆看中，於是進入後宮，被封為了「貴人」。為了保持她的民族和生活習慣，她曾對乾隆皇帝提出了三點要求：一是她在京城的住房必須是按照維吾爾風格建；二是她的哥哥圖爾都也必須進京城居住；三是她死後，要把她的遺體運回故鄉喀什。乾隆都一一答應了，之後她被封為「容妃」。

　　容妃不僅容貌出眾，還聰明機靈。騎馬、射箭、寫詩、編織樣樣精通，因此深受皇帝寵愛。乾隆特許專人給她縫製維吾爾族的服裝，還讓專人為她做回族飯菜，總之一切生活，完全按照維吾爾族的習慣。她曾與哥哥圖爾都一起，陪伴乾隆去江南巡視，還南巡過江浙，登過泰山，遊過盛京，拜謁過清太祖的福陵，非常風光。過年過節，她所受的賞賜比別的嬪妃多很多。

　　容妃的家鄉有種散發奇異的香味的沙棗樹，乾隆為討她的歡心，派人專門去新疆把沙棗樹帶回來，移栽到她的宮院裡。所以她的居室常常飄散著這種奇異芳香，人們就稱「容妃」為「香妃」了。

　　容妃在乾隆五十五年病故，葬在河北遵化清東陵西側的「裕妃園寢」裡。那裡的月臺上有寶頂，在寶頂的下面是安放棺槨的地宮，地宮有十四公尺深，而且與十幾公尺長的地下走廊相通。

　　西元一九七九年十月，發掘清理這座墓時，發現棺頭正中有幾行回文，用金漆手寫，意思是：「以真主的名義……」棺內，頭骨的近旁有一條長八十五公分的花白髮辮，還有龍袍碎片和刀件織物，上面有「江南織造臣成善」、「蘇州織造臣四德」字樣，此外，珍珠寶石也不少。雖然這裡曾被盜過，但實物證明，墓主人正是容妃。因為棺頭文字說明，死者是伊斯蘭教

徒。龍袍、寶石又證明她妃子的身分。那花白的髮辮與她五十五歲去世的年齡也相符，織物上的「四德」、「成喜」等字樣，是乾隆時江南織造官的姓名。

　　假如容妃就是香妃，這座墓也就是香妃墓了。

　　但有人認為，容妃與香妃不是同一人。容妃並無體香，而且不是被擄進京城，也不是被賜死，況且寶月樓在她進京之前就修建了，與她沒有關係。

　　新疆喀什埋的是香妃，河北遵化埋的是容妃，那陶然亭邊的「香塚」裡埋的又是誰，無從解釋。

相關連結 —— 香妃的婚姻之謎

　　據記載，香妃是乾隆二十五年，也就是西元一七六〇的二月進宮，當時已經二十七歲。那時候，一般女子都在十幾歲就出嫁了。清帝挑選秀女時，十三歲的女孩就可以參選了，多爾袞的母親阿巴亥，十二歲就嫁給努爾哈赤了；孝莊文皇后也是十三歲就與皇太極成婚；孝康章皇后甚至十五歲就生了康熙帝。可是香妃入宮時竟然已經二十七歲了，所以人們猜測她很可能已經結過婚了，婚史還不短。假如香妃入宮前結過婚，她以前的丈夫會是誰呢？入宮是因丈夫死了，還是離婚了呢？假設是離婚，那麼離婚的原因又是什麼？是什麼時候結的婚？……這些都無從得知。

　　當然了，香妃可能在入宮前沒有結婚，個別晚婚現象在哪個朝代都會有。比如葉赫部首領布揚古妹，丰姿綽約，聰慧柔順，是有名的美貌佳人，可能正是因為她美麗聰慧，到三十三歲才出嫁，成了著名的「老女」；香妃也是久負美名，而且遠近聞名，她成為第二個「老女」的可能也有。在民間，也會有一些有地位、有財富、有美貌的女子，依仗自己的財貌，不容易挑到如意的郎君，直到妙齡花季已過，就耽誤了婚期。香妃會不會也類似？這個真的難以解開。

光緒為何死在慈禧之前

任十九年御史及起居住官的清代官員惲毓鼎，與光緒帝接觸較多。在他所撰的《崇陵傳信錄》中曾記載：「時太后病數日來，有譖上者謂，帝聞太后病，有喜色。太后怒曰：『吾不能先爾死。』」光緒三十四年十月下旬的第一天，病入膏肓的慈禧太后命太監把她抬到瀛臺，來到被她囚禁了十年的光緒帝的床前。皇帝和太后沉默無語地對視著，在沉默的目光中維新派領袖向保守派首領作最後的抗爭——只要能比她活得更長，就有機會實施慈禧太后所反對的維新主張。可是就在這一天，光緒皇帝死了。第二天，慈禧太后也死了。歷史之謎就這樣留給了後人：光緒皇帝是自然死亡嗎？他為何僅僅死在太后的前一天？這引起了世人的種種猜測。

● 光緒與慈禧的恩恩怨怨

從光緒登基開始，他就活在慈禧太后的陰影之下，「垂簾聽政」的慈禧太后握有實權。直到甲午戰爭中，清朝被強鄰日本打敗，光緒皇帝終於有機會親政了。「絕不做亡國之君」，年輕的皇帝毅然採納了康有為、梁啟超維新變法的主張。

光緒皇帝從西元一八九八年六月十一日起宣布變法，他頒布了「定國事」詔書等數道改革詔令，以期能使中國強大起來，即史上有名的「百日維新」。

然而，愛權如命的慈禧太后唯恐失去大權，於是她利用強大的保守勢力發動了「戊戌政變」，斬殺譚嗣同等六位維新志士，通緝康有為和梁啟超，囚禁光緒帝於瀛臺，把支持光緒的珍妃也打入冷宮。同時，慈禧還下詔書宣稱，她「經皇帝再三懇請訓政，從明日起坐殿辦事」。

從此光緒皇帝就失去了政治權力，也失去了人身自由。此後，光緒皇

帝在瀛臺淒涼度過了十年。在光緒死後不久，盛傳皇帝是被袁世凱、奕劻送藥毒死，其主要動機是慈禧太后病危時，兩人怕太后死後，年輕皇帝再有掌權機會，重新變法，因此合謀毒死了光緒，立奕劻之子為帝。

● 光緒是怎麼死的？

　　與傳言相反的正史觀點認為，光緒是患重病而死，其證據是皇帝自幼體弱多病，在皇權鬥爭中又備受排擠，失去權力和自由，肉體的孱弱和精神的摧殘是影響他健康的主要原因。

　　據宮中太監寇連材的日記中稱，當時宮中人受各種限制，不能親近光緒。光緒帝每天有數十道菜，但菜都不入口。他要加菜，御膳房一定要先告知太后，慈禧不僅責備他鋪張浪費，還堅決不准加菜。在《清史稿》、《清德宗實錄》和《光緒朝樂華錄》中都記載過光緒原本久病體虛，到光緒三十四年時，已經病入膏肓，最終因病醫治無效而駕崩。

　　後世歷史分析中最為流行的說法，是慈禧謀害了光緒帝。持這種觀點的人認為，光緒雖然長期被囚，但保皇黨卻極依靠他，慈禧在死前拚最後一力將政敵擊敗。當時能接近光緒的是惲毓鼎，他在《崇陵傳信錄》也就是《光緒外傳》中記錄了光緒帝死之前的一些情況：光緒三十四年，即西元一九〇八年的秋天，光緒帝傳出病重的消息，京外名醫都被召入宮診視。但是診脈之時，光緒卻靜靜將雙手放在案上，自己將病情寫出，入診醫生都說光緒身體還很健康。那年的十月初十，是慈禧的萬壽節，光緒出瀛臺為太后祝壽，還有人發現為準備跪拜，他先活動一下筋骨。當月十九日，宮廷大亂，侍衛增加，稽查出入，傳言光緒駕崩。二十一日，皇后入瀛臺探視，光緒早已氣絕身亡。很明顯這則記錄，惲毓鼎暗指慈禧害死了光緒。

　　與惲毓鼎說法不同，曾在宮中擔任女官的德齡女士則在《清宮二年記》等書中，懷疑是李蓮英下毒害死了光緒。

關於光緒的死因說法不一，史載不明，讓人難以取捨，年輕皇帝的死，成為清宮內又一不解之謎。

點擊謎團 —— 李蓮英為何身首異處

西元一九六六年，在北京海淀恩濟莊，考古人員發現了慈禧太后的大太監李蓮英之墓。墓裡的陪葬品件件都算得上是稀世珍寶，尤其罕見的是那顆鑽石帽正（帽子上的裝飾物），比伊莉莎白女王戴的鑽石還大。還有三件寶物：一柄漢朝的青玉土浸劍，一個漢朝滿黃浸玉鐲，一件宋代青玉褐浸環，也都是無價之寶。

但有件事情很奇怪，如此富麗豪華的棺槨內，墓主人卻只有一顆乾枯的頭骷髏。頭以下的被子裡空空如也，連一節小骨也都沒有，屍體的其他部分哪裡去了？

既然墓裡寶物都在，墓壁也是完好的，肯定是沒有經過盜墓和發掘。況且他才死五十五年，屍骨不可能腐爛到一點也沒有。那麼只可能是在死之前，他就已經身首異處。

生前在慈禧左右呼風喚雨，為什麼他不得好死？沒有留下任何的史料，甚至連傳說都沒有，所以至今還是個謎。

李蓮英，西元一八四八年出生，直隸河間府人。據說他是個圓滑、左右逢源、面慈心狠、充滿心計的人。一次，慈禧派他隨醇親王奕譞檢閱李鴻章訓練的北洋水師，實際是作為暗探，要打聽水師興建的費用到底多少。在京城時都是醇親王求助於李蓮英；可是這一次，隨行的李蓮英一反常態，對奕譞恭敬至極，甚至連打洗腳水的事也肯做，將醇親王侍奉得舒舒服服。他「謙遜」得逢人就點頭哈腰，口口聲聲說這次出行，他是侍候王爺的。李鴻章為他安排了豪華的房間，他也不睡，就要睡到下等艙。他

的目的是卸下眾人對他的戒心，以便於他能到處探到實情。最後他不負慈禧期望，不僅探聽到水師所需費用，還查出了李鴻章要把建水師的餘款存到國外的消息，可始終沒被人識破他的假象。

《清稗類鈔‧閹寺類》中記載，慈禧死後，李蓮英又受寵於隆裕太后。在李蓮英死時，隆裕太后還特賞銀兩千兩。

李蓮英死後身首異處，肯定是被殺，而對於是誰殺了他的猜測有很多。

猜測之一，認為他是觸犯了國法而被殺，這樣就符合他身首異處的實際情況了。可是，斬殺李蓮英是重大事件，怎麼沒有記入史料，甚至連傳聞都沒有呢？可見此猜測可能性不大。

猜測之二，李蓮英因為討債，被人在河北和山東交界處暗殺。據說他的私產有白銀五百餘萬兩，令很多人眼紅，早就要對他下手了。加上他生前勒索太多，傷害過很多人，樹敵不少。慈禧在時，他是「大樹底下好乘涼」；但慈禧太后一死，他的靠山沒了，別人對他暗下毒手的可能性很大。

猜測之三，他是病死的。後人說他是善終，說他得了痢疾，醫治無效而病死。從得病到死一共四天時間。一生享盡榮華富貴，但他始終覺得自己是個太監，因自己的「半殘之身」而感到羞恥，認為死後沒有臉見列祖列宗，於是留下遺囑，死後墓中只留頭顱，捨棄掉身體。此猜測有一定道理，但終究是猜測。

石達開為何要出走

石達開（西元一八三一至一八六三年），是太平天國重要的重要領導人。一八五一年一月，金田起義爆發，任左軍主將，十二月在永安被封為翼王、五千歲。一八五四年，他督師西征。一八五五年，他與秦日綱、羅大綱等合力擊敗曾國藩湘軍，奪回武昌。一八五六年六月，他又與秦日綱一起攻破了江南大營。可以說，石達開既是首義之王，在太平天國運動前期，又立下赫赫戰功。

這麼一員戰功赫赫的將領，一八五七年卻從天京（南京）帶二十萬兵出走，太平天國運動因此嚴重損失；六年後他被清軍殺害。那麼他之所以出走，到底是誰的責任，這個問題歷來被史家們爭論不休。

● 天京事變

西元一八五六年夏，太平天國運動發展得如火如荼，而天京事變發生。它是太平天國領導集團內部權力之爭的結果。韋昌輝奉洪秀全密詔，利用洪、楊矛盾，殺死楊秀清，還趁機斬殺楊秀清家屬及部眾兩萬人，為太平天國造成了慘重損失。

那麼，石達開是否參與了這次誅楊密議？這是史家爭論的問題之一。有人說，他參與了韋昌輝的密議，這種說法的主要依據是〈李秀成自述〉：「東、北、翼三人不和，北翼二人同心，一怒於東，後被北王將東王殺害。原是北（王）與翼王二人密議，獨殺東王一人，因東王天王實信，權托太重過度，要逼天王封其萬歲。」

但是在〈石達開自述〉中所寫的卻與上述截然不同：「楊秀清平日性情高傲，韋昌輝屢受其辱。七年，達開領眾在湖北聞有內亂之信。韋昌輝請洪秀全誅楊秀清，洪秀全不許，轉加楊秀清偽號，韋昌輝不服，便將楊

秀清殺死。達開返回金陵，要與他們排解，洪秀全心疑要殺韋昌輝；達開見機不好走到安徽，妻室兒女留在金陵，均被韋昌輝所殺，達開復由安徽回金陵，洪秀全將韋昌輝殺了，有謀害達開之意，旋即逃出金陵。」

到底孰是孰非？就〈李秀成自述〉而言，其真實性有可疑之處。

● 天京事變的孰是孰非

「天京事變」發生之時，隨秦日綱赴江蘇鎮江解圍，李秀成並沒有在京城，所以他的消息來源是間接的，未必準確。況且當時李秀成官職不大，清楚事變的內幕的可能不大，李秀成很可能是根據當時已掌握大權的韋昌輝一夥發布的消息來記述。而韋昌輝一夥為了使自己的行動明正言順，把殺楊說成是受洪秀全默許，石達開的支持是有可能的；再者，〈李秀成自述〉是他在囚籠中所寫，為保性命，他向曾國藩提出了「招降十要」，說鎮壓太平軍的劊子手曾國藩、曾國荃「中堂、大承大人恩德巍峨」。如此自述，他很有可能極力誇大太平天國領導集團的矛盾，目的是迎合清統治者，同時又可以顯示出自己的無尚業績。

但〈石達開自述〉提到回金陵的目的是「與他們排解」，包含個人行為辯護之意嗎？天京事變後，洪秀全鑒於北王韋昌輝民憤極大，下令處斬，貶其封號為「北孽」。這時，在太平天國首義諸王之中，只剩下天王洪秀全和翼王石達開兩個倖存者。天京事變使洪秀全威望大大的下降，急需一個能力挽狂瀾、重振危局、重拾人心的人，出來安撫民心，輔理政務，統帥軍隊。石達開恰恰有才能又有威望，是最理想的人選，儘管洪秀全對石達開不無猜忌之心，為解燃眉之急，也不得不召他回京輔政。

那年十一月，從寧國帶兵經蕪湖到天京的石達開，受到軍民熱烈歡迎，「合理同舉翼王提理政務」，洪秀全也將他加封為「電師通軍主將義王」。

● 石達開的改革措施

回到天京輔政後，石達開確實採取一系列措施力挽危局。他重用人才，並制定了「南守北攻」的正確決策。他起用十九歲的陳玉成主持江北軍事。在西線堅守九江、瑞州、臨江、撫州、吉安等戰略要地，鞏固江西；在東線，固守東南門戶句容、溧水和鎮江。在皖北，則命陳玉成、李秀成主動向清軍出擊，收復皖北、淮南許多地方，取得了戰略上的主動。南守北攻決策的實施，扼制了敵人的進攻，穩定了軍事形勢，鼓舞士氣，安定人心，使太平天國形勢有所好轉。

或許是楊秀清大權獨攬、逼封萬歲的事件，給洪秀全太深的刺激，對石達開他也漸漸心生疑忌。做為首義之王，石達開威望極高，加上他年輕有才幹，輔理政務多有建樹，使洪秀全深為不安。為了維護洪氏集團統治，他封長兄洪仁發為「安王」，次兄洪仁達為「福王」，干預國政，以牽制石達開，破壞了自己原本制定的非金田首義、建有殊勳者不得封王爵的規定。挾制、架空石達開的同時，他還奪取他的兵權，「終疑之，不授以兵事，留城中不使出」，後來甚至發展到對石達開有「陰圖戕害之意」。

在「天京事變」後，石達開處處以大局為重，洪秀全的表現卻令人失望。在石達開一家被韋昌輝所殺時，洪秀全沒有採取任何的保護措施。石達開的駐軍寧國要求洪秀全處置韋昌輝，他從被提要求到殺韋昌輝拖延了一個月。外國人麥高文說，洪秀全最後見全體軍心都歸順翼王，「不得不屈從其主張」。

天京事變之後，「合朝同舉翼王提理政務，眾人歡悅，主有不樂之心，專用安福兩王」，這又是一個「不樂」，他的意圖在於「挾制翼王」。在這種「疑多將圖害，百啄難分清」的情況下，石達開出走是緩解矛盾、避免大規模爭執的良策，其中當然也含有保全性命的一層意思。可是誰又能保證，即使天王不殺石達開，安福二王會不會為了一己之利而對石達開下

毒手呢？因此，石達開出走的責任應該完全在洪秀全等人，而石達開本人沒有什麼責任。

● 出走始末

石達開被逼走前，有幾條路擺在他面前：取而代之、叛變投敵、束手待斃、率軍遠征或是解甲歸田。在當時的社會局面，敵我鬥爭處於殊死搏鬥時刻，解甲歸田、退隱山林不過是空想；叛變投敵，很不符合石達開嫉惡如仇的個性，他不肯背叛自己；石達開「唯知效忠天王，守其巨節」，取而代之對他來講也行不通。可是對天王的愚忠，也換不來洪秀全的信任，石達開也十分清楚這一點。在此情況下，別無選擇，也只有率軍遠征了。

西元一八五七年六月二日，石達開離開天京去安慶，一路張貼布告，表明「吾當遠征報國，待異日功成歸林，以表愚忠耳」的原因，從此一去不返。隨之出走的將士達二十萬人，都是太平天國精銳。洪秀全感到十分的驚慌，曾經多次派人請石達開回京，可是石達開不為他所動。

也有人提出疑問：為什麼石達開率軍出走時，決定遠征西南呢？

因為戰略意義上看，西南的成都有「天府之國」之稱，奪取了成都，再與清軍奪長江上游，使得長江上、中、下游連成一線，既能切斷南北清軍的連繫，起到了保護天朝的作用，還可以利用「天府之國」這一有利自然條件，擴充太平天國的勢力。即使形勢有變，可以東西兩路聯合北上，合攻北京，這樣成功的可能性也很大。看來，遠征西南，也正表明了石達開在戰略上的的遠見卓識。

西元一八六三年五月，石達開率領的大軍在四川大渡河紫打地戰敗。同年六月，他為了換取數萬將士的性命，自投清營，不幸壯烈犧牲。

相關連結 —— 太平天國

太平天國（西元一八五一至一八六四年），它的「國」原作「囯」，「天」字的兩橫上長下短，是中國清朝後期，由洪秀全（稱號「天王」）所建立的政權。它的前身是一八四三年創立的「拜上帝會」。一八五一年太平天國成立，一八五三年建都天京（今南京），曾經占領過長江中下游地區。天京一八六四年被攻陷，標明太平天國滅亡，共存在十四年。

太平軍在全盛時期時，兵力超過一百萬人，其中包括女兵十餘萬人。據估計，太平天國運動約有兩千萬人喪生。推算，西元一八五〇年，中國人口大約有四億一千萬人，經過太平天國、捻軍及回族等起事後，到一八七三年人口下降至大約三億五千萬人。

儘管太平天國造成了大量的人員傷亡，但是它卻開創了中國歷史上的許多特例：是一次以西方宗教名義組織勢力的農民起義、是中華人民共和國官方認定的「中國農民起義」、是「第一次遭到中外勢力共同鎮壓」的農民起義。而於清朝初年薙髮留辮後，太平軍因拒絕此俗，亦被清廷稱作「長毛」、「長毛賊」、「髮賊」、「髮逆」；因為太平軍起自廣西，以兩廣人為主，故清廷稱其為「粵匪」（如《欽定剿平粵匪方略》）。

曾國藩不稱帝之謎

曾國藩（西元一八一一至一八七二年），是中國近代史上很有影響力的人物。他從湖南雙峰偏僻的小山村入京赴考，二十八歲就考中了進士。之後一步一階踏上仕途路，還成為了軍機大臣 —— 穆彰阿的門生。

在京十幾年間，他先任翰林院庶吉士，後累遷待讀，又歷任侍講學士、文淵閣直閣事、內閣學士，做過禮部侍郎及署兵部、工部、刑部、吏部侍郎……他就是沿著這條仕途，一步步升遷到二品官位。

● 後人對曾國藩的評價

曾國藩的年代，清朝由乾嘉盛世走向了衰敗，可以說是個內憂外患不斷、動盪不安的時代。曾國藩母喪返鄉之時，太平天國橫掃了湖湘大地。清王朝統治危在旦夕，於是他在家鄉組建了一支湘軍，這支湘軍為鎮壓太平天國運動立下汗馬功勞，他也被封為一等勇毅侯，是清代第一名文人封武侯。他後來又歷任了兩江總督、直隸總督，官至一品，死後諡文正。

人們對曾國藩的一生功過爭論不休，有人推許他為孔子、朱子以後再度復興儒學的先哲，是建樹功業、轉邊運世的賢人，是清咸同中興的第一名臣；但也有人罵他，說他是民賊、元凶、漢奸、民族罪人、擅權濫殺的「曾剃頭」、好名失德的「偽君子」……總之褒貶不一。

早在曾國藩鎮壓太平天國時，就有人責其殺人過多，送其綽號「曾剃頭」。西元一八七〇年的「天津教案」，使得不少人罵他是賣國賊，他自己也覺得「內咎神明，外咎清議」，有了四面楚歌之慮；辛亥革命後，有革命黨人說是他「開就地正法之先河」，罵他是漢奸，遺臭萬年；建國後，史學界斥責他是封建地主階級的衛道士，是地主買辦階級的代表，是漢奸賣國賊，是殺人不眨眼的劊子手等等，總之被罵得狗血淋頭。

● 曾國藩手握兵權為何沒謀反

平定太平天國運動的過程中，曾國藩手握重兵，掌握地方大權，難道就沒有過要推翻清王朝，取而代之的想法嗎？相反，他自己不但不做皇帝，鎮壓太平天國運動後，還主動解散湘軍，強迫曾國荃離職回家，這不得不令人懷疑。

曾國藩為何要這麼做？一般認為有三點理由：

首先，根深蒂固的忠君思想使他這麼做。深受晚清理學大師——唐鑑影響，他起兵的目的相當明確：保衛明教、保衛地主階級利益、保衛清朝。個人追求只是做一個光宗耀祖的中興之臣，封侯拜相，深受中國傳統儒家思想浸淫。曾國藩孜孜不倦學習，日夜不息苦讀，特別是在參加朝考，進入庶常館學習之後，他「日以讀書為業」。而且他勤於求教，不恥下問；還博覽歷史，重視理學，讀了大量的詩詞古文，可以說是才華橫溢、滿腹經綸。由於博覽群書，涉獵廣泛，所以在政治上他有獨特觀點。他要統治者「內聖外王」，運用儒、法思想來治理天下，就是他政治才能的表現；他推崇程朱理學，提出過治理天下好方法，吏治與廉潔、物質與財用、選材與用材、兵力與兵法等方面的治理辦法他都有所涉獵。

其次他稱帝的條件不完備。南方的曾國藩和北方的僧格林沁，兩人是清王朝倚為肱股的大臣。科爾沁親王僧格林沁最受器重，他擁有一支強大的龐大隊伍，以騎兵為主。與八旗兵不同，他的軍隊戰鬥力很強，部署又是在中原河南的腹地，對東南虎視眈眈，使曾國藩不敢輕舉妄動。曾國藩起兵是保衛明教和忠君保國，如果自己稱帝，就是不忠不義、大逆不道的行為，人心必失。湘軍內部，左宗棠名下是楚軍，李鴻章名下的是淮軍，湘、楚、淮有關聯，但湘軍其實已經分裂。再加上，以英國為首，國際在中國的勢力也決定扶持清政府了。這些曾國藩都考慮到了，因此曾國荃等人多次勸其對清王朝取而代之，他還是不為所動。

中國傳統文化薰陶出來的「修身、齊家、治國、平天下」典型知識分子曾國藩，他認為「功不必自己出，名不必自己成」，「功成身退，越急越好」。他還認為古人修身有四端要效仿：「慎獨則心泰，主敬則身強，求人則人悅，思誠則神欽。」他不信醫藥，不信僧巫，更不信地仙，只是守篤誠、戒機巧、抱道守真；他也不慕富貴，認為「人生有窮達，知命而無憂」。

這些是他成為清朝中興名臣的道德修養基礎。從外表而言，他「貌之過人者，眼作三角形，常如欲睡，身材僅中人，行步則極厚重，言語遲緩。」是典型的知識分子形象。

不管曾國藩是否有稱帝的野心，但歷史上他卻只做了中興之臣，這就客觀上對維護國家的統一，抵禦外強侵略有積極的作用。

延伸閱讀 ── 「千年死一個」

曾國藩的故居富厚堂，大門口懸掛著四個金色大字 ──「毅勇侯第」。

「侯府」是清同治年間所建，是曾國藩委託弟弟營造。在建房的時候，曾國潢兄弟款待匠工師傅很好，對一般徒弟卻有些刻薄。新屋建成的時，要誦「上梁文」，砌工師傅用盡讚美語：「兩江總督太細哩，要到南京做皇帝。」只不過這些讚頌之語帶著濃濃的荷葉土音。

那天前來觀看的人特別多，一名鄉民站在大門口，見大門又高又寬，感到很奇怪：「這大門怎麼要開這麼寬？」一位徒弟，他對曾府心懷不滿，解釋說：「門寬好出喪嘛！」師傅聽了，覺得不能太喪良心，於是將他徒弟不吉祥的話接過來說：「門寬好出喪，是說千年死一個，萬年死一雙。」

按鄉里習俗，房屋上梁時說的的讚語只會靈一半，咒語卻是全靈。曾府

的人聽到他們的上梁讚語是「要到京裡做皇帝」，大門寬的讚語是「萬年死一雙」，很是高興，於是把匠工師徒都召進堂屋，拿出上乘酒菜盛情招待他們。

　　很巧的是，自同治五年建造以來，富厚堂已有一百三十多年了，的確還沒死過人。從曾國藩夫人歐陽氏在那住，知道曾國藩的第四代孫曾昭恆最後在那住，曾家連續四五代人，有上百個，沒有一人是死在富厚堂；建國以後，在哪裡設立了區公所、鄉政府以及部門機關，前前後後住過的人也已經好幾百個了，也沒有一個死在裡面。

吳佩孚是被日本特務害死的嗎

　　吳佩孚（西元一八七一至一九三九年），字子玉，是山東蓬萊人。他作為北洋軍閥的直系首領，是人人知道的大軍閥。

　　吳佩孚本是一名秀才，年輕的時候還抽鴉片。有一天，在煙館不小心得罪了當地豪紳翁欽生，被翁欽生狠狠踢了一腳。幾天以後，吳佩孚聚集一幫人，趁翁欽生的老母親過生日之機大鬧壽堂，被翁欽生告到官府。吳佩孚連夜逃走，參加了淮軍聶士誠的軍隊。煙館裡的這一腳，改變了吳佩孚的人生之路。

吳佩孚的功與過

　　日俄戰爭爆發後，吳佩孚到東北刺探俄軍情報，因此他以幫統記名。西元一九〇六年，他任北洋陸軍曹錕的管帶，很得曹錕的器重，後來他升任了旅長。討袁運動興起後，他又隨營到四川，鎮壓蔡鍔領導的雲南護國軍。一九一七年七月，他任討逆軍西路的先鋒，參加了討伐張勳復辟的運動。孫中山一九一七年組成護法軍政府，段祺瑞派曹錕和張懷芝帶兵討伐，吳佩孚任第三師代理師長，還兼任前敵的總指揮。因為張敬堯得到了湖南督軍席位，使得吳僅有空銜，他因此十分氣憤，就發出罷戰書、通電。

　　吳佩孚與一般軍人不同，他自稱平生崇拜兩位古人：關羽和岳飛。他曾自題詩聯「得意時，清白乃心，不納妾，不積金錢，飲酒賦詩，不失書生本色；失敗後，倔強到底，不出洋，不進租界，抱甕灌園，真個解甲歸田。」

　　五四運動於西元一九一九年爆發，吳佩孚接連發通電聲明，他反對清政府在巴黎和約簽字，主張取消中日密約，並發表了《上大總統請釋北京被捕學生》。從骨子裡看，他是個「愛國軍人」，但他又仇視共產黨領導的

工農運動。一九二七年，京漢鐵路工人大罷工，他對罷工工人及共產黨人痛下殺手，殘害了工人領袖林祥謙，製造了「二七慘案」。一九二四年九月，發生第二次直奉戰爭，他是討逆軍總司令，被奉軍和馮玉祥國民軍所打敗。一九二六年夏，發生北伐戰爭，他從北方趕奔赴前方督戰，可是卻在鄂南汀泗橋、賀勝橋連連戰敗。該年十月，北伐軍攻占了武漢三鎮，吳的主力被殲滅，從此之後，他一蹶不振。一九二七年五月，他帶領殘留的部隊，去四川投靠軍閥楊森和劉存厚。一九三二年他回到北平，也就是今天的北京，開始八年的「寓公」生活。

● 吳佩孚的抗日氣概

八年當中，吳佩孚身為「寓公」，卻敢言人之不敢言，諫人之不敢諫，始終保持了崇高的民族氣節。蔣介石通電邀請他前往南京會晤，他表示「鳥獸不可與同群」；汪精衛投日後，派說客去見吳佩孚，送上「國民政府軍事委員會委員長」和「北平政治委員會委員長」的頭銜，被吳佩孚痛罵道：「跟汪精衛合作的人，必定下賤！」並拿出文天祥的〈正氣歌〉，要來人帶給汪精衛。汪精衛雖然碰了個釘子，仍不死心，親自到北京登門拜訪，吳佩孚以「找不到合適的談話地點」為由，讓汪精衛在北京空等了半個月。

九一八事變後，日本侵略中國東北，同時陰謀策動華北五省自治，欲吞併中國。吳佩孚在他們眼裡，成為一塊可資利用的金字招牌。日本特務機關不惜專門撥鉅款進行「吳佩孚工作」。日本大本營特務部長土肥原賢二起初以高位重金相引誘，並收買吳佩孚的親信齊燮元等作說客，但吳佩孚不為所動。土肥原賢二親自出面拜會吳佩孚，吳佩孚表面答應，與土肥原賢二應酬一番後，帶他去看「吳佩孚靈堂」，只見裡面置有棺木，供著「武威將平吳佩孚之靈位」的木牌。

土肥原賢二碰了這個釘子之後，偽造吳佩孚「中日議和」的通電，對外播發；吳佩孚也毫不示弱，透過美國合眾社針鋒相對發表聲明：「所謂日方重任，純屬偽造」。

西元一九三九年一月，土肥原賢二費盡心機安排了一次有特務和軍警參加的中外記者招待會，並預先為吳佩孚準備了講稿。吳佩孚參加了這個招待會，但輪到他講話時，他卻推開講稿，即興演講。他說，要他出山可以，但堅決不做傀儡，並且日本人必須撤出山東。土肥原賢二親手導演的一齣鬧劇，落了個可恥的結局。

吳佩孚曾以〈滿江紅〉詞牌寫了〈登蓬萊閣〉：

北望滿洲，渤海中風浪大作！
想當年，吉江遼人民安樂。
長白山前設藩籬，黑龍江畔列城郭。
到而今，倭寇任縱橫，風雲惡。
甲午役，土地削；
甲辰役，主權墮，
江山如故，夷族錯落。
何日奉命提銳旅，一戰恢復舊山河！
卻歸來，永作蓬山遊，今彌陀。

吳佩孚還曾通電聲討溥儀充當偽滿傀儡，並不斷拒絕日偽拉他下水，絲毫不給日偽留面子，導致日本侵略者對他懷恨不已。

● 吳佩孚的死因

有一天，吳佩孚牙病發炎，日本醫生不打麻藥就拔下一顆牙，吳佩孚痛不可忍，半邊臉都腫了起來，不久就臥床不起。有個德國牙醫要求他動手術，但他堅持「不入租界」的信條，拒絕前往租界的醫院醫治。日本特

務和吳佩孚的親信、漢奸齊燮元又帶著日本牙醫上門為他看病。當日本牙醫把手術刀伸進他的嘴裡後，吳佩孚突然大叫一聲，噴血而亡。這一天是西元一九三九年十二月四日。

　　吳佩孚死得太突然，人們不免懷疑他的死因與那個日本牙醫有關係。有人說是齊燮元夥同日本特務毒死了吳佩孚，有人說是吳佩孚拔牙時感染敗血症或毒入神經不治而亡。但從日本牙醫不打麻藥硬拔，和當把手術刀伸進他的口腔後，他大叫一聲噴血而亡的細節來看，日本人對他恨之入骨，必置之死地而後快。吳佩孚之死，日本人絕對脫不了干係。也可以這麼說，吳佩孚就是因為不肯與日偽合作才被他們害死。

相關連結—— 北洋軍閥

　　北洋軍閥是民國軍閥的勢力之一，是由「北洋新軍」在袁世凱掌權之後的主要將領組成。袁死後，沒人有能力統領整個北洋軍隊和政權，於是各個領導人就以省割據，導致了北洋軍閥分裂。雖在名義上仍接受北京政府的支配，但是各派以軍隊為主要力量，在各省建立自己的勢力範圍。這樣，北京政權實際上是不同時期由不同軍閥所控制，所以在北洋軍閥時期，北京政府又叫北洋軍閥政府，簡稱北洋政府，歷史上還把長江吳淞口以北的軍閥也稱作北洋軍閥。

　　袁世凱西元一九一二年四月竊得政權，他利用同盟會內部的分化，拉攏革命黨人中的一部分，讓他們與自己合作。他憑藉武力，公然向資產階級民主制度發起進攻，使得唐紹儀被迫辭職。一九一三年發生了「宋教仁遇刺案」和「善後大借款」，資產階級革命派此時才被驚醒，從議會政治、和平建設和實業救國的幻想中解脫。該年七月，「二次革命」爆發，李烈鈞奉孫中山的命令，在江西湖口宣布獨立，組織討伐袁軍。

　　然而,「二次革命」最終被北洋軍閥鎮壓,原因是國民黨倉促應戰,缺乏統一領導。鎮壓「二次革命」後,袁世凱就開始復辟帝制。袁世凱為盡快黃袍加身,為取得外國列強的支持,不惜出賣國家主權。袁世凱倒行逆施的行為,很快激起人民反抗,各地群眾紛紛抗議。蔡鍔於西元一九一五年十二月二十五日在雲南宣布獨立,組織護國軍興師討伐袁世凱,發起了護國戰爭,貴州、廣西、廣東、浙江、陝西等省隨後相繼宣布獨立。袁世凱在護國軍的打擊下和全國的討伐聲中,於一九一六年三月二十二日,不得不宣布取消帝制。

　　北洋軍閥在袁世凱死後,分裂為三大派系:皖系、直系、奉系。皖系段祺瑞有日本的支持,控制安徽、浙江、福建、山東、陝西等省;直系馮國璋得到英美支持,控制長江中下游的江蘇、江西、湖北及直隸等省;奉系張作霖也是依靠日本,占踞東北三省。除此之外,山西閻錫山的晉系軍閥,徐州一帶張勳的定武軍,西南的滇系軍閥唐繼堯、桂系軍閥陸榮廷等,都是在外國列強掌控之下,彼此爭戰不已。

　　黎元洪在袁世凱死後繼任大總統職位,與段祺瑞爭權奪利,當時他在中央掌實權。如此一來,「府院之爭」爆發了。西元一九一七年七月,張勳應黎元洪「調停」的邀請,率「辮子軍」三千人入京,他還是復辟帝制,這又激起了全國人民反對。以「功臣」自居的段祺瑞重任國務總理,掌握政府大權後,他像承袁世凱一樣屈膝賣國,想建立皖系軍閥的獨裁統治。他的獨裁、賣國行為,又一次激起資產階級革命派和西南軍閥的反對。同年八月,孫中山當上中華民國軍政府大元帥後,討伐段祺瑞,第一次護法戰爭就這樣拉開了帷幕。北伐軍在北洋軍的鎮壓之下受挫,再加上軍政府內部充滿了矛盾,次年五月,孫中山憤而辭職,護法戰爭失敗。

王亞樵暗殺宋子文之謎

西元一九三一年七月二十三日，上海市火車站發生了一起暗殺事件，刺殺對象則是當時國民政府的財政部長宋子文，而殺手是號稱暗殺大王的王亞樵。然而在這場激戰中，宋子文卻奇蹟般毫髮無損，而他的祕書唐腴臚卻死於非命。王亞樵為什麼一定要致宋於死地？他與宋子文有什麼過節？

● 王亞樵其人

王亞樵，字九光，西元一八八七年生於安徽合肥。其父王蔭堂身兼兩種截然不同的職業，同時經營一家棺材鋪和一家藥鋪，一邊專賺死人的錢，一邊懸壺濟世。王亞樵從小受到家庭薰陶，對懲惡救善有一種偏好。到了青年時代，便養成了天不怕、地不怕的秉性，靠著五十把利斧起家，在刀光血影中聲名遠播，成為一九三〇年代著名的斧頭幫老大和暗殺大王，更是一位令蔣介石和戴笠都心驚膽戰的危險人物。

● 國民政府間的矛盾引發事端

王亞樵暗殺宋子文的導火線，是蔣介石的南京國民政府與汪精衛的廣州國民政府的矛盾。

西元一九三一年二月，蔣介石軟禁了西南派領袖胡漢民。五月二十七日，反蔣派在廣州召開了中國國民黨中央執行委員會和監察委員會非常會議，議決在廣州成立國民政府，推舉汪精衛、唐紹儀、陳濟棠、李宗仁、孫科等十七人為國民政府委員，汪精衛、鄧澤如、鄒魯、孫科、李文範等五人為常務委員，輪流擔任國務會議主席。同時，還成立了廣東軍事委員會，將粵桂兩省軍隊，分組為國民革命軍第一、第四兩集團軍，陳兵湘

境，叫囂要發兵討伐蔣介石。

與此同時，胡漢民的親家林煥庭，正帶著現金支票抵達上海，找到當時上海灘斧頭黨的老大王亞樵，交給王亞樵二十萬大洋，請王亞樵幫他除掉一個「仇家」—— 蔣介石。

拿人錢財，替人消災，王亞樵立刻成立了行動小組，把暗殺蔣介石的任務交給華克之與鄭抱真。

● 刺殺蔣介石失敗

六月四日，「斧頭黨」在南京的聯絡處得到蔣介石將赴廬山的情報。機不可失，華克之帶著助手成誠等人化裝成遊客，直奔廬山，祕密偵察蔣介石的行蹤。

最後，王亞樵想到了一個密運武器的好辦法。他買來十多個金華火腿，用刀剖開，將中間挖空，將數支手槍拆散，再把零件及子彈用油紙包好後分別放入火腿中，再用針線將火腿縫好，塗上一層鹽。然後，王亞樵讓妹妹王亞瑛和表弟媳劉小蓮喬裝成富太太，兩個槍手扮成隨從，順利通過了上海碼頭的嚴密檢查，登上了開往漢口的輪船。

當王亞瑛和劉小蓮到達九江後，又坐著轎子從容通過了沿途嚴密的盤查，最後抵達牯嶺，將火腿送到華克之等下榻的 「廬山新旅社」。

六月十四日上午天氣很好，蔣介石坐著滑竿從美廬別墅出來散心，身邊緊緊跟隨著他的護衛隊和外勤警衛人員。當他們來到一片蔥翠的竹林時，王亞樵的一名刺客正在附近，見機不可失，來不及與同伴聯絡，就取出手槍。正在這時，眼疾手快的護衛隊長蔣孝先看到此景，大喊一聲「危險」，一把將蔣介石從滑竿上拉下。隨著一聲清脆的槍聲，子彈貼著蔣介石的光頭飛過。頓時，蔣介石的護衛隊馬上開槍還擊，刺客被打成了馬蜂窩。槍聲一響，華克之等人知道事已敗露，便立即帶著人撤離廬山。

◎ 轉移暗殺目標

　　廬山刺蔣行動失敗以後，王亞樵、華克之等人準備再尋機會下手，但因為已經打草驚蛇，蔣介石出入戒備更加森嚴，使得王亞樵無從下手。廣東方面認為，倒蔣必先去宋！蔣介石要討伐西南反蔣派，就是依靠宋子文財團的支持。如果殺了宋子文，就等於打亂了蔣介石的經濟組織。釜底抽薪之計一旦成功，蔣介石必敗無疑。

　　於是，廣東方面再次與王亞樵聯絡，將暗殺的目標改為宋子文。很快，王亞樵就再次暗中布置人手。為調查宋子文的行蹤，了解宋子文的情況，祕密買通了財政部的一名職員。王亞樵得到線報，宋子文每逢星期六可能回上海。

　　七月二十二日下午，王亞樵突然接到鄭抱真從南京發來的加急電報，稱宋子文當天晚上會由南京搭車到上海。王亞樵馬上部署。行動組成員兵分三路，組成三道狙擊線，誓將宋子文置於死地。王亞樵每人發一把手槍、十粒子彈和一枚煙幕彈，自己則在北站附近天目路上，租下一家旅館三樓臨街的一間客房為聯絡點，親自坐鎮指揮。

　　七月二十三日晨，就在列車到達上海前的十五分鐘，一隊員警突然來到站內，徹底清除了月臺上的閒雜人等。原來，日本駐華大使重光葵也乘坐這班車來上海，因此上海警察局警戒嚴密。這致使華克之、孫鳳鳴等人無法在月臺上動手，急忙向在候車室埋伏的第二行動小組發出動手的信號。

　　七點整，藍鋼快車從南京方向駛來，駛進北站。當熙熙攘攘的大批旅客陸續湧出車站後，在列車尾部專門為宋子文準備的豪華車廂門打開了，兩名保鑣先跳下車，隨後下車的是宋子文的機要祕書唐腴臚，緊隨其後的是則是宋子文，最後下來的又是四名荷槍實彈的保鑣。

● 刺殺行動再次失敗

當宋子文一行人穿過月臺，經過車站東大樓向出站口走去時，埋伏在大樓樓柱後面第二狙擊組的劉剛等人突然跳出，四五把槍從兩側同時向他們開火。走在前面的唐腴臚猝不及防，當即中槍斃命。

聽到槍響，宋子文立刻跑進人群，躲到一根柱子後面戰戰兢兢。宋子文的衛兵也反應過來，紛紛拔槍還擊，頓時整個車站大廳硝煙彌漫。槍戰大約持續了數分鐘後，大隊員警趕來增援，宋子文才在保鏢和員警的保護下，登上三樓候車大廳，脫離險境。華克之等不敢戀戰，全體行動隊員在煙幕彈的掩護下，迅速撤離現場。

王亞樵誤以為已經成功殺掉了宋子文，正在彈冠相慶之際，忽見報端刊出唐腴臚隕命的消息，才知道只擊中副手，悔恨不已。

西元一九三五年十一月一日，國民黨召開四屆六中全會，王亞樵再次謀劃殺蔣行動。由華克之、孫鳳鳴等登記了一個晨光通訊社，孫鳳鳴假扮記者混入會場，準備趁全體代表照相之時，乘機下手殺掉蔣介石。但由於蔣介石見當時會場混亂，臨時取消了照相的打算，最終汪精衛替蔣介石挨了兩槍。盛怒之下的蔣介石立刻令戴笠限期破案，終於戴笠手下透過王亞樵的小老婆，查到王亞樵在廣西梧州的線索。一九三六年十二月二十日，王亞樵被軍統特務刺殺，這才使得蔣介石、宋子文了卻一樁心頭大恨。

相關連結 —— 王亞樵與斧頭幫

王亞樵，原名王小郢，西元一八八九年二月二十六日出生於安徽合肥北鄉（原肥東縣磨店鄉，現劃給瑤海區）。因在結拜兄弟中排行老九，故人稱王老九。早年曾參加辛亥革命，積極投身反清活動，但卻一直被上層

人物所排擠，不為當局所容。西元一九一二年二月，王亞樵來到南京參加社會黨，宣導「鏟富濟貧」；十月，被任命為社會黨安徽支部長（總支部設在肥東撮鎮夏家祠堂）。先後在巢縣、全椒、滁縣、安慶等地，招納會員。一九一三年冬，皖權被倪嗣沖奪取，社會黨被宣布為「亂黨」，於是王亞樵亡命於上海。

後來，王亞樵積極在皖籍上海工人中開展幫派活動，西元一九二一年以柏文蔚、李少川的名義，組織安徽旅滬同鄉會，王亞樵任評議員。他組織了一支安徽勞工敢死隊，因腰別利斧被稱為「斧頭黨」，即「斧頭幫」，王亞樵就成了「斧頭幫」的頭目。

斧頭幫的武器是斧頭、手槍、炸彈等，對付目標是其他幫會和欺壓工人的富商，被稱為稱「斧頭黨」、「暗殺團」，一時威震上海，王亞樵也聲名鵲起，成為上海灘名流。由他掌控的「上海勞工總會」會員有十萬，就連黃金榮、杜月笙這樣的黑社會老大都對他畏懼三分。

王亞樵成立斧頭幫之後，才真正開始了他「暗殺」的生涯。據說當時上海灘幾乎所有的黃包車夫都是斧頭幫的周邊成員，因此斧頭幫不僅陣容強大，而且消息靈通。王亞樵成名的第一槍，就在松滬員警廳長徐國梁身上打響。徐國梁掌管七千餘名員警，並兼任「攻浙前敵總司令」。西元一九二三年十一月十二日下午，徐國梁在大世界對門的溫泉浴室剛剛泡完澡，出門上車之際，被兩名槍手擊中要害，喋血於上海最繁華的街頭。

除此之外，抗日戰爭時期就連上海的日軍和漢奸對王亞樵組建的「鐵血除奸團」也是令人聞風喪膽。他們在「淞滬戰爭勝利慶祝大會」上，用裝在開水瓶裡的定時炸彈把所謂「日本派遣軍司令長官」陸軍大將白川義炸上西天，讓他以另一種方式名留侵華史冊 —— 在中國被暗殺、軍銜最高的日軍軍官。王亞樵由此也得到了另一個名號 ——「遠東第一殺手」，而被日本人叫做「支那魔鬼」。

　　「斧頭幫」亦正亦邪的傳奇故事，及其在抗日戰爭時期奮力誅殺日本鬼子的正義行為，使斧頭幫成為現代港臺黑幫片中最著名的幫派，以及上海灘黑社會的代名詞。雖然王亞樵也曾加入國民黨，他的思想裡「擁孫」，卻未必遵奉「三民主義」，而更受到無政府主義和中國傳統俠義思想的影響。其西元一九一九年就曾以國民黨員的身分上書孫中山，要組織暗殺段祺瑞，去「鋤除民賊」。雖然當時這種做法被孫中山批駁，但王亞樵在追隨孫中山多年後，仍然以「暗殺」為「革命方式」。

　　後來，由於王亞樵發動的「廬山刺蔣案」功敗垂成，被蔣介石懷恨在心，西元一九三六年命「間諜王」戴笠派人於廣西刺殺他。王亞樵死後，斧頭幫群龍無首，樹倒猢猻散。就這樣，這個民國初年最大的暗殺集團最終退出了歷史的舞臺。

昆明「李、聞」血案始末

　　昆明「李、聞」血案是一件震驚全中國的大案，發生在抗戰勝利後。在這次血案中，進步民主人士李公樸和聞一多相繼在昆明被暗殺，由此引發了一場大學潮。當局在社會輿論的壓力下不得不對此事進行調查，並舉行軍事法庭公開審理此案，最後凶手被判決死刑，也算是對人民的一個交代。

　　然而據知情人透露，所謂的法庭公開審理以及法場決凶手，其實是當局精心設計的一場「冒名頂替」的司法騙局。

◉「李、聞」慘案

　　西元一九四六年七月十一日，在雲南昆明，李公樸攜夫人外出回家。當他們從車上下來剛走不遠，突然遭到美製無聲手槍的射擊，子彈從李公樸後腰射入，前腹穿出。李公樸最終因傷勢過重，於次日清晨去世。

　　四天後，即七月十五日的晚間，西南聯合大學的教授聞一多在出席為李公樸被暗殺舉行的記者招待會後，在離西南聯大宿舍十幾公尺的地方，突然響起一陣短促的槍聲，聞一多教授頭部和身上中了數彈，當場死亡。

　　李公樸和聞一多都是當時積極的社會活動家和知名學者，也是中國民主同盟雲南支部的成員。由於蔣介石挑起內戰，作為知識分子，李、聞二人懷著的滿腔熱情，為和平民主呼號吶喊，宣導停止內戰。李、聞兩位先生在青年學生中威信很高，所以在他們的努力呼籲宣導下，西元一九四六年的雲南成了大後方的「民主之鄉」，為蔣介石所不容。

　　南京當局早就對雲南方面發出了指示：「對中共與民盟分子同樣可以密報、密捕、密決」，雲南警備總司令霍揆彰，在領會了蔣介石的「權宜行事」精神後，馬上召集總部參謀長、警備總部第二處處長王子民等密謀，最後決定由王子民調集十餘名特務，暗殺李、聞二人。

昆明李、聞血案消息公開後，舉國震怒，要求對凶犯嚴懲不貸，血債血償。

● 掩耳盜鈴的破案經過

蔣介石在盧山聞訊後很震驚，不曾想事情會鬧到這種難以收場的地步。於是，蔣介石裝模作樣的親自「緝凶」。八月二日，《中央日報》發表社論〈昆明事件之調查與處理〉，強調當局很重視昆明事件，因為「國民政府的信譽，國民黨的信譽，國家的信譽，乃至中國人民的信譽，都以此案為試金」；八月十一日，蔣介石又發表談話，要求「明是非、張正氣；明禮儀、知廉恥；明責任、守法紀」，還先後命令軍統頭目、員警總署署長唐縱和陸軍總司令顧祝一起到昆明查辦李、聞血案。

一同前往協助唐縱調查的淞滬警備總司令部稽查處長程一鳴感到忍俊不禁，因為以多年特務工作的經驗，他深知像戴笠這樣的大人物要暗殺一個人，若如沒有蔣介石的批准也不敢輕舉妄動，而《中央日報》還興師動眾公布他們前往破案的消息，其實就是遮人耳目。

唐縱、程一鳴到達昆明之後，很快就查清了全案過程和細節，凶手主使是雲南警備司令霍揆彰。唐縱就用保密局駐昆明的無線電臺，打電報給盧山的蔣介石，請示如何善後。

幾天後，蔣介石命陸軍總司令顧祝同、參謀長冷欣和中央憲兵司令部司令張鎮，隨該司令部警務處處長周建心同來，設法了結此案。

顧祝同、冷欣、張鎮、唐縱在雲南省主席盧漢的別墅開會商討，想出了個妙計：對外只公布聞一多案被破獲，不談李公樸被殺案。因為如果兩案同時對外公布，必定會產生很大的影響。

隨後，張鎮便自欺欺人編造出一個騙人的故事，說是兩名憲兵身穿便衣參加李公樸的追悼會，聽到聞一多辱罵國家元首和軍人，怒火中燒，忍

無可忍；後來跟蹤聞時，又聽聞辱罵，才拔槍將聞打死。這是憲兵出於義憤殺人，是為了維護國家元首威信和形象，這樣的說法能得到社會同情，而不會涉及到政治謀殺。

最後，冷欣上廬山，向蔣介石彙報處理方案，請示處理辦法。憲兵司令部經過蔣介石同意後，交出兩名憲兵李文山和湯時亮，作為槍殺聞一多的殺手，接受公開軍法審訊。公開審判時，這兩人聲稱是「激於愛國義憤自動槍殺」，並慷慨陳詞。最後這兩人被判處死刑。顧祝同還發表了聲明：「對凶犯湯時亮、李文山的觸犯法律，受以極刑，於執行律令之餘不無感慨。」大有揮淚斬馬謖的架勢。

● 偷梁換柱

這兩位「愛國青年」當然不會被真正槍斃，實際的替死鬼，是兩個已判死刑尚未執行的搶劫犯，槍決前這兩個犯人被人用酒灌醉，槍斃後立即掩埋，行刑時刑場戒備森嚴，外人根本無法走近。但人們還是隱約看到，從汽車上拉下的兩個犯人，不像法庭上慷慨陳詞的兩個青年。在行刑的當晚，接替霍揆彰任雲南警備司令的何紹周（何應欽之姪）就告訴滇西警備司令、第二軍軍長王凌雲：「這些被槍斃的凶手都是假的，是特務用壓迫手段和金錢弄抓來的。」何當時頗有感觸地說，特務真是厲害！冒名頂替的陰謀是顧祝同帶來的特務頭子張振國一手包辦。

其實，真正的凶犯早被送到大理第二警備司令部保護。據此事的執行人王凌雲後來回憶稱，他接到顧祝同的指令後，將行凶的暗殺組成員王子民等十餘人，送到第二軍軍部大理縣後山的無為寺裡，配以特務連一排，全副武裝負責保護。顧祝同當面交代王凌雲，不能把他們當囚犯看待，也不能讓他們跑掉；不准他們外出或與人通訊，也不准外面任何人接觸他們。生活上很優待，並囑王凌雲要用專用密碼隨時向陸軍總部報告他們的情況。

八月二十五日，中央社發表了公審情況和「凶手」的口供，各報進行了轉載。但因為擔心騙局被揭穿，暗殺聞一多的全班凶手仍然沒有載入。蔣介石、顧祝同當時的如意算盤是，如果原案洩露，實在萬不得已時，便可從王子民等人中提出一二人，以資應付。兩樁血案就這樣被蔣介石等人暗中「處理」了。

相關連結 —— 七君子事件

民國初年，南京國民政府在上海逮捕了各界救國聯合會常務委員和執行委員沈鈞儒、王造時、李公樸、沙千里、章乃器、鄒韜奮、史良等七人。因為被捕的都是當時公認的社會賢達人士，所以世稱「七君子事件」。

西元一九三六年五月三十一日，馬相伯、宋慶齡、何香凝、沈鈞儒、章乃器等人，在上海宣布成立各界救國聯合會，並發表宣言，透過《抗日救國初步政治綱領》，向各黨各派建議：立即停止軍事衝突，釋放政治犯，各黨各派立即派遣正式代表談判，制定共同救國綱領，建立一個統一的抗日政權等。

西元一九三六年十一月二十三日，南京國民政府以「危害民國」罪，在上海逮捕了救國會領導人沈鈞儒等七人，並於一九三七年四月三日向沈鈞儒等人提出起訴書，於六月十一日和二十五日在江蘇省高等法院兩次開庭審訊。沈鈞儒等人堅持抗日救國立場，在獄中和法庭上不屈不撓抗爭。

七七事變爆發後，南京國民政府於七月三十一日宣布具保釋放沈鈞儒等七人，並於西元一九三九年二月最後撤銷了起訴書。

世界歷史懸案

史前人類的航海之謎

　　歐洲人在十六世紀初次探索太平洋，他們有一項驚人的發現：至少在兩萬六千年前，某些石器時代的人類不藉任何航海工具，就登上了散布在這大片海域上的千百個島嶼。當地也有傳說，有很多乘坐越洋獨木舟航行千百公里抵達目的地的故事。

　　可能真是當時的人有這種本領，所以太平洋的三大群島才有人居住。考古學家早有確鑿證據，說明黑人先是移居到新幾內亞向東伸展到斐濟的一個群島（歐洲人稱之為美拉尼西亞，出自希臘文「黑色群島」一詞）；膚色淺褐的人在美拉尼西亞以北的麥克羅尼西亞（意思是「細小群島」）殖民；膚色較淡、身材高大的人則移居於玻里尼西亞（意思是「許多島嶼」），這大群島嶼靠東、呈三角形，包括夏威夷、紐西蘭和復活節島。

● 原始人怎樣找到遙遠島嶼

　　許多歐洲人都不相信，這些原始人並無測定位置和確定航線的儀器協助，能夠找到這些遙遠島嶼。

　　十六世紀的葡萄牙航海家指出，就算是具有航海經驗的歐洲人，只要短短幾天看不見陸地，就無法知道或確定本身的位置。而對於史前人類航海技術的懷疑態度，一直持續至今。

　　直到一九六〇年代後期，路易士 —— 一個在紐西蘭出生的遊艇駕駛員，親身探測，才證明了數百年來歐洲人的錯誤推斷。他發現，今日島民依然可以不藉現代儀器，只是乘坐傳統的雙體獨木舟或其他載具到遠航捕魚，或者往來島嶼間買賣。不過因為西方先進的工具和技術逐漸取代原本土著的經驗，所以古老的航海技術迅速消失。路易士決定盡他最大努力，全盤了解當地土人的航海經驗和知識，免得古老的智慧結晶失傳。

● 路易士的發現

　　終於，路易士得到坎培拉的澳洲國立大學一項研究獎金資助，於西元一九六八至一九六九年，花了九個月時間在西太平洋一帶穿梭，有時乘坐當地航海者所駕駛的遠洋獨木舟，有時則乘坐長十二公尺、沒有羅盤或其他儀器裝備的雙桅帆。路易士有兩個雖不識字，但精於航海旅伴：來自聖克魯斯群島的老人 —— 特瓦克，和來自加羅林群島的密克羅尼西亞青年 —— 希波爾。路易士到處與島民（包括將航海技能視作祖傳祕密的東加群島的部落族人）攀談。

　　路易士後來出版的《我們是航海者》一書，不但敘述歷時九個月旅行研究的心得，還清楚指出島上居民所用導航方法與石器時代祖先所用的並沒有什麼不同。比如他們利用星星來做夜間航標，前往地平線外的遠方小島，他們只要朝著目的地上空的一顆星行駛，就可以到達。當然用做指引、航標的星，只有位於較近地平線的天空時才可以。如果向東航行的時侯，那就是剛升起的星；向西航行，就是將要下沉的星。

　　不過，島上居民還跟隨一條「天星導軌」。一顆星升得太高或已降至地平線下時，他們會用另一顆在同一位置升起或下沉的星做指引。有一次，他們晚間航行，路易士和旅伴先後以九顆星做導航，沿一條航線駛到一百一十公里外的目的地，準確無誤。

　　有些島民還懂利用一種星座「羅盤」，將三十二顆星在地平線上不同的地點升降位置，當做天然的指標，該「羅盤」指引他們前往幾十個不同的目的地，絕無錯失。路易士發現島民稱一些島嶼為「伊塔克」（就是指標的意思），因為這些島嶼的特殊位置，可以看到，從某一顆星下面變成另一顆星下面。所以，假如從甲島前往乙島，就可以選定一號星下面的丙島，做為指標島。前航時丙島的位置會逐漸移，到二號星下面，也就是移到星座的下一點，可以以此類推。

　　與路易士同行的當地人，經多年的反覆練習，才熟記前往每個島嶼的天文指標。他們利用在陸地上的傳統的訓練方法，像用石頭擺出星星一樣的位置。他們成為善解夜間天象、有驚人才能的航海者。例如年紀輕輕的希波爾，只要看看雲層間隙中的幾顆閃爍星，就可以準確指出一艘船的位置。

　　白天，航海者可利用太陽的位置來指示方向。但他們並不是完全依賴星星和太陽，他們還對風力、波浪、海流和其他自然現象的變化有透澈的了解。一次在暴風雨中，老人特瓦克在夜間航行了六十四公里，還能從兩個相距才一公里的島嶼之間安全駛過。即使船被風吹離航線，又沒有星星，甚至沒有太陽或熟悉的風向、水流等特徵說明，像特瓦克和希波爾這些人，也有應變技術，能朝正確方向航行。因為他們會觀察雲層，雲層因為陸地地形或海水深度不同而顏色各異，所以能駛往十公里外的海島。

　　島民還可根據其他一些線索，像鳥類飛行、樹枝漂流或從陸地彈回的海浪等等方法來定航向。在玻里尼西亞各地出現的「海光」，也許是一種深水磷光，也就是在海面下一、兩公尺外的閃爍光帶。光帶可與遠達一百六十多公里外的陸地連成一條線。石器時代，航海者曾經利用這些光帶，使他們移居到太平洋上各島嶼。

相關連結 —— 史前大洪水之謎

　　大約一萬兩千年前左右，人類文明曾遭受一次特大洪水的襲擊，還導致大陸下沉。考古學家陸續發現很多關於大洪水直接、間接的證據。文化學家透過研究世界上不同民族文明起源的傳說，發現世界不同民族的古老傳說，普遍述及人類曾經歷過多次毀滅性的大災難，還一致記述了在該次人類文明出現之前，在某一遠古時期，地球上曾發生過一次大洪水，造成全人類文明的毀滅，只有極少數人活下來。

全世界已知的關於大洪水的傳說有六百多則，如中國及日本、泰國、印度、寮國、馬來西亞、澳洲、希臘、南美、北美、埃及及非洲土著等，各個不同國家和民族的傳說中，都保留著對一場大洪水的記憶，且都擁有極其相似的故事情節和典型人物。這些證據、現象，只用偶然或者巧合根本解釋不了。關於那次大洪水，《聖經》中也描述過。《聖經》是一本宗教書籍，但是很多學者認為，《聖經》描述的是真實人類歷史。

那次洪水還伴隨著大陸的變遷，完全摧毀了當時整個地球的人類文明，唯有極少數的人活下來。近來，考古學家發現許多史前遺跡，例如亞特蘭提斯大陸、希臘文明以及海底建築物等等，都可能是因那次大洪水而消失。

非洲黑人何時登上美洲大陸

人們通常認為，非洲黑人是在十五世紀新航路開闢之後，逐漸被遠航美洲的白人奴隸販子運到美洲大陸；但是，中南美洲近年來，發現一些約屬於三千年前遠古歐美克人的遺址，卻對這一傳統認知提出了質疑。

● 石雕人頭像

在一座幽深的山谷底部，有一座西班牙人當年在中美洲建立的殖民城市，名叫聖地牙哥·圖斯特拉。整個城鎮充滿了繽紛的色彩 —— 花俏店面，鮮紅屋頂，青翠椰子樹、香蕉樹，鮮黃草帽，著五顏六色衣裳的孩童。幾家店鋪、咖啡館透過擴音機，向整個城市播放響亮的音樂。市中心佐卡羅廣場的空氣十分潮溼悶熱；成群的熱帶鳥睜著明亮的大眼珠，邊撲打翅膀邊引吭高歌。在廣場中央，公園中心坐落著一座枝葉扶疏的小公園，那裡有如符咒一般地矗立著一顆巨大、約有三公尺高的灰色鵝卵石，上面雕刻著一名戴著鐵盔的男子頭像。它有肥厚的嘴唇和寬大的鼻孔，眼睛安詳閉著，下巴緊貼在地面上。頭像散發著陰鬱、沉重的氣息。這種面貌，顯然有非洲黑人的特徵。

在墨西哥的維拉克魯茲，人們也發現了一座石雕人頭像，其厚厚的嘴唇、圓圓的前額，明顯與美洲印第安人的相貌不同，卻表現出非洲尼格羅人種的特徵；此外，在古城拉文塔博物館的室外，也有一座半臥的石人雕像，帶有明顯非洲黑人的面貌特徵。

這些都是歐美克人的遺跡。歐美克文明大約誕生於西元前一千三百年，是馬雅文明的先驅者。歐美克文明的遺址顯示，歐美克人的社會生活還沒有進步到會使用牲畜車，那麼，如此巨大沉重的石像是如何造出來的？這些石像又是以誰為模特呢？

橫渡大西洋尋找答案

世界著名的語言學家、人類學家塞爾蒂馬和其他一些專家、學者，認為這些石雕頭像是古代非洲黑人在當地留下的精美絕倫藝術珍品。為證實這一點，挪威旅行家索爾·海爾達（Thor Heyerdahl）和法國的克里斯蒂安·馬蒂（Christian Marty），先後做了橫渡大西洋的實驗。索爾·海爾達仿造三千年前非洲黑人使用的船舶，製作了一艘紙莎草船，並親自乘坐此船從摩洛哥出發，開始了傳奇般的航行，目標是橫渡大西洋。西元一九六九年，他衝破大西洋上的驚濤駭浪，戰勝千難萬險，終於登上了加勒比海上的巴貝多。試驗成功了！他用親身經歷，證實三千年前非洲黑人已能用自己製造的船，順著大西洋的洋流從非洲漂流到拉丁美洲。

十二年後，法國的克里斯蒂安·馬蒂，乘坐一塊面積僅兩平方公尺的有帆水上滑板，從塞內加爾的首都達卡出發，經過一個多月的海上顛簸，於次年西元一九八二年一月，在南美洲法屬圭亞那庫魯市附近的海灘登陸，也成功橫渡大西洋。

塞爾蒂馬則從歷史角度推斷，最早到達美洲大陸的非洲人，是西元前八世紀，即距離現在約兩千八百年的努比亞人（今天的蘇丹人）。當時努比亞已進入奴隸社會，用武力征服了埃及，建起了新王朝。此前很久，他們與埃及就有頻繁交往，與歷史上享有盛名的航海家腓尼基人也有接觸。當時的腓尼基商船已能遠航大西洋。努比亞人在征服埃及後，常隨腓尼基商船遠航。於是，他們熟練掌握了航海技術，累積了豐富的航海經驗，成為最早進入美洲大陸的非洲文化使者，開始了新生活。那些巨型頭盔正是這些努比亞人所雕刻，連石刻頭像上的圓形頭盔，也與當時努比亞士兵的頭盔相同，這不是努比亞人雕刻這些石像的一個佐證嗎？

塞爾蒂馬還認為，一些史籍上所敘述，西元一四九二年，哥倫布（Christopher Columbus）首次在加勒比海上的伊斯帕尼奧拉島登陸時，曾

聽人提起黑皮膚人；西班牙航海家努涅斯・巴爾菩爾，也曾在島上親眼目睹黑人，這是十四世紀初在那裡定居的西非馬利的黑人後裔。而且事實上，在墨西哥一帶的印第安人中，人們仍然能找到他們與西非海岸黑人在語言、詞彙上的相同之處。

有一個傳統似乎能夠對上述觀點提供相應的證詞：據說，馬利帝國於十三世紀逐漸強盛，並透過武力擴張，成為經濟、文化、交通均十分發達的一個強國。阿布貝克爾二世（Abu Bakr II）登基後，一改前任的武力侵略與軍事擴張政策，將注意力集中到透過航海來炫耀國力。他動員全國力量，組建起一支龐大船隊，企圖征服西方大海。西元一三〇三年，他派遣第一支船隊向大西洋彼岸進發。臨行前他向船隊立下一條法規，不達目的、不到船隊糧餉告急時，任何一艘船隻都不准調轉方向。船隊起航不久，只有一艘船的船長返航，其餘船隻都駛往大西洋彼岸。

次年，阿布貝克爾二世因得不到船隊消息，親自率領黑人船隊再次向大洋彼岸起航，在他走後，馬利帝國再也沒有得到有關國王的消息。塞爾蒂馬推斷，這兩支船隊均先後到達拉丁美洲，而後來哥倫布和努涅斯等人，向西班牙王室報告的美洲新大陸的黑人，就是這些馬利人。

此外，經檢驗，哥倫布從伊斯帕尼奧拉島所帶回黑人使用過的矛頭，與當年馬利國王阿布貝克爾二世，從西非幾內亞海岸出發時當地人民使用的矛頭成分一致，這也從側面證明塞爾蒂馬的觀點。

● 爭論不休的謎團

但是，美國一些專家、學者不同意塞爾蒂馬的意見。研究墨西哥歐美克文化的著名學者、耶魯大學的邁克爾科耶教授認為，在墨西哥東部、大西洋沿岸原始叢林中發現的一批巨大的石人頭像，並不一定是非洲人，即使長相與非洲黑人極其相似，也是由於技術不完備所造成。當時人們能夠使用的雕

刻工具簡單，造型藝術也比較粗糙，從而引起了人們的誤會；專門研究拉美文化的兩名蘇聯學者葉菲莫夫和托卡列夫也認為，前述人頭石雕像是墨西哥歐美克文化的傑出代表，並不是什麼外來文化的反映。退一步講，即使為數不多的非洲人極有可能在某種特殊情況下到達美洲，在當時的有限交通條件和環境條件下，也未必能對當地的美洲文明產生決定性的作用。

另外，還有學者認為，黑色人種在和其他種族連繫的時候，很容易被同化。用孟德爾遺傳學說的語言來說，他們的特點似乎很容易在混血後被其他種族的特點取代。在巴西，這種現象特別明顯，那裡的黑人與白人生活在一起，沒有嚴酷的種族隔離政策，因此許多黑色人種被白人同化。人們還列舉與里約熱內盧相關的古代文獻記載，試圖證明這裡曾經是一個以黑人為主體的城市，而在今天卻成為一個以白人為主體的城市。僅僅強調一個世紀內歐洲移民的眾多與黑人移居者數量的減少，都沒有很強的說服力。有人認為，由於葡萄牙移民及後裔中沒有任何種族歧視，白人和黑人之間結合的情況比較常見，由此導致了黑人成分逐步消失。

無論如何，在中南美洲的許多考古遺跡中，都可以看到黑膚色人群與淺膚色人群共同生活的情景，在特魯希略發現的兩個陶杯上，繪著黑膚色戰士和淺膚色戰士的交戰圖；在普諾和特魯希略附近的聖地牙哥德卡奧，發現了的古代陶杯上也有黑膚色和淺膚色泥瓦匠同在一個建築工地勞動的情景。更有一些學者在委內瑞拉的一些印第安人部落中，發現了俾格米人的體貌特徵。俾格米人是最古老的人種之一，主要生活地區在非洲，其體貌的典型特徵是個子矮小，成年的男性俾格米人身高也僅有一百三十至一百四十公分。當這種明顯的體貌特徵出現在美洲的委內瑞拉黑人中間時，的確能夠引起人們的思考。

顯然，在古老的美洲大陸上，很早以前就有黑人在此地居住和生活了。但對於他們的來源問題，學者們至少在今天還沒有找到滿意的答案。

一些考古學家根據對化石的研究認為，在最後一個冰河時代移居美洲的許多種族中，有一部分是非洲黑人。這次大遷徙發生在西元前一萬五千年左右。這能否說明非洲黑人早已登陸美洲，並且可能已經被同化？對此，我們現在無法給予合理的解答，只能期待新發現。

新知博覽 —— 漢摩拉比法典之謎

漢摩拉比法典，傳說是歷史上第一部最早的系統法典，但到今天，人們對漢摩拉比法典的傳說莫衷一是，關於這部法典的來龍去脈到底是什麼樣的呢？

為了揭開這些謎團，在伊朗西南部一個名叫蘇薩（Shush）的古城舊址上，法國人和伊朗人於西元一九〇一年組成考古隊，發掘出了三塊黑色玄武岩，並將它們拼合成一個橢圓柱形的石碑。石碑高兩百二十五公分，底部圓周一百九十公分，頂部圓周一百六十五公分，石碑上的圖下有文字。在石碑上半段浮雕中，刻畫的是古巴比倫人崇拜的太陽神沙瑪什端坐在寶座上，而他們的國王漢摩拉比，十分恭敬站在他的面前接受沙瑪什授予的權杖，是權力的象徵；石碑下半段，刻著漢摩拉比制定的、一部用楔形文字書寫的法典，其中有少部分的文字已被磨光，這就是現存的「漢摩拉比法典」。

在西元前一一六三年，埃蘭人占領了巴比倫之後，把刻有漢摩拉比法典的石柱當作戰利品帶回了蘇薩。蘇薩在今天伊朗的迪茲富勒西南的蘇薩盆地，在西元前三千多年前是一個強大的奴隸制王國，叫埃蘭（又譯「依蘭」），它的首都是古城蘇薩，而蘇薩早在五千年前就是一座古都，後來被波斯所滅。

然而，西元前六世紀時，漢摩拉比法典又重新回到波斯人手中。這是

因為波斯國王大流士鎮壓高墨達起義上臺後，又把帝國的首都重新定在蘇薩，但是在那以後，法典卻神祕消失了。在幾千年之後的今天，這根石柱又被人們發掘出來，得以重見世面，可是石柱的正面七欄已被損壞。

據說，埃蘭國王曾打算在石柱上刻上自己的功績。可是石柱不僅沒有刻上新字，為什麼反而被損壞了呢？漢摩拉比法典究竟經歷了怎樣的歷史？這仍舊是值得我們思索的一個謎。

金字塔僅僅是法老的葬身之所嗎

金字塔是人類文明史中的一項偉大奇蹟，更是永恆的謎團。數千年以來，它矗立在古老的尼羅河畔，迎曙光，浴暮靄，閃著神奇的智慧之光。然而，關於金字塔的起源問題，經過歷代學者的激烈論爭，至今仍眾說紛紜。至於金字塔是不是埃及法老們的葬身之所，更是引發了科學界的大爭論。

● 法老葬身地之說

中世紀很多作家都認為，在埃及糧食充裕時期，金字塔是用來儲藏糧食的大倉庫；近幾年來，金字塔被人描述為與日晷儀和日曆、天文觀測臺、測量工具，甚至與外星生命相連繫的神祕事物，因此也有人將金字塔當作是宇宙太空船的降落點。

然而，大部分有聲望的埃及學者認為，金字塔其實就是法老的墳墓。這一理論也最能被人們廣泛接受。金字塔散布於尼羅河西岸，根據埃及神話，這裡與通往來世的路途相通。考古學家在金字塔附近，發現了許多在葬禮儀式中使用的小船，據說這些小船就是法老駛向來世的工具。

許多金字塔中都有石棺或木棺，這早已被證實。十九世紀之前，在石棺上或在石棺附近發現的神祕圖畫，被確定為用來幫助法老們通往另一個世界的咒語。

然而，一個鐵般的事實卻讓墳墓理論缺乏了最主要的依據，就是學者們在一些金字塔中找不到法老的屍體，而且許多法老好像建造了不止一個金字塔。這也令金字塔是法老的葬身之地的說法劃上了問號。

科學的折衷觀點

還有一些人認為，一些金字塔中沒有屍體，卻有大量的陪葬品，那說明金字塔是衣冠塚 —— 死去法老的紀念碑，但不是他們真正的墳墓。

但絕大多數埃及學者仍然認為，儘管金字塔也具有其他用途，但它們首先是作為墳墓而被建造。它們的周圍環繞著其他墳墓，這些墳墓的主人在當時的地位都在法老之下。

另外，關於金字塔的一個折衷的觀點認為，金字塔可以被理解為古代建築進步的標誌之一，這一種建築從矩形、平頂、磚泥結構的墳墓開始，今天我們稱之為古埃及墓室（裡面曾經發現過屍體）。然後，建築師開始把一個平頂結構疊在另一個上，這樣就建成了今天被我們稱為「臺階式金字塔」的建築物，其中最著名的那些，現在仍坐落在撒哈拉地區的開羅南部。

幾乎所有延續埃及文明的事物都關係到死亡，死亡好像成了他們宗教、文學的限定力量。法老認為，他們的目的不是今生而是來世，不管是透過小船、臺階還是借助太陽光，只要能成功即可。因此，金字塔被設計成能存放他們遺體的樣式，也就是墳墓，這是目前一種最合理的推測。

不過科學是永無止境的，歷史在延續，人類的天性在於探索無限的未知世界。隨著科學發展，隨著探索者堅持不懈的努力和靈感，金字塔建造之謎一定會真相大白，也許一個新的、不為人知的理論又擺在世人面前，也許又有更多的謎團不能解開。

相關連結 —— 宏偉的埃及金字塔

金字塔以其形體極似漢字的「金」字，因此在中國稱為「金字塔」，西方則稱為「Pyramid」，是古埃及語「高」的意思，可見高大是金字塔的特徵。

　　在埃及有大、小金字塔七十餘座。第一座就是埃及第三王朝國王左塞爾的階梯形金字塔，後來的角錐形金字塔，是在此基礎上發展演變而來。其中位於開羅郊區吉薩城附近的古夫和卡夫拉兩座金字塔，被列為古代八大奇觀之首。這兩座金字塔加上顯示國王威嚴的獅身人面像，成為埃及金字塔風光的象徵。

　　古夫金字塔規模最大，所以又稱為「大金字塔」。高一百四十六公尺，如同一座四十層的高樓拔地而起。在西元一八八九年，巴黎艾菲爾鐵塔（三千一百二十五公尺）建成之前，它是世界上最高的建築物。該塔占地八十畝，邊長兩千三百多公尺，周長約一公里，全塔用兩百三十多萬塊大、小不同的巨石砌成，總體積兩百五十萬立方公尺。塔上的每塊石頭都重達兩噸半，最重的一塊約一百六十噸。石塊連接沒有絲毫黏著物，但石塊間絲隙皆無，使人讚嘆不已！

法老墓為何能殺人

「法老」是古埃人對國王的敬稱，而法老為了使自己死後的靈魂不受外界干擾，便建造這些高大的金字塔存放自己的遺體，因此金字塔就是古埃及法老的陵墓。

在金字塔墓道裡刻著這樣的一句咒語：「誰若打擾了法老的安寧，死神的翅膀就必將降臨在他頭上。」

以前人們對這種咒語不太關注，認為法老刻的咒語不過是為了恐嚇盜墓賊，世界各地為發掘古遺址的考古學家和探險家來埃及，也沒有重視這句咒語。

然而，後來發生的事情，讓有好奇心和尋寶欲的人們望而卻步：因為凡是進入法老墓的人，大部分人因為意外事故或不治之症莫名其妙死去。直到此時，人們才驚醒並開始參悟刻在墓道裡上咒語「死神的翅膀就必將降臨在他頭上」。

這難道是法老的咒語在懲罰人們？不然為什麼會有那麼多人離奇死去呢？

● 圖坦卡門的陵墓死亡事件

圖坦卡門，是埃及第十八王朝的法老，九歲即位，不到二十歲就去世了。許多探險者認為圖坦卡門的陵墓裡陪葬了大量的珠寶，因此紛紛前來尋寶。然而就是挖掘圖坦卡門陵墓的人們大多莫名其妙死去。

西元一九二二年十一月，英國考古學家卡特（Howard Carter）率領一支考察隊，在埃及帝王谷的深山中探尋了整整七年，終於打開了圖坦卡門的陵墓。當在他們打開墓室的一剎那間，滿室奇珍異寶的景象讓他們沉浸在興奮中。然而他們的資助者卡爾納馮爵士（George Carnarvon）在進入陵

墓後不久，突然得病去世了，著實讓人感到驚異。

五十七歲的卡納馮爵士，那一天他的左頰被蚊子叮了一口，然而就是這麼小的傷口，竟使他感染了急性肺炎，不久就去世了，而在這之前他的身體一直很好；更讓人不可思議的是，檢驗法老木乃伊的醫生報告中說，卡爾納馮被蚊子叮咬處疤痕，與木乃伊左頰下傷疤的位置完全相同。

卡爾納馮爵士死後不久，考察隊的考古學家莫瑟，建議推倒墓內一堵牆壁，從而找到了圖坦卡門木乃伊，然而他卻患上了一種神經怪病，痛苦去世了。更可怕的事還不止如此，在後來的幾年中，先後有二十多人因為參與發掘、參觀過圖坦卡門陵墓後，相繼莫名死去。

不久，考察隊的卡爾納馮爵士的兄弟赫伯特死於腹膜炎，協助卡特編制墓中文物目錄的理查·貝特爾自殺，次年他的父親也在倫敦跳樓自殺。據說後來有人在他的臥室裡，發現了一個從圖坦卡門墓中取回的花瓶。

而發現圖坦卡門的考古學家卡特（Howard Carter），在西元一九三九年三月突然死亡。他在死前一直膽戰心驚隱居，他的家人宣稱他生前沒有重大疾病問題。

後來埃及負責的指揮人、從圖坦卡門墓中運出文物的埃及博物館館長，毫無忌憚對身邊人說：「我這一生與埃及古墓和木乃伊打過無數次交道，我不是還好好的嗎？」

令人蹊蹺的是，此話未超過四個星期，館長就突然過世了，那時他才五十二歲⋯⋯

法老咒語真的靈驗嗎？

這些人的過世，真的和法老的咒語有關嗎？人們不禁對此產生了疑問。

大多數科學家都否認它們之間的連繫。人們為了清楚法老墓的「殺人之謎」，他們對此作了大量的調查和研究。其中一些科學家認為，人們死

亡的原因可能與其墓道與墓穴的設計能放射出某種特殊的磁場或能量，從而置人於死地。但是對於如此高科技，古埃及人在三千年前又怎麼可能掌握呢？

還有人根據醫生的報告認為，和法老墓死亡有關的人，他們的體內大多帶有一種可以誘發呼吸道疾病的病毒，並且大部分人是得肺炎死亡，這可能是法老使用了某種病毒來對付盜墓者；但也有人質疑，在封閉的環境中，有什麼樣的病毒能生存四千年呢？

西元一九八三年，法國女醫生菲利浦提出了新的看法。她分析認為：在法老陪葬品中有水果、蔬菜等食品，這些食品隨著時間，會生出各式各樣的黴菌，這些黴菌可以在墓穴中生存幾千年。如果人們進入墓穴，吸入了這些黴菌，肺部便會急性發炎，導致窒息而死，因此死因是因為吸入了墓中的黴菌。但是讓人們費解的是，黴菌微塵在墓穴打開那麼久，怎麼不會消散呢？

以上的這些解釋都不能夠使人們所信服，因此我們還是期待以後的科學家努力探索，解釋其中的原因吧。

相關連結 —— 木乃伊千年不腐之謎

幾千年之前的人類屍身，到現在仍然是一具保存完好的乾屍，肢體正常，頭髮和指甲還在，甚至連面容看上去和逝去時相差無幾，現在的人們都驚訝於這種存屍方法，在西方歷史中被稱之為木乃伊（Mummy）。

人們大多認為，木乃伊是人工的結果；可埃及最早的木乃伊，沒有用任何東西加工過，它的產生完全是偶然。遠在埃及法老王興起之前，五千年前尼羅河流域的古埃及人並不想把肥沃的土地當做墓地，所以讓死者光著身子埋葬在沙土之中。埃及人埋葬屍體只埋入大約一公尺深，所以隨著

沙層逐漸飄移，會讓一些屍體暴露，而這些屍體在腐爛前就被滾燙的沙子烤得乾透，在嚴格意義上這並不是木乃伊，但它卻為我們了解木乃伊千年不腐之謎提供借鑑。

西元前三千一百年前後，埃及宗教的來世信仰已經發展成為對死人的崇拜，虔誠的人們開始相信只有妥善的保存屍體，才能讓死者復活。所以替屍體做防腐工作的新行業隨之產生，而沙土中埋葬屍體就自然被借鑑，防腐師也將屍體防腐技術視為祖傳祕方，代代相傳。然後在三千多年的時間裡，古埃及人製作木乃伊的技術不斷提高，多數專家學者認為，他們的防腐技術在西元前十世紀左右發展到頂峰，當時一位一流的防腐師，大概是透過以下步驟製成了木乃伊：

首先用燧石刀在屍體腹部左側開個十公分長的切口，從切口把心臟以外的內臟掏出，然後用酒和含有末藥、桂皮的香料清洗，並用香柏油沖洗屍體腹腔，把餘下的柔軟組織分解。接著準備取腦，用一種帶鉤的工具從屍體的鼻孔穿入頭顱，鉤出裡面的腦髓，然後灌入香柏油和香料，目的是沖出腦殼中的殘餘組織。屍體全身都被徹底清洗後，把所有器官和屍身埋進泡鹼、碳酸鈉和碳酸氫鈉混合劑的粉末堆中。屍身、器官大概要埋在泡鹼粉裡約一個月，拿出來後把每一部分再用香液和香料洗滌。

在防腐工作的每一個步驟中，防腐師都要小心翼翼進行，在製作的開始時便把屍體每個手指包好，以免指甲損壞或脫落。還有把乾透的內臟逐一用麻布包好，放回腹腔，或者個別放置於陶罐或石罐裡，然後用鋸屑、麻布、焦油或泥巴之類的填料填滿腹腔。填放完畢，隨即將切口縫合。因為泡鹼已損壞一些頭髮，所以必須補上一些假髮，與未脫的真髮編在一起，眼眶裡面也需要裝入假眼。最後所要做的工作是把屍體外觀復原，要把乾癟的屍身恢復生前模樣非常困難，所以極為費力。

要想恢復屍體的外觀，防腐師要在屍體的各處小心割開很多微小切

口，往裡面填入麻布填料，使屍體和以前的身體輪廓相仿，甚至屍體面部和頸部也要恢復得像生前一樣，嘴裡塞以麻布使雙頰飽滿，這確實非常不易。最後防腐師還要為屍體化妝，用一種稱為赭石或有色的泥，替死者面部以至全身染色，男的一般染為紅色，女的染黃色，染色完畢後再包裹屍體。防腐師用抹過松香的麻布，將屍體的四肢一層一層包裹，接著包裹頭部和軀幹，最後把全身包裹。包裹屍體非常費時，幾個木乃伊被發現後人們很驚訝，裹布的長度加起來竟達到兩千多公尺，因此完成一具木乃伊大概要花七十天左右的時間。完成後防腐師會把木乃伊送還喪主，此時喪主已備好人形棺木來裝木乃伊了，並且已築好墳墓，只等著下葬。

埃及人對人死後的這一切做法，著實讓人驚嘆，可謂讓死者安息，也實現了他們心中對死後的夙願。

有沒有荷馬這個人

大約在西元前八世紀時，《伊里亞德》和《奧德賽》這兩部史詩性的著作產生了，現在的人們仍然認為這兩部著作是曠世文學巨著，並一致認為他們是希臘詩人荷馬所作。我們今天稱之為荷馬的作者，是因為在古代就這樣叫他，但現在的疑問是：我們並不能肯定荷馬是否存在，並且兩部巨著是否為一人所為？會不會是多人同撰？

西元前七（或六）世紀傳下來的一首詩，曾提到一個「住在契奧斯島（愛琴海中一個島）的盲人」，但人們對這位盲眼作者無從考證。

● 史詩的前身

對於這位詩人的生平記載，也只有這兩部史書為證，可是其中的敘述也非常少。我們今天可以確定的是，荷馬是古希臘人所稱的「吟遊詩人」，也就是在公共場合表演吟誦詩歌的人。而為了方便吟遊詩人背誦，他們大多採用了歌謠的形式，並且吟遊詩人會在受人邀請的宴會或公共儀式上，摘取故事片段加以發揮，以戲劇的形式表演。吟唱者必須以一定的題材為依據，表演者要依據原本，不可信口開河，吟唱時還要依循固定格律，以及複誦某些組合詞。

但在這些固定的因素外，較有才能的吟唱者可以即興發揮，而且每次表演的細節可以不盡相同。每個吟遊詩人都以自己的方式加工詩歌，於是日積月累，當《伊里亞德》和《奧德賽》這兩部史詩巨著被寫下來時，必然是已增補潤色的最終定稿。

學者們大多認為，這兩部史詩幾乎包含所有口傳詩歌的成分：定型描寫短語和口語形式不斷重複出現，神話和傳說的大量運用使故事情節生動活潑。特洛伊戰爭中的英雄故事和奧德修斯的流浪生涯，無疑都是古希臘

吟遊詩人及聽眾喜歡的題材。

荷馬史詩中一些段落好像是短詩，並且詩中描述的若干事件，似乎比其他部分更早發生，從而我們可以斷定：荷馬史詩經過了長時間的累積，可能由若干時代的「作者」創作出來。

● 「荷馬」有幾個？

這樣推測兩部史詩的形成過程，應該較為恰當；不過也有人推測，「荷馬」可能有兩個人。因為《奧德賽》某些用語似乎比《伊里亞德》更晚，並且這兩部史詩的主題和語調也有很大的不同。

例如，《伊里亞德》對發生於幾日內的事集中描寫，並且非常強調戰陣軍功；然而，《奧德賽》所述事蹟則歷時長達十年之久，強調描寫神祇和幻想。《奧德賽》因為內容對戰爭殘酷的一面涉及的較少，十九世紀以研究《奧德賽》而頗具聲名的英國小說家巴特勒（Samuel Butler），就以此論證說《奧德賽》作者不像是男人，更像是個女人所為。

延伸閱讀 —— 特洛伊戰爭是真是假

一場特洛伊戰爭產生了兩大史詩著作，那就是荷馬的《伊里亞德》與《奧德賽》，它們也是西方文學的源頭，然而這場戰爭到底有沒有發生過？

戰爭的起因是這樣：特洛伊國王普里阿摩斯的小兒子帕里斯，將希臘王后海倫帶回特洛伊。希臘國王為了奪回海倫，率領龐大的軍隊與特洛伊展開了一場曠日持久大戰。在戰爭中，希臘最勇敢的戰士阿基里斯殺死了帕里斯的哥哥赫克托爾，也就是特洛伊國王的大兒子。特洛伊國王普里阿摩斯悲痛萬分，主動與阿基里斯談判，懇請歸還他兒子的屍體並宣布停戰，《伊里亞德》的最後一幕就是寫到這裡。而《奧德賽》繼續圍繞著特

洛伊戰爭展開敘述，為了替哥哥報仇，帕里斯射中了阿基里斯的腳跟，殺死了這位希臘最偉大的戰士。而最終，希臘人使用了「木馬計」進入特洛伊城內，滅亡了特洛伊。

人們大多認為，歷史上確有此戰爭，並且發生在土耳其的希沙利克（Hissarlik）。然而，從十八世紀開始，學者開始質疑特洛伊戰爭是否存在，更有甚者懷疑是否真有荷馬這個人，至少荷馬不是一個人，而是一些詩人的組成；到了十九世紀下半葉，很少學者再相信荷馬史詩所記載歷史的真實性了，而相信特洛伊在希沙利克的人則少之又少了。

一八六〇年代中期，美國駐希沙利克的副領事、業餘考古學家法蘭克・卡爾福特（Frank Calvert）與其合作者德國富翁海因里希・謝里曼（Heinrich Schliemann）開始發掘，找到了古代神殿和一些高大的建築物。後來施里曼的助手威廉・德普菲爾德（Wilhelm Dörpfeld）還發現了更多的房屋和一座瞭望塔、以及一座三百碼長的城牆。四十年後，卡爾・布利根帶領的一支美國探險隊來到希沙利克，探索研究後布利根認為：特洛伊的滅亡不可能是因為希臘人的入侵。他的理由是，城牆的一部分地基發生了移動，而其他部分則似乎徹底毀壞了，像這種毀壞很可能是一場地震所導致，絕對不可能是人為造成。

但對於這一切我們仍無從知道，或許事實的真相會隨著歷史被永遠塵封了。

斷臂維納斯之謎

　　《斷臂維納斯》的故事廣為流傳於在世界各地，在驚嘆「維納斯」美的同時，人們對其也充滿了困惑。

　　《斷臂維納斯》是由一名希臘農民發現。西元一八二〇年四月的一天，在愛琴海的米洛斯島上，農民伊奧爾科斯帶著他的兒子在耕地，當打算剷除一叢矮灌木時，他們突然發現了一個大洞穴；等他們走進這座山洞，便發現了這尊精美絕倫的半裸女大理石雕像——《斷臂維納斯》。接著，這尊雕像被一名土耳其軍官發現，由當時法國駐土耳其的大使買下後，獻給了法國國王路易十八。

　　現在，雕像陳列在巴黎羅浮宮，是鎮館之寶之一。可是，《斷臂維納斯》的再現，使人們產生了一連串的疑問：它是誰？誰是它的製作者？它的手臂去哪裡了？斷臂之前的姿態又是怎樣的呢？

● 「維納斯」的作者之謎

　　有關「維納斯」名字的來源是這樣：在古希臘人神話中，有一名專司「美」和「愛」的女神阿芙蘿黛蒂（Aphrodite）；而到了古羅馬時代，祂便被羅馬人稱為維納斯（Venus）。石像臉型很像《克尼多斯的維納斯》的頭部，它是西元前四世紀古希臘著名雕塑家普拉克西特列斯（Praxiteles）的作品。正因為這樣，這件雕像還叫《克尼多斯的阿芙蘿黛蒂》。也正因為有了這個相似之處，很多人斷言普拉克西特列斯就是創作者。

　　但也有很多人認為，如此優美的作品應該是西元前五世紀、古希臘更偉大的雕塑家——菲迪亞斯（Phidias 或 Pheidias）或菲迪亞斯學生的作品，因為作品風格符合時代。直到今天，比較流行的看法認為，它是一件晚至西元前一世紀、希臘化時期的作品。

還有另外一種看法，認為這只是一件複製品，是仿製西元前四世紀某件作品，而原件已經消失……總之對此眾說紛紜。

● 「斷臂」之謎

在發現石像的同一座洞穴裡，人們曾經找到過一些手臂的殘碎石片。可是，這些到底是不是維納斯雕像的手臂的殘片？有些人認為是，而有些人認為不是。有很多考古學家和藝術家嘗試為斷臂的維納斯像修復手臂，可是對其原先手臂的形狀、姿態到底是什麼樣子，各執己見。

有德國考古學家設想，女神像應該是左手向前伸、小臂放在一根柱子上，而且她應該是手握金蘋果，右手下垂，按住垂到下腹的衣裙。還有一種意見較為流行，認為應該是左手向前伸，手裡握著盾牌，右手騰空，略向下垂，但沒有按住衣服。甚至還有人還按自己的猜想，去補塑「美神」的斷臂。可是，無論哪種方案，安上手臂後，總是讓人感到不夠自然、不夠合理，也不夠協調，不如斷臂時美。反正直到現在，人們喜愛的還是斷臂的維納斯女神像。

正因為「斷臂」，這座雕塑反而籠罩上了一層異常神祕的色彩，同時也更增添了「殘缺」美。

延伸閱讀 —— 希臘傳說中的阿芙蘿黛蒂

傳說，阿芙蘿黛蒂是宙斯與大洋女神 —— 狄俄涅的女兒；還有傳說，祂是從浪花中出生，所以稱阿娜狄俄墨涅（出水的意思）。祂最初屬於豐收女神之一，等奧林匹斯教形成之後，祂又被視為是愛情、性慾和美的女神。賽普勒斯、庫忒拉島、小亞細亞是最早崇拜祂的地方，後來對祂的崇拜傳入了希臘。

　　祂作為女海神，祭品是海豚；作為豐收女神，祭品是鴿子、麻雀、兔子；作為愛情女神，擁有一條神奇的寶腰帶，古希臘女子結婚時，會把自己織的帶子獻給祂。傳說祂的女祭司以肉體換取酬勞，為祂服務，這可能跟那時候的婚姻制度有關。

　　祂在奧林匹斯教中是赫菲斯托斯的妻子，但也曾多次與別人相好，如祂曾經與戰神阿瑞斯相好，生下了五個子女；祂還和赫爾墨斯生了孩子；還與英雄安喀塞斯（Anchises）生下孩子 —— 艾尼亞斯（Aeneas）。

　　荷馬時代，祂還有時序女神、美惠女神的美稱，與祂的兒子愛神厄洛斯相隨；羅馬時代，祂與當地的豐饒女神 —— 維納斯合併，是豐收與愛情女神。因為祂是艾尼亞斯的母親，所以被視為是尤里烏斯（Julius）王家的始祖。祂早期的形象是風華正茂、容光煥發，後來常被描述成裸體的女性。最著名的是西元前二世紀希臘的雕刻 ——《米洛的維納斯》，也稱《斷臂維納斯》。

　　《米洛的維納斯》雕像高貴、端莊，成熟的女性美由豐滿的胸脯、渾圓的雙肩、柔韌的腰肢展示。人體結構、動態都富於變化，但又含蓄微妙。該雕像體現了內在生命力和精神智慧，風格上接近古典主義盛期（西元前四世紀）的作品，在希臘化時期很少見。雕像殘缺的上肢，更增添了結構獨特之美。

埃及豔后是什麼樣的女人

埃及女王克麗奧佩脫拉七世（Cleopatra，西元前六十九年至前三十年）是古埃及托勒密王朝的最後一位女王。她以姿色迷人、手腕狡黠，戲劇般活躍在政治舞臺。她的政治生涯以及與種種風流韻事，不僅被寫在史冊上，而且使她成為藝術作品中的著名人物。

● 克麗奧佩脫拉女王的奇特經歷

克麗奧佩脫拉七世生於西元前六十九年，是埃及國王托勒密十二世與克麗奧佩脫拉五世的女兒。她從小在宮廷裡長大，是馬其頓人的後裔，美貌出眾。

托勒密十二世西元前五十一年去世，按他的遺詔和當時法律的規定，二十一歲的克麗奧佩脫拉與比自己小六歲的異母弟弟結為夫妻，共同執政。西元前四十八年，她在宮廷鬥爭中失敗，被弟弟逐出了亞歷山卓，可是她依舊野心勃勃。她在埃及、敘利亞邊界一帶招募軍隊，準備再次回去跟弟弟爭奪王位。

當時，正好凱撒（Julius Caesar）追擊他的政敵 —— 龐培（Pompey）來到埃及，以羅馬國家元首的身分，調停埃及王位之爭。在這一過程中，克麗奧佩脫拉手下一名黨人想出巧計：將女王包在毛毯裡，然後派士兵化裝成商人，把女王抬到凱撒的行館。凱撒當時以為只是個行囊，打開看後他又驚又喜，因為竟然出現一位具有維納斯女神般窈窕身段、丰姿綽約的豔麗女子。凱撒立刻被她的美貌所傾倒，兩個人一見鍾情，留下了千古香豔的政治傳奇。

克麗奧佩脫拉智闖軍營的「壯舉」，得到了滿意回報 —— 她成了大權獨攬的埃及女王。不久為凱撒生下一子，取名托勒密·凱撒或凱撒里昂（Caesarion）。

西元前四十七年九月，凱撒在平定小亞細亞的戰亂和龐培餘黨後，回到羅馬，但他無時不思念克麗奧佩脫拉七世。西元前四十五年，克麗奧佩脫拉七世應凱撒之邀來到羅馬。當她進入羅馬城時，凱撒親自去迎接，同時也轟動了整個羅馬上層社會，一些羅馬達官貴人都以一瞻豔后的丰姿而感到榮幸。據說，連一代文人西塞羅（Cicero）也來到豔后面前頂禮膜拜。不料，西元前四十四年三月十五日，凱撒被刺身亡，她也就悵然離開了羅馬。

凱撒死後，安東尼（Mark Antony）稱雄羅馬。當他巡視東方殖民地時，在小亞細亞的塔爾蘇司城（Tarsus），派人傳達召見女王的命令。克麗奧佩脫拉為了取得新貴歡心，刻意再次妝扮。於是，這位在羅馬時就已經讓安東尼垂涎的美人，自願投入懷抱，安東尼毅然放棄到東方的使命，乘坐女王的豪華船隻，和她一起回到亞歷山卓。之後他們如膠似漆、非常恩愛，廝混在埃及王宮長達五年。安東尼五年中曾回過一次羅馬，因為政治需求，他違心與政敵 —— 屋大維的姐姐結婚，不久後就找藉口回到東方。他遺棄妻子，與克麗奧佩脫拉舉行婚禮。當然，這樣違反羅馬婚俗的舉動遭到當時輿論的譴責，再加上他擅自把羅馬帝國在東方的大片殖民地送給他所尊奉的「眾王之女王」—— 克麗奧佩脫拉，這就更加激起了羅馬人的憤怒。屋大維（Gaius Octavius）的煽動更使得羅馬元老院和人民大會撤銷了他的執政官職務，剝奪一切權力。

西元前三十一年，安東尼與屋大維會戰於亞克興海（Actium）。從實力看，雙方各有優劣、不相上下。可酣戰之時，突然克麗奧佩脫拉命令她的艦隊退出戰鬥，使安東尼海軍陣容大亂。決勝負的緊急關頭，作為全軍主帥的安東尼看到「豔后」已經率艦隊逃跑，竟然也丟下十萬為自己血戰的將士，自己乘一艘小船追趕上「豔后」，逃亡到埃及。一年之後，屋大維兵臨埃及，埃及軍隊叛變。見大勢已去，時年五十二歲的安東尼自己結束了生命。

克麗奧佩脫拉被屋大維生俘後還抱有一絲幻想，想再次以美色來迷惑屋大維，可這次沒奏效。當得知她將作為戰利品被帶到羅馬遊街示眾的消息後，她懇求屋大維允許她為去世的安東尼祭奠，她還寫了遺書。沐浴後，她吃了一頓豐盛的晚餐，然後就悵然回到臥房躺在金床上，再也沒有有醒過來。

慌忙趕到的屋大維展開她的遺書，原來，女王懇求讓她與安東尼葬在同一個墓穴裡面。內容辭情懇切、哀婉動人。雖然對她的自殺感到失望，但屋大維不得不欽佩她的膽識，下令按她的遺願，將她的遺體安葬在安東尼身邊。

● 對退戰原因的種種猜測

一對風流男女，以喜劇開始，悲劇結束，他們命運的轉捩點就是亞克興海戰。在此命運攸關的大戰之中，女王為何臨陣而退？至今還是令人費解。

一種說法認為，克麗奧佩脫拉是想坐收漁人之利。一部分人認為，克麗奧佩脫拉是一名機智過人、擅長手腕、心懷叵測的政治野心家。安東尼當初是在她的堅持之下才決定海戰，可是最後她卻抽身離去，想丟下安東尼，讓他孤軍與敵廝殺。她大概料到，安東尼與屋大維實力相當，惡戰結果必是兩敗俱傷，到時她可收漁人之利。然而她沒想到的是，安東尼竟棄軍不顧，使戰局大大變化，這對她大為不利。屋大維包圍亞歷山卓之後，她勸說埃及人放棄抵抗，並私下與屋大維談判，希望屋大維答應為她的兒子加冕。可見，女王對安東尼沒有「愛情」，只是為了利用他，她臨陣退卻是政治預謀，是一種出賣。

另一種說法認為，「臨陣脫逃」是風流女王的一時任性。或許她當時心血來潮，想知道在戰爭和愛情的天平上，安東尼的砝碼到底放在哪一邊；

她與安東尼的結合，雖然有政治因素，但感情因素也不能排除。自殺之前，她還寫信還請求屋大維，希望他能在死後把她和安東尼安葬在一起。正是出於這種情感，所以在決定命運的關鍵時刻，來考驗安東尼對她的愛情。

也有人提出，克麗奧佩脫拉的行為是「臨陣脫逃」。因為她發現，屋大維的輕型艦船比安東尼的重型三層艦船靈活機動，攻擊力強，安東尼的艦隊已處於困境，在劫難逃，她不願埃及艦隊也遭受滅頂之災，所以退出戰鬥。

以上三種意見各有道理，但到底是哪一種意見反映了女王的真實想法，至今仍無法確定。

克麗奧佩脫拉女王自殺了，絕代佳人的死，也為古今中外的歷史學家留下至今都沒解開的謎 —— 她究竟是用什麼方法自殺？

傳統的觀點是，女王事先安排了一位農民，讓他帶一個盛滿無花果的籃子，在裡面藏有一條毒蛇。讓毒蛇咬傷手臂後，她就中毒昏迷而死了；也可能，她原本就把蛇餵養在自己的花瓶中，當她用金簪刺傷蛇的身體，使牠發怒，纏住自己的手臂；另一種觀點認為，女王不是因為毒蛇而死，而是用錐子刺自己的頭部自殺。

今天看來，不管女王是怎麼死的，女王都征服了數代人的好奇心。

相關連結 —— 古埃及的著名皇后

歷史上有四個皇后曾全權統治埃及，其中塞貝克涅弗魯（Sobeknefe-ru）只留下一個無頭的半身像；塔沃斯塔（Twosret）是埃及血統的最後一位女王；而更加有名的，則是哈特謝普蘇特（Hatshepsut）和克麗奧佩脫拉（Cleopatra）。

　　哈特謝普蘇特很可能是已知的第一位園藝學家和動物學家。西元前一四九〇年，她曾派一隊特殊的探險隊到索馬利亞取末藥樹種和動物，然後開了一家動物園，飼養長頸鹿、犀牛等很多動物。

　　醉心於自身權力的哈特謝普蘇特，也因此而痛恨自己為女兒身。稱王後，她要求所有畫像都不准畫出女裝和胸部，而且還得幫她畫上鬍子。

　　為了達到否定先皇兒子的目的，哈特謝普蘇特宣稱阿蒙神對她說過：「歡迎妳，親愛的女兒，我的最愛，埃及人的皇帝，哈特謝普蘇特，妳就是皇帝，擔負起妳的兩塊領土吧。」於是她將自己裝扮成皇帝。她在位二十年，在這期間，埃及經濟繁榮，與其他國家拓展商貿關係，還建造、修復了很多宏偉的神廟。

　　當時，哈特謝普蘇特以攝政王的方式取得政權，而那個倒楣的君主就是她的姪子 —— 圖特摩斯三世（Thutmose III）。哈特謝普蘇特死了以後，圖特摩斯三世摧毀了她所有的紀念碑和其他建築，下令有哈特謝普蘇特名字的東西全部塗去、銷毀。

羅馬帝國滅亡之謎

　　一至二世紀是羅馬帝國強盛時期，儼然是一個不可一世的大帝國，雄踞於地中海一帶；但到了三世紀，羅馬奴隸制出現了嚴重危機，政局動盪，農業衰落，帝國已無可挽回。

● 帝國毀滅

　　西元四一〇年八月的一個悶熱晚上，一個人（大概是個奴隸）將彈盡糧絕的羅馬城城門打開，讓那些已經在城外紮營的哥德人進去。在哥德人首領──亞拉里克（Alaric）率領下的日爾曼大軍終於進城，一座已經八百年來無人攻克的「永恆之城」連續三天被大肆掠奪。

　　消息傳出，舉世震驚，羅馬出生的耶柔米（Jerome）在遙遠的伯利恆悲嘆不已：「在全世界最燦爛的光熄滅時，在羅馬帝國被人割去頭顱之際，更確實說，全世界文化毀於一旦，我愣得不能作聲。」對許多人（無論是基督教徒還是異教徒）來說，當時世界最大城市的陷落，不僅意味著帝國的滅亡，也像是世界末日。

　　但世界並未末日，羅馬陷落也不表示羅馬帝國從此滅亡。羅馬城雖然失守，但以羅馬為都城的古羅馬帝國收復失地，並且苟延殘喘，當然是在哥德人的肆虐之後。直到西元四七六年，末代皇帝羅慕路斯‧奧古斯都（Romulus Augustulus）被他麾下的日爾曼司令官罷黜為止。另一方面，西元三九五年建立、定都於君士坦丁堡（今伊斯坦堡）的東羅馬帝國一直存在，至西元一四五三年才被土耳其人所滅。雖然東羅馬帝國後來在生活和語言上，越來越受希臘文化影響，但依然自稱羅馬帝國，在君士坦丁堡的金城湯池內，提倡羅馬的學術和法律。

● 曾經繁盛的帝國為何衰落

導致西羅馬帝國終於覆亡的原因不止一個。西元四一〇年，羅馬城遭暴徒搶掠，只是帝國衰落的一個表現，而不是它衰落的原因。事實上，亞拉里克率領的哥德人，意在分享羅馬人的安逸生活，而不是要毀掉這座「永恆之城」。許多年來，亞拉里克只是要求羅馬人把他封為聯合統帥，再給他的部下一些土地。後來，見羅馬人言行不符、故意延宕，失望之餘，他才決定攻打羅馬。

哥德人在亞拉里克繼承人 —— 阿陶爾夫（Athaulf）的領導之下，幾年後在土魯斯建立朝廷。一位羅馬訪客將它譽為有「希臘的典雅、義大利的優美和高盧的遒健，一爐共冶」。甚至在西元四一〇年攻陷羅馬城以前許久，哥德人就在逐漸沿用羅馬人的風俗習慣，而住在邊遠地區的羅馬人世代以來，也不斷受到蠻族文化的影響，同時，從日爾曼民族招募的羅馬士兵漸漸增多，當然他們對羅馬並不是忠心耿耿。

因此，亞拉里克於西元四一〇年攻陷羅馬，對羅馬政權並非致命的一擊。但因那是羅馬帝國八百年來第一次失敗，所以心理創傷之大難以估計，或許比建築物受到破壞更難以彌補。這個因素使我們更加容易了解，為什麼亞拉里克攻陷永恆之城，在歷史上一直被認為是羅馬帝國覆亡的象徵；而汪達爾王蓋薩里克（Gaiseric）於西元四五四年攻入羅馬，破壞擄掠更為嚴重的史實，反倒算不了什麼。

最近發現的證據，對解釋羅馬為什麼在西元五世紀，為哥德人輕易一舉攻陷，也許大有關係。從西元一九六九至一九七六年，在英國南部賽倫賽斯特（Cirencester）的發掘工作，在一座四世紀末、五世紀初羅馬人的墳裡，發現了四百五十具骸骨。多數骨頭所含鉛量較正常多出十倍，兒童骸骨則尤其嚴重。這些人之中，有的大概死於鉛中毒，雖然這一點未能加以證實。根據當時的記載，我們知道羅馬帝國各地，無數的人患有四肢麻痺

和頭痛的毛病，而這些都是慢性鉛中毒的病徵。賽倫賽斯特是羅馬統治不列顛時期的第二大城，因此說不定能代表大部分羅馬城市的情況。

羅馬人對他們優良的供水系統頗為自豪，飲用水通常都是用鉛管輸送。羅馬人喝水用鉛杯，煮食用鉛鍋，沒有糖則甚至用氧化鉛調酒。普通人一生之中要消耗大量的鉛，而吃下這麼多的鉛，一定會無精打采。攝進大量的鉛還有另一個不良後果，就是喪失生育能力。後期的羅馬帝國經常鼓勵為人父母者生養更多子女，大概是為防人口減少，雖然我們並無詳細和精確的人口增減數字，證明有這種現象。即使吸收少量的鉛，也能影響生殖能力，所以羅馬人很可能由於喝了含鉛的水和酒而致死，並造成帝國覆亡。

當然，鉛中毒不是羅馬城於五世紀陷落的唯一原因。倘若如此，東羅馬帝國為什麼能在西羅馬覆亡之後，延續國祚一千年呢？當然，東羅馬帝國仍然能維持下去，有許多原因：邊疆較短，較容易防衛，可免引致外族入侵之虞；同時，東羅馬帝國也較能維持國內治安。但有一件事情也值得我們加以注意，就是東羅馬帝國境內的鉛礦，遠較西羅馬少，所以當地居民不得不勉強使用自以為很低劣的陶杯和瓦鍋。

點擊謎團 —— 古羅馬政治家蘇拉為何隱退

誰都想擁有最高的權力，誰都想處萬人之上、君臨天下。但古羅馬著名政治家、軍事家 —— 蘇拉（Lvcivs Cornelivs Svlla），他奪得最高權力後又自願放棄。他的突然引退，是千百年來人們一直都很感興趣的話題。

西元前一三八年，蘇拉出生在古羅馬一個沒落的貴族家庭中，但他從小喜歡文藝，也很善交際。三十歲後，他突然時來運轉，經濟狀況大大改善，並且因為機緣巧合，在戰爭中成了民族英雄；他五十歲時，在元老

院的支持下，當選了執政官，後來，經過與馬略（Gaius Marius）的兩次鬥爭，終於建立了獨裁統治。

為了能終身掌握國家最高權力，蘇拉不惜踐踏民主傳統，威懾元老，最後終於取得了終身獨裁官的職位，將軍政財集權於一身。為確保終身獨裁統治，蘇拉進行了種種「憲政改革」：取消人民大會原有的否決權，削減保民官許可權，並將大量親信安插到元老院。

但是蘇拉取得終身獨裁統治權後第三年，突然宣布辭職，最後只是以一個普通公民的身分，隱居到他的一座海濱別墅裡。這真是令人費解。曾經他為爭最高權力而赴湯蹈火在所不辭，曾經他不惜以道德的墮落、國家的災難、人民的生命為代價而爭權奪利。可正當他如日中天之時，卻又自願放棄了，這是為什麼呢？

蘇拉本人對於引退的原因沒有做出說明。據說決定放棄權力時，他曾經在廣場上發表了演說。他提出若有人質問他，他願說出辭職的原因，但那種情況下沒有人敢質問他。辭職後，有個年輕人曾當面辱罵他，但蘇拉竟默默忍受了他的辱罵，他說：「這個青年將使以後任何一個掌握這個權力的人都不會放棄它。」

蘇拉本人並未說明自己引退的原因，所以人們都在猜測：有人說是明智之舉，因為他已經進行了三年的獨裁統治，應該還政於民；有人說是由於改革無望，他選擇急流勇退；有人說是因為他滿足權力欲後，厭倦戰爭、厭倦權力、厭倦羅馬，嚮往田園生活；還有人認為因為他患了嚴重的皮膚病，無法親理朝政，無可奈何不得不放棄政權。

人生的價值在過程，而不在於結果，只問耕耘，不問收穫──雖然這麼說，但是蘇拉從一個權力狂，突然之間轉變成了歸於自然的隱士，這其中可能有他自己的人生樂趣，抑或許有他的難言之隱，但其中的祕密只有他自己才知道了。

印度寶藏之謎

　　我們早就已經知道，兩千年前，亞歷山大大帝曾到過印度。當時交通不便利、不快捷，如此遠行可以說是一項壯舉。

　　不畏千里之途，羅馬人千辛萬苦冒著風險來到東方。但他們的行為我們完全可以理解，因為只要是經營東方的奢侈品貿易，就會有厚利可圖。但羅馬人面對那些文化差異大、又好像無所求於羅馬商人的印度人，可以提供什麼呢？在印度南部曾經出土過羅馬錢幣，一般人一聽會認為只是零星出土而已；可事實上，錢幣卻是大量埋藏在一起。

● 羅馬與印度的生意往來

　　當時國泰民安、商業貿易興旺發達的羅馬帝國渴求各大洲、各地區的奢侈品，多數能滿足他們的欲望。商賈們從未開化的北方人那裡買進琥珀、皮毛，再從非洲買來香料、象牙、黃金和一些競技時用的野獸，還從印度買來一些東方色彩濃郁的貨物。

　　西元前三三六至前三二三年，亞歷山大大帝在位期間，他東征西討，開始地中海居民與印度的互相交往。但因為波斯地帶強大的安息帝國（Parthian Empire）興起，於是古代橫貫亞洲內陸的路線就被阻截了，由地中海到次大陸不能經陸路往來。商人只好轉向海上，謀求較安全的商路。

　　希臘商人於西元前一世紀發現，利用西南季風可以來往於印度，並且提供了準確地理資料。於是，其他商人迅即利用季風，與東方做史無前例的大規模貿易。七、八月間有四十天的時間，可以供商人從阿拉伯港口直航到印度南海岸的馬拉巴。十二月至來年一月，他們完成交易之後，就經紅海或是波斯灣和陸路返回地中海。一世紀，西方的商船隊已經可以繞過印度南端，到達印度東岸的貿易站，不用像之前那樣經陸路，從此，地中

海與斯里蘭卡的直接貿易也就建立了，有些船隻更遠可以到達至緬甸、馬來、越南、中國。

西元前二十七年至西元十四年，是奧古斯都在位期間，羅馬與印度之間的經濟貿易很興盛。本來從亞歷山大大帝時期，人們對到東方發財的故事就已經津津樂道了，到這個時候，這麼多印度商旅來到羅馬帝國，更是激起了羅馬人對於商業貿易的興趣。一隊印度商人帶來了奇珍異物，像是天生無手臂的人、大河龜、蛇一類的東西，還有「大如禿鷹」的鷓鴣，還有商旅帶來珍珠寶石，這才是羅馬市面最有代表性、洋洋大觀的進口貨。當時，每年從受羅馬控制的埃及，乘季風駛往印度裝運珍貴貨物的船，就有一百二十餘艘。

在這種貿易中，最活躍的代理商是羅馬帝國的批發商人——一群把亞歷山卓作為根據地的希臘人。亞歷山卓在地中海海岸，是西方大港之一，東方的貨物或是原料就是經過這裡集散和轉運。在印度，商人們首先沿馬拉巴海岸建立貿易站，在這裡採購大批的香料——特別是胡椒，還有香水、象牙和平紋細布。

一世紀末，羅馬商人從現在的斯里蘭卡，採用以物易物的方式，採購到珍珠寶石，還從印度商人那裡買到遠東的產品，最著名的就是中國絲綢。

● 印度的貨幣方式

要想購買到這些商品，必須有一種方法來付款。但當時印度的人民大多數不知道有貨幣這種東西。羅馬商人慣用的錢幣，印度人卻並無多大所求，所以買賣時免不了產生如何付款的難題，但是該麻煩最後還是以很巧妙的方法解決。

西元一七七五年，印度首次出土一大批羅馬錢幣。當時考古學家、歷史學家都猜想這窖藏錢幣原來是印度商人的積蓄，因為某種不幸遭遇、意

外事故，使錢幣被長久埋沒；但現在終於清楚了，原來印度人有收藏錢幣的興趣，而不是因為羅馬錢幣可以流通，當時的印度人完全沒有貨幣概念，只是把錢幣當作金錠或者是銀錠來看待。

因此，每一批窖藏錢幣其實都已經被秤過重量，然後又被印上證明的戳記 —— 代表某一定量的金子或銀子。當要購買某種整批貨物的時候，拿出這樣的一批錢幣作貨款就可以了。就好像現在印度市集上，有時侯也會秤銀飾的重量，來確定可以交換多少貨物。因為羅馬的金子、銀子已經被分鑄為有統一標準的金圓或者是銀圓，這樣一來，印度人在收集和應用時就方便多了，大大提高了羅馬人的商業聲譽。羅馬學者普林尼（Gaius Plinius Secundus）說，因羅馬錢幣的品質不變，雖然上面所鑄的是歷代帝王的頭像，但所有錢幣的重量相同，而且錢幣的金、銀含量始終不變，所以斯里蘭卡國王對此有了好感，他對誠實的羅馬商人也很優待。

當時，印度人為了避免這些錢幣重新被用來當貨幣，就在錢幣的帝王頭像上鑿上刻痕，印度出土的很多羅馬錢幣因此而被毀損。儘管他們用這些錢幣小額交易，但他們並不忽視錢幣上精美的圖案，更以這些圖案為藍本，用赤陶仿製首飾，這些首飾是穿孔或帶環孔，有的還鍍金後再佩戴，這樣的仿製確實很捧場。

但從羅馬人的觀點來看，錢幣不斷流向東方而且一去不復返，不是健全的經商之道。因此，很快他們就實施了對錢幣的出口限制。後來，暴君尼祿（Nero）下令降低羅馬銀幣的成色，這樣印度人對羅馬錢幣實在的價值也就喪失了信心，就拒絕再接受羅馬的任何錢幣了。商人也不得不另謀貨物交易的代用品，於是商品互換就開始了，通用的商品包括精美的餐具、燈飾、玻璃，亞麻布、珊瑚還有加工的寶石以及酒等。一八四〇年代，在印度的阿里卡梅杜（Arikamedu），挖掘出羅馬人的主要貿易站，發現了大量地中海地區製的陶器碎片，說明羅馬商人運用的新貿易策略十分

成功。在阿里卡梅杜的倉庫裡，儲藏著義大利的陶罐、碟、美酒以及餐具等等，在那裡的作坊內，可以加工珠寶或者織染平紋的細布。

但是，羅馬軍團若要維持強大的戰鬥力，想要使羅馬人民能夠安居樂業，並不是依仗他們與印度的經濟貿易。三世紀，羅馬內部危機重重，導致致商業和貿易衰退，商人信心不足，於是與印度的直接貿易就此暫停。從前擔任中間人的阿拉伯人、波斯人就把這塊的經濟貿易接過來繼續做。亞歷山卓的商人，不再順季風揚帆渡海買賣。從那時起，西方心目中的印度，再一次成了充滿神祕、難以觸摸的「傳說之邦」。

相關連結 ── 印度文明的衰落和瓦解

西元前三千年末，印度河的文明開始衰落，雖對衰落的原因只能做推測，但有明顯的證據表明，那時候耕種、灌溉的土地和城市地區的面積在逐漸地縮小。約西元前一千九百年前，洛塔港放棄其他大居住中心，人口也比原來大大減少，擁擠在正在衰敗的城市某個小區域。在某些遺址上，人們還發現暴力的跡象：灰燼、未掩埋或無頭的屍體……估計他們是被匪幫襲擊的受害者，那些城市幾乎無力抵禦綁匪的掠奪。

任何文明長久存在後都有可能出現衰退的跡象，但印度河的居民，遇到的卻是由沙漠或者半乾燥的環境所引發特殊、短時間內就可以變為很難克服的難題。任何乾旱地區經過長期灌溉之後，必然會逐漸累積鹽鹼，因為水分蒸發，但又沒有雨水有效的沖刷而留下。因為灌溉，地下水位提高，甚至會上升到作物的根部。鹽鹼累積到對作物有害的程度，或作物根部被淹沒時，農業就會突然消失。

在印度河流域古代耕種過的地區中，有大片地塊看來就是因為這些原因而被放棄，在古代耕地表面有白色沉積物；另外，反覆的洪水和江河

改道，不僅直接威脅城市，洪水攜帶的淤泥破壞、堵塞管道（它們是為農田供水）也間接危及農業基礎。江河改道，還可能使城市或灌溉區失去水源，所有這些都是不穩定河流（它們一般源自山區，流經少數沙漠地帶）的特點。雖然有人無視相反證據，斷言如此，但是不少證據表明剩餘農產品減少，終至消失。而殘餘人口居住在曾經輝煌城市的廢墟裡，從倖存、生產低下的農田裡「榨取」些許收穫，加上一點狩獵、採集，過著簡單的生活。這種衰退狀況，使他們越來越無力保護自己，免遭外來人的襲擊。

之後到這裡的雅利安移居者，沒有見到印度河文明曾經的鼎盛時期，所以他們不可能是印度文明瓦解的原因。而創造了印度河文明的人以及後代，帶著他們的文化、技術向東疏散，到了恆河流域或者是向南遷徙到了印度半島。

匈奴人阿提拉是歐洲的惡魔嗎

史學家稱之為「上帝之鞭」的阿提拉（Attila，西元四〇六至四五三年），是古歐亞大陸匈奴人最偉大的領袖，他曾經多次率大軍入侵東、西羅馬帝國，包圍了君士坦丁堡，又曾經兩次入侵巴爾幹半島，也曾遠征高盧（今天的法國）的奧爾良，最後在沙隆之戰（Battle of Châlons）後，停止向西進軍，然而卻攻向了義大利。四五二年，他攻陷了當時西羅馬帝國首都拉文納（Ravenna），趕走皇帝瓦倫提尼安三世（Valentinian III），西羅馬帝國也就名存實亡了。

當時，只要一提到阿提拉，人們心中就立即浮現出惡魔般野蠻人的恐怖形象，一個凶狠的騎士，當者辟易，無可倖免。這是一千五百多年前的事了，當時阿提拉率領千軍萬馬與羅馬帝國大軍對壘，為的是要證明他才是那個時代最偉大的武士。然而千百年來，他留給人的印象卻只是個惡魔。為什麼呢？阿提拉真那麼可怕嗎？而阿提拉的真人和傳說，到底有多大的區別呢？

● 阿提拉其人

阿提拉本人為他同時代的人留下了一個深刻駭人的印象。一位羅馬歷史學家在西元四四九年，曾經前往阿提拉的根據地瓦拉幾亞（Wallachia，現今羅馬尼亞東南部一個區域）訪問，於史書中談到許多有關阿提拉宮廷的情形，而這位羅馬歷史學家把那個匈奴王說成一個面目可憎的侏儒，肩部寬闊，頭大，扁鼻子，疏疏落落長了幾根髭鬚。

至於另一位親眼見過阿提拉的歷史學家則說：「匈奴王高視闊步，表示他常常自以為高人一等，非世上其他人能及；他還有猛轉眼球的習慣，好像對他所造成的恐怖，怡然自得。」

阿提拉迷信鬼神，而且目不識丁，但是羅馬人統稱為「野蠻人」的所有部落民族，亦莫不如此；然而阿提拉一定非常聰明，善於駕馭蠻人，並且人人都聽從他發號施令。

一般人常將阿提拉的名字，與另一個世界征服者、十三世紀那個強橫的蒙古霸王成吉思汗相提並論，但這對偉大的匈奴王阿提拉卻頗為不公。成吉思汗縱容部下四處搶掠，並且虐待俘虜；可是阿提拉行軍打仗，並不殘暴，他知道毀壞戰利品有害無益，與其屠殺俘虜，不如命他們做些有益的事。阿提拉追求絕對權力，跟成吉思汗一樣不擇手段。毫無疑問，在西元四四五年，阿提拉曾將共同掌政十一年的兄弟殺死，但對於為他所敗的文化較高的敵人，阿提拉比成吉思汗和其他野蠻民族更懂得以禮相待。

在攻下了廣大羅馬帝國的同時，他甚至在自己朝廷任用羅馬訓練的官員。雖然他最後獲得的財寶遠遠超過貧窮時最荒誕的夢想，但這些財富始終沒有使他敗壞。羅馬歷史學家批評他是「面目可憎的侏儒」，但對他自奉甚儉也不得不表示欽敬，說他用的是木盤子，吃的是普通肉食，他的僚屬則以銀盤盛放珍饈美味，盡情吃喝。

● 阿提拉之死

當時並無任何一支武裝力量，能夠孤軍阻擋阿提拉在歐洲北部橫衝直撞，至於面臨瓦解的羅馬帝國，士無鬥志，當然更難攖其鋒。直到羅馬與另一個強大野蠻民族西哥德人攜手合作，在西元四五一年於莫里加（現在法國東北部馬恩河沙隆附近）進行一場浴血決戰，才將阿提拉麾下矯捷的騎兵和箭無虛發的神射手打敗。

根據傳說，阿提拉當時想，與其束手就擒，不如葬身烈火熊熊的馬鞍堆中。匈奴人南遁，向義大利進軍，有一個時期且曾威脅羅馬城，不過那時他們已成強弩之末。至西元四五三年，這個軍事奇才身死，匈奴人在歐

洲所作的旋風式進軍也迅速結束。

阿提拉死時四十七歲。他的死猶如一生的其他事蹟,富於神祕傳奇色彩。那時他還在義大利,決定再娶綺年玉貌的少女伊爾迪科(Ildico)。觥籌交錯的喜筵過後,一對新人進入洞房,以後就無聲無息了。到第二天晌午,左右疑心出了事故,便破門進入新房,看見伊爾迪科處於休克狀態,而阿提拉則仰臥在血泊之中,竟然是因鼻出血不止而死。

是不是年輕新娘謀害他?有些記載說她曾受到指控,不過匈奴人好像從不認為她有罪。按照傳統儀式,阿提拉由一批選出來的騎士安葬,這些騎士隨即被處死殉葬。據說騎士是一個個縛於馬鞍上,割斷喉嚨,所騎的馬則在墳墓周圍被綁牢,成為一隊恐怖的殉葬儀仗。

● 「上帝之鞭」

阿提拉死後約五百年,得到一個流傳最廣的稱號,也可以說是聲名最壞的稱號 —— 「上帝之鞭」,這個名詞最早出現在十世紀用拉丁文記載的匈奴侵歐史裡。

毫無疑問,歐洲基督教徒看到亞洲大軍來臨,心驚肉跳;也毋庸置疑,匈奴人於阿提拉在位十九年間(西元四三四至四五三年),曾經劫掠不少教堂。但我們不能忘記,有關匈奴人的種種史實,都出自羅馬歷史學家和教會學家的記載,忠貞愛國的羅馬人和虔誠的基督教徒,將阿提拉描繪成上帝的大敵,當然有其動機。羅馬人需要一個幾乎萬惡不赦的邪惡化身,才能解釋他們「永恆」的帝國何以覆亡。阿提拉的一生,包括他血腥的結局,正好讓教會借用,作為一個教訓警惕罪人。

事實上,匈奴人原是中亞細亞北部的游牧民族,名字出自兩千五百年前中國史書所提到的匈奴。西遷之前的幾世紀內,匈奴人在大草原上過著打獵和採集食物的艱苦生活,沒有時間織布,用未經鞣製的獸皮蔽體,一

直穿到破爛為止。匈奴人善於養馬，精於騎射，一生在馬鞍上度過。據說匈奴人將肉塞在馬鞍下面使肉軟化，然後生吃。匈奴戰士和坐騎息息相關，據說阿提拉於西元四五一年戰敗後，恐被生擒，曾想跳入烈火熊熊的馬鞍堆犧牲，象徵一個偉大騎士極其壯烈的舉動。

　　早期匈奴社會由極多部落組成，各有一位酋長。酋長雖是世襲，也得有作戰才能。匈奴部落在四世紀西遷，尋覓比較豐腴的土地，先後和別的種族接觸，也發生衝突，最後更和羅馬帝國交戰。匈奴各部落在五世紀初期大致已經統一，而統一各族後的興旺局面由阿提拉於西元四三四至四五三年締造。阿提拉看到族人過去雖然貧窮，工藝也十分落後，但具有極大的軍事潛力。於是在他的獨裁統治下，匈奴人不僅成了一支強大的軍事力量，還成為善於經商的民族。

　　匈奴人迅速建立強大的帝國，全盛時期橫跨歐洲高盧北部。今人對古代中原地區諸部落的雜居、征戰、互相吞併的大致情況有清晰的輪廓，也是難得的寶貴材料。

相關連結 —— 中國的匈奴人

　　匈奴人 —— 來自蒙古大草原一帶所有游牧民族的總稱，在西元前三世紀（戰國時期）興起，秦漢時期被稱作雄塞北，西元前一世紀，漢武帝派衛青、霍去病等將之擊潰，於是匈奴內附（南匈奴）或是西遷到西域（北匈奴）。

　　匈奴人很善於在馬背上作戰，還善於使用長矛、弓箭。在戰鬥中，他們剽悍精練，全民皆兵。他們發動一波接一波的西遷浪潮，是因為他們也受到了其他民族的攻擊和趕離。這種骨牌效應使大量的人口向西湧進，到東羅馬帝國，甚至到了多瑙河、萊茵河，形成了很難解決的問題。最後，

西元四七六年，匈奴終於滅亡了西羅馬帝國。

司馬遷說，匈奴人有名無姓；《漢書》上說他們有姓氏，單于姓攣鞮氏。《漢書》成書比《史記》晚，對匈奴了解可能的更深入。司馬遷《史記》記載，早晨單于走出營地，拜剛升起的太陽，傍晚拜月亮。在現代電視劇裡，經常會出現匈奴人激動時會大喊一聲：崑崙神！不知是何方神聖。

西元前二〇一年，韓王劉信投降了匈奴；第二年，劉邦親自率領大軍征討匈奴時，三十餘萬騎兵被匈奴冒頓單于在白登圍困了七晝夜，最後施計才逃脫，之後西漢採取與匈奴和親政策。

漢武帝時期，對匈奴轉為戰略進攻，長期攻打。西元前七十三年，西漢與烏孫聯合，以二十萬兵攻打匈奴。同時遠交近攻，在匈奴周邊的部族實行策反，以便瓦解其內部，匈奴勢力漸漸衰敗。

因為天災、人禍以及漢軍的打擊，匈奴發生過兩次分裂。第一次在西元前五十七年，五單于並立的局面，使得呼韓邪單于歸於漢，率眾南遷到陰山附近；後來，郅支單于也退到了中亞的康居，呼韓邪部落占據了漠北。漢西域副校尉陳湯，於西元前三十六年發西域各國兵，遠征康居，殺了與漢作對的郅支單于，消滅了匈奴在西域的勢力。西元前三十三年，漢元帝把宮人王嬙，即王昭君嫁給呼韓邪單于，又與匈奴恢復和親。

第二次是在王莽篡漢後，匈奴的勢力有所壯大。但到東漢光武帝建武二十四年，匈奴的日逐王，被南邊八部擁立作了南單于，他襲用祖父呼韓邪單于的稱號，向漢請求內附，並且得到了東漢的允許，匈奴又一次分裂為南北二部。

西元四十八年，匈奴分裂為兩個部分，呼韓邪單于的孫子日逐王率四萬多人南下投漢，稱為南匈奴，被安置在河套地區，後來被同化吸收；留居漠北的部分稱為北匈奴。八十九至九十一年，南匈奴與東漢聯合夾擊北匈奴，出居延塞（今內蒙古西部額濟納旗一帶），圍北匈奴單于於金微山

（今阿爾泰山）。北匈奴戰敗後，部分西遷，原來的地域被鮮卑占據。

鮮卑是東胡的後裔，先祖被匈奴打敗後，其中的一支就居在鮮卑山，於是就以鮮卑作了部落名。那些未西遷的匈奴人也自稱是鮮卑人，融入鮮卑部落。西遷的北匈奴，後來就從中國史書消失了，不知所終。

「遣唐使」入唐目的只是為了學習嗎

從七世紀初至九世紀末約兩個半世紀裡，日本為了學習中國文化，先後向唐朝派出十幾次遣唐使團。其次數之多、規模之大、時間之久、內容之豐富，可謂中日文化交流史上的空前盛舉。

遣唐使對推動日本社會的發展，和促進中日友好交流做出了巨大貢獻，結出了豐碩的果實，成為中日文化交流的第一次高潮。

● 規模龐大的「遣唐使團」

西元六一八年，唐朝取代隋朝。此後，日本憑藉其地理位置的優勢，開始絡繹不絕拜訪唐朝，天皇政府正式派出的「遣唐使」數目也大大增加，達到了空前頻繁的程度。

西元六三〇年，唐太宗李世民剛剛即位那一年，以犬上御田鍬為首的日本第一批遣唐使到達長安。從此，日本連續不斷派遣遣唐使。從六三〇至八九四年的兩百餘年間，日本政府共向唐朝派出十九次遣唐使，其中有兩次受阻而未成行，有一次是為了迎接前次遣唐使回國，有三次為護送唐朝使節回國。所以，實際算來日本正式委派並到達唐朝的遣唐使應為十三次。但即使這樣，也可看出日本遣唐使的頻繁。

那麼，日本為什麼要派遣遣唐使呢？

● 「遣唐」究竟為何？

中國古代經濟文化在唐朝空前鼎盛，南洋、中亞、波斯、印度、拜占庭、阿拉伯各地大小國家，紛紛派遣使節和商人前往唐朝學習文化，經營中國的絲綢、瓷器及各種工藝產品。

相比之下，更有地理優勢和進取精神的日本人更不會落後，為了學習中國的治國經驗和文化制度，天皇政府才派大批使臣、學者到中國參觀學習，在日本史書上遣唐使又稱「西海使」或「入唐使」。

遣唐使團初期規模較小，通常每次僅有一兩艘航船，每艘航船大約載一百二十人左右；後來使團的規模逐漸擴大，每次使用四艘航船，團員多達五百餘人。因為遣唐使團通常都是四艘航船一起拔錨起航，又一起揚帆歸來，所以日本的文學作品往往把遣唐使稱為「四舶」。遣唐使團由政府使官、學習訪問人員和航海工作人員組成。

日本政府對派遣遣唐使極為重視，所有使團人員均精挑細選，凡入選使團者一概予以晉級，並賞賜衣物。政府還對留學生給予優厚待遇，一般的船員免除徭役，使團官員予以一定資助，希望他們學有成就，回國效力。

在使團起航前夕，還要舉行隆重的「拜朝」典禮謁拜天皇，天皇向正副使節賜予「使節刀」，接下來舉行餞別宴會，甚至有時會專門準備唐朝筵席。

日本遣唐使大大促進了中日之間的經濟文化交流，但當時經濟文化主要是唐朝流向日本。唐朝的工藝美術、生產技術、文史哲學、天文數學、建築學、醫藥學、衣冠器物、典章制度等都陸續傳到了日本，近幾年來還曾在日本發現數萬枚「開元通寶」。日本受中國文化影響很深，至今日本民俗風情和生活習慣中，仍然保留著濃厚的中國古代文化痕跡。

值得注意的是，日本遣唐使到中國的目的，僅僅是為經濟文化交流和「學習」嗎？日本對中國的野心由來已久，有人認為，日本對中國窺探就是從遣唐使時開始；還有人認為，遣唐使與元、明時期的倭寇有連繫，因為當時限於本國實力和懼怕唐朝國力，而由「寇」轉為「使」，冠冕堂皇出入中國，也許這個原因是空穴來風，但也許真的是有意而為之，想想不寒而慄。

延伸閱讀 —— 遣唐廢止

　　遣唐使於西元八九五年廢止，其原因除了當時唐朝政局動盪不安以外，還因為日本經過兩百多年的移植唐代文化，基本上已經完成了改革，並在此基礎上開始萌生了俱有日本特色的國風文化，因此對中國文化學習的需求已不再那麼迫切。而且每次遣唐使耗費巨大，加上路程艱辛，也被使臣視為畏途。而此時，唐朝的赴日貿易也不斷增加，彌補了過去靠遣唐使解決對唐貨的需求。因此，八九四年，宇多天皇接受了已任命而未出發的第十九次遣唐大使的奏請，於次年正式宣布停派遣唐使。

海明威選擇自殺是受父親的影響嗎

　　喜歡冒險並有複雜經歷的海明威，多次與死亡擦肩而過，受到過死神的捉弄，並惶恐感到死之淒涼、死之恐怖、死之無常和死之不可捉摸。

　　作為文學家的海明威（Ernest Hemingway），他無法迴避對人生細緻的琢磨和深刻的領悟後，產生蒼涼虛無的悲哀，所以不得不用死亡實現另一種圓滿，也許這就是貫穿他一生的死亡情結。

● 慘烈的自殺方式

　　海明威是美國二十世紀最偉大小說家之一，西元一九五四年的諾貝爾文學獎得主。輝煌的文學成就，富有傳奇色彩的個人生活經歷，尤其是他選擇的慘烈死亡方式，使他成為一樁傳奇。

　　西元一九六一年七月二日清晨大約七點左右，海明威的妻子瑪麗，突然被「兩聲用力關抽屜似的聲音」驚醒了。她迷迷糊糊下樓，眼前的可怕場景使她立刻清醒：只見海明威血肉模糊躺在地上，半個腦袋被炸飛了，只剩下下巴、嘴和兩頰的下半部。天花板上、牆上和地上更濺滿了他的頭髮、牙齒、碎骨和模糊的血肉。在他身邊，除了一件皺巴巴的浴衣以外，還有一把沾滿肉泥的雙管獵槍。當地警方根據現場勘測得出結論：海明威是自殺身亡。很顯然，他把獵槍槍頭塞進嘴巴，然後扣動扳機，最後威力巨大的槍彈將他的半個頭顱轟碎。

● 自殺受父親感召？

　　根據瑪麗當時的說法，海明威根本不是自殺，他是在擦槍時因走火不幸把自己打死。雖然人們大多理解海明威妻子當時的心情，可並沒有多少

人認可這種牽強的解釋，海明威確係自殺身亡。剩下的問題是：海明威為什麼要自殺？他為什麼要用這種慘不忍睹的方式結束自己的生命？

為清楚其中原委，許多人展開調查。五花八門的猜測紛紛出爐，其中有一種較為引人注目的看法是：海明威的自殺主要出於個人心理。

提出這一觀點的人指出，海明威在幼年時候曾被母親扮作女孩教育，而他長大後對這種做法十分厭惡；為了證明自己是個男子漢，他就在許多作品中都塑造出「硬漢」形象；而為了欣賞男子漢死亡的悲劇美，他選擇了慘烈的自殺。

很多人並不贊同這一觀點，因為他們發現海明威的父親當年（西元一九二八年）也死於自殺；更為湊巧的是，海明威自殺時所用的獵槍，正是當年他父親自殺時所用的那一把，其自殺的方式也與他父親相同。由此他們認為：海明威的自殺，很可能受到父親的影響。

為了證實這種猜測，他們到處查找資料，結果發現，海明威在看到父親受病痛折磨時曾說過：「我要是那樣，我就要人把我殺了，要不就自己來。」同時，海明威在他一九三〇年代的小傳裡也提到：「自殺就像運動一樣，是對緊張而艱苦的寫作生活的一種逃避。」海明威的這些話，似乎支持了他們的看法。於是人們又傾向於認為：肉體痛苦和創作力衰竭，迫使海明威舉槍自殺。

知夫莫如妻，後來瑪麗接受了痛苦的現實，多少客觀道出事情的原委：海明威自殺確實受到父親影響。當年父親的自殺，在年輕的海明威心頭蒙上巨大的陰影。為了擺脫父親自殺的陰影，海明威一直努力抗拒死亡；可是他越不想死，自殺的念頭就越纏著他。有時，他會在心中勾畫出富有詩意的自殺方式 —— 從夜航的輪船上，投身茫茫大海；有時，他的詩意則蕩然無存，轉而認為自殺最有效的做法是把槍伸進嘴巴裡；但隨著自殺的欲望越強烈，求生的欲望也不斷增強。海明威內心深處長期被這種

矛盾及其帶來的痛苦煎熬，以致到了一九五○年代後，他那強烈的自殺欲望，逼得他不得不拚命「尋找」反抗自殺衝動的依據。最終他控制不了自己崩潰的情緒，走上了絕路。

一些人雖然也認為，海明威的自殺與他的父親有關，但不同意他自殺僅僅或者主要是效仿父親解脫痛苦。因為海明威曾明確詛咒過他父親的自殺行為，稱父親是個懦夫；另外，他在作品中塑造「硬漢」形象，實際上反映了他「相信自己永遠不會死」的信念。所以海明威自殺與其父「形同實異」。

直到今天，我們還不能確定海明威慘烈自殺的真實原因，或許真是他雙重性格所致，謎一樣的歸去，謎一樣的海明威。

相關連結 ── 「硬漢」海明威

海明威全名為厄尼斯特・海明威，美國小說家。西元一九五四年的諾貝爾文學獎獲獎者、「新聞體」小說的創始人。

西元一八九九年七月二十一日，海明威出生在美國伊利諾州芝加哥郊外橡樹園鎮的一個醫生的家庭。海明威從小對創作懷著濃厚的興趣，長大後一邊當記者，一邊寫小說，他的創作也得到當時著名小說家的鼓勵和指點。

《太陽依舊升起》（*The Sun Also Rises*）是海明威第一部重要小說，是寫像海明威一樣流落在法國的一群迷惘美國年輕人，美國作家史坦（Gertrude Stein）也因此稱他們為「迷惘的一代（Lost Generation）」，這部小說是海明威自己生活道路和世界觀的真實寫照。

第一次世界大戰爆發後，海明威加入美國紅十字會戰場服務隊，投身義大利戰場。戰爭結束後，海明威被義大利政府授予十字軍功獎章、銀質

獎章和勇敢獎章，獲得中尉軍銜。伴隨榮譽的是他身上兩百三十七處傷痕，與趕不走的、惡魔般的戰爭記憶。

第二次世界大戰爆發後，海明威又以戰地記者的身分奔波於西班牙內戰前線。西元一九四一年年底太平洋戰爭爆發後，海明威將自己的遊艇改裝成巡艇，偵察德國潛艇的行動，為消滅敵人提供情報。二戰結束後，海明威獲得一枚銅質獎章。

西元一九四〇年，海明威發表以西班牙內戰為背景的反法西斯主義的長篇小說《戰地鐘聲》（*For Whom the Bell Tolls*），這部作品也成為海明威中期創作中思想性最強的作品之一，表現出為正義事業而獻身的崇高精神。

西元一九五二年，海明威發表了代表作中篇小說《老人與海》（*The Old Man and the Sea*），並獲得一九五四年的諾貝爾文學獎，對於這一讚譽，海明威當之無愧。

獲獎後的海明威患有多種疾病，這給他身心帶來極大的痛苦，以至於此後他再也沒有創作出有影響力的作品。這也令他精神憂鬱，養成了消極悲觀的情緒，終於以自殺解脫自己，這大概也是海明威「硬漢精神」的一種追求吧。

安徒生是私生子嗎

　　安徒生一輩子寫下無數美麗動人的童話故事，然而關於他個人的身世，卻有不同看法。

　　一九九〇年，在安徒生故鄉的奧登斯大學，幾百名學者舉行聽證會，共同探討這位童話大師的身世。歷史學家還專門寫了《安徒生 —— 一個真正的童話》，稱安徒生出生於貴族家庭，他是丹麥國王克里斯蒂安八世（Christian VIII）和勞爾維格伯爵夫人的私生子，在他出生後，王室為了避人耳目，便把他送到奧登斯一個鞋匠家中餵養。

● 遍嘗人間冷暖

　　在丹麥首都哥本哈根人民公園的海邊，有一尊美麗的人身魚尾雕像，其面對浩瀚的大海，似乎渴望回到母親的懷抱，她就是安徒生著名童話故事的主人公 —— 舉世聞名的人魚公主。每當人們看到她，很自然也就想起漢斯·克里斯汀·安徒生（Hans Christian Andersen）。

　　西元一八〇五年四月二日，安徒生出生於丹麥富恩島上奧登斯城中一間低矮破舊的平房中。他的父親漢斯·安徒生是一個迫於生計、整日奔波的鞋匠，他的母親安娜是一位虔誠的基督教徒，一個勤苦的洗衣工。

　　安徒生從小便對大自然充滿熱愛，這也使得他後來酷愛旅行。十四歲時，他便隻身離開家鄉，來到喧鬧的哥本哈根尋找夢想。從此，他憑著堅強的毅力與命運抗爭。他夢想當演員、歌唱家、舞蹈家，並為此嘗盡人生的酸甜苦辣，但這些都像肥皂泡那樣在無情的現實生活中破滅了。最終他選擇了文學，他要在作品中為孩子創造幸福快樂，在許多人的不解和嘲笑聲中埋頭寫作。

　　西元一八三三年春，安徒生從丹麥國王那裡得到了一筆津貼，開始他

一生中很重要的漫遊。除俄國、芬蘭和荷蘭外，他的足跡遍及歐洲各國。旅行開闊了他的視野，並為他的創作提供豐富的素材，例如《即興詩人》（*The Improvisatore*）即是他旅行中的產物。

● 流落民間的國王私生子

除了一九九〇年，關於安徒生是丹麥國王克里斯蒂安八世私生子的猜測外，還有一位丹麥作家也得出相似的結論，而且他還提供一份比較有力的旁證。據說一位海軍上將的女兒在西元一八四八年寫給安徒生的信中曾提到，安徒生也曾發現自己是一位「王子」。據此有人認為，若非與王室有著密切的關係，安徒生不可能在一八三三年輕易得到國王的津貼。安徒生平民出身，卻能結交名流、往來於上層社會，必有某種神祕的「背景」。

但是這種說法也缺乏確鑿的材料，在這次聽證會上，許多人就提出了這樣的疑問，為什麼安徒生在其自傳《我的童話人生》（*The Fairy Tale of My Life*）中對此隻字未提，或暗示一下呢？更有學者專門查出一百八十多年前，安徒生教堂戶口登記冊的影本，上面清楚記有：一八〇五年四月二日星期二凌晨一時，鞋匠漢斯・安徒生與其妻子安娜得一子。

為了明白這位大作家的身世，丹麥著名歷史學家曾被允許查閱克里斯蒂安八世大量的檔案，其中包括這位國王的大量信件和日記，但他並沒有發現關於此事的記載。不過，根據檔案表明，當時的國王和貴族與一般平民婦女偷情的情況存在，而且一般也都會有小孩。這種情況發生後，國王會將孩子送交給相關婦女，並且寄錢給他們直至孩子長大成人。根據檔案記載，有一位國王還為這樣的孩子安排工作，讓他掌管王室的狩獵活動。但學者並未在檔案卷宗中發現有關安徒生的材料，也沒有找到有關他母親的資訊。

因此，安徒生是王子的說法目前尚無有力的根據，或許有人真的希望

安徒生身世是一個美好童話，不過這並不重要，人們看重的是，安徒生在童話故事中塑造了許多善良美麗的形象，說明他對美好世界的渴望憧憬。

相關連結 —— 安徒生的童話創作

　　安徒生是全世界喜愛的童話作家，他在童話作品中所創造出的美和詩，成為人類永遠享受不盡的精神財富和藝術寶藏。他的創作具有獨特的藝術風格：即詩意的美和喜劇性的幽默。前者為主導風格，多體現在歌頌性的童話中，後者多體現在諷刺性的童話中。

　　安徒生的童話創作可分早、中、晚三個時期。早期童話多充滿綺麗的幻想、樂觀的精神，表現出現實主義和浪漫主義相結合的特點。代表作有《打火匣》（*The Tinderbox*）、《小意達的花》（*Den lille Idas blomster*）、《拇指姑娘》（*Thumbelina*）、《人魚公主》（*The Little Mermaid*）、《野天鵝》（*The Wild Swans*）、《醜小鴨》（*The Ugly Duckling*）等。中期童話，幻想成分減弱，現實成分相對增強，在鞭撻醜惡、歌頌善良中，表現對美好生活的執著追求，也流露出缺乏信心的憂鬱情緒。代表作有《賣火柴的小女孩》（*The Little Match Girl*）、《冰雪女王》（*The Snow Queen*）、《影子》（*The Shadow*）、《一滴水》（*The Drop of Water*）、《母親的故事》（*The Story of a Mother*）、《演木偶戲的人》（*The Puppet-Show Man*）等。晚期童話比中期更加面對現實，著力描寫底層民眾的悲苦命運，揭露社會生活的陰冷、黑暗和人間的不平，作品基調低沉。代表作有《柳樹下的夢》（*Under the Willow Tree*）、《她是一個廢物》（*She Was Good for Nothing*）、《單身漢的睡帽》（*The Old Bachelor's Nightcap*）、《幸運的貝兒》（*Lucky Peer*）等。

聖女貞德殉國之謎

　　被稱為「奧爾良姑娘」的聖女貞德（Joan of Arc，西元一四一二年一月六日至一四三一年五月三十日）是法國民族英雄，是一個軍事家，也是天主教會聖女。一三三七至一四五三年，英法百年戰爭時，她曾經帶領法國軍隊對抗英軍入侵。她支持法查理七世（Charles VII）加冕，為法國勝利貢獻良多。她最終被俘，宗教裁判所以異端和女巫罪，將她判處火刑。

● 貞德英勇殉難

　　歷史書中，對聖女貞德死的描述很清楚，歷史學家也一致認為她的死完全沒有疑點。西元一四三一年五月，貞德被燒死在里昂一個公共廣場，數以千計的人親目睹這樁慘事，通往火刑臺的通道，擠滿了觀眾。八百名英國士兵站在那裡，將人群與火刑臺遠遠隔開。

　　雖然貞德在審訊中提出了強而有理的申辯，可是審判結果其實早就擬定了。當日貞德臨刑之時，是在兩名教士的陪同下，從頭到腳都罩著布，就這樣步向了生命的盡頭。這樣一個十九歲農家少女，曾經率領法國人抗拒英國的侵略，曾是萬人仰慕的女民族英雄，如今圍著的群眾卻看到了她悲慘的結局。不過在英軍眼裡，她死了才會一了百了，永絕後患。

　　在一萬多人注視之下，這個體型纖小、被宣判為女巫和異端信徒的少女，迅即遭到熊熊烈焰吞噬。很多圍觀者聽到她喊出耶穌的名字，並且呼叫把英軍逐出法國的聖徒名字，激發那些她率領的義軍。烈火燒了很長一段時間，她還沒有氣絕，最後聽到她低吟一聲「耶穌」，便離開人世。人們看見行刑者挖開火堆，露出一具燒焦的屍體。但有段時間，許多法國人相信一個傳聞：貞德沒有在火刑臺上被燒死。甚至到了今天，仍有部分人認為在西元一四三一年五月那個早上死去的，並非貞德本人。

　　這個虔信宗教的年輕牧羊女，放下女子的工作，帶領法國軍隊攻打英軍，足以讓群眾相信上帝創造了奇蹟。因為有她的領導，法軍得以解了奧爾良之圍，還在其他戰役中，將英軍一路逐出法國。當時的太子孤立無能，但貞德能激發起群眾的愛國熱情，她效忠於太子。西元一四二九年，王太子正式加冕為法國國王查理七世，貞德站在他的身旁，這是她最得意的時候。

　　之後貞德想要收復巴黎，可惜最終徒勞無功；第二年的春天，她落入英軍的手中。英國人決意要公開處死貞德，就是因為她創造了奇蹟，她能提高士氣，讓法國士兵奮不顧身地投入戰鬥，英國人將她看做最危險的敵人。

　　行刑人向群眾展示奧爾良姑娘（當時的人喜歡這樣稱呼她）燒焦的屍體後，再度燃起烈火，將屍體燒成一堆灰燼，然後把這些灰燼扔進塞納河。

　　不過有些看了行刑過程的人，談起當時奇怪事情。一英國士兵說，他親眼看到當貞德的靈魂離開肉體時，一隻白鴿從火堆中飛起來；還有人說，看見當時火焰中出現「耶穌」的字樣；還有人傳說，貞德死後，心臟和腸仍然保持完整。過了一段時間，人們就傳說火焰沒有傷及貞德，她依然還活著。

● 重審「貞德」

　　貞德的兩個兄弟知道法國人樂於相信這位女英雄仍存人間，發覺可以從中圖利，於是決定布置一個令人齒冷的騙局，意圖乘機賺上一筆。這兩兄弟早已因貞德的名望而得享寬裕生活。到西元一四三六年，即貞德死後五十五年，兩個人還把貞德仍在人間的傳聞加以渲染，結果使這些傳聞繼續流傳數百年。兩兄弟突然出現在奧爾良街頭，還有一位披甲策馬的年輕

女子在他們身旁。他們說她就是貞德，是在行火刑的前一刻，另一個女子出來頂替她受刑。

但其實該女子只是個女騙子安梅斯，冒充貞德前，她在義大利教皇軍隊裡服役。當時她威武的外型、嫻熟的馬術，受到群眾喜愛，於是看見她的人就不假思索相信貞德沒有死，而對痛失民族英雄的法國人民來說這其實是人之常情。

奧爾良市民對貞德兩位兄弟的說法完全相信，甚至廢止了自貞德犧牲後一直為她舉行的紀念儀式。貞德兄弟和那個女騙子的合謀的騙局無往不利，可以說是處處得逞。他們先後在奧爾良和法國的其他城市廣受尊敬，享盡美酒盛筵。但好景不常，四年後騙局就被揭穿了，西元一四四〇年，安梅斯在巴黎供認了她所參與的無恥騙局。冒充貞德的事影響太深遠，以至於貞德逃出生還的傳說，雖被證實是無稽之談，有些法國人卻寧願深信不疑。

聖女貞德救國的使命，最後由後人完成了。西元一四五六年，查理七世幾乎完全統一法國，這時，貞德兩名善於欺詐的兄弟，又一次理直氣壯要求重新審判，以洗脫掉貞德異端信徒和女巫的罪名。那是一場為了恢復貞德名譽的審判。最後，一四三一年的判決被推翻了，但法庭並未傳召貞德的兄弟來作證，因為他們以前利用貞德名譽謀利，已讓精明的教士和政府當局對他們深惡痛絕。女騙子安梅絲後來安享餘年，甚至還結婚生兒育女，並且她的後嗣始終相信她才是真正的奧爾良姑娘。

● 有關貞德的神祕傳說

貞德說她並未入籍教會，而是透過聲音、幻象直接與神和聖徒溝通，里昂的教會法官因此宣判她為異端信徒。事實上，貞德的其他行徑在中古社會也惹來非議，雖然她仍是童貞之身（自願接受英國女子檢驗），但喜

穿男服，身體又纖小結實，在敵人眼中形如妖魔，不類女性。

此外，更傳說言貞德沒有月經，而當時的人認為，身體任何機能停止操作，都可能是妖魔作祟；而現在的心理學家則認為，可能是精神緊張所致。

但其實貞德閉經，可能另有原因。研究說明，貞德在領導國人英勇救國的那段光輝日子，食量甚少，因此一些歷史學家認為貞德是工作狂熱、雄心勃勃，以致精神飽受困擾，患上現代稱為「神經性厭食症」的病症，其中一項病徵就是閉經。

被捕後，貞德仍然身穿男性服裝，這讓獄吏驚異不已。她辯稱，穿男服的目的是避免自己受侵犯，這種顧慮顯然還是合情合理；但貞德易釵而弁的行為，很不幸又被敵人利用，指控她邪行惑眾。不過現代人依舊把貞德視作一位充滿激情、信念的民族女英雄。

點擊謎團 —— 貞德看到的神蹟

聖女貞德看到神蹟，這一直是她最受爭議和值得討論的故事，同時也吸引著神學家、心理學家的研究。對她看到神蹟的一些線索，只能從當初審判紀錄裡查找，但這些紀錄相當複雜，而且也不一定準確；而且貞德在被審判時，對法庭針對這些神蹟的質問，一直抗拒回答，也拒絕依照慣例對相關回答的真實性發誓。對於貞德所說的「看到了某些東西」的話，一般被認為是出自真誠，她認出了聖米迦勒、聖凱薩琳等出現，問題是，她看到的是不是真的神蹟？虔誠的天主教徒相信她看到是真的神蹟。

還有一種看法，貞德所看到的，只是因為心理疾病而出現的幻覺妄想，就像偏執狂的精神分裂症、癲癇會造成短暫腦葉變化。這樣認為的學者還大多都認為，貞德只是名義上、精神的領袖，並不是真實、有才幹的

領導人。但許多人還是反對心理疾病的解釋說，因為一個精神病患者，怎麼可能得到查理七世朝廷的支持呢？

　　還有人指出，貞德在紀錄上所表出來現的智慧，證明她是精神病患。貞德一生中都展現出聰明睿智，在重新審判中，人們常為貞德的智慧而感到驚訝，「他們（審判者）常常從一個問題跳到另一個問題，變化無常。但儘管這樣，她仍然相當精明回答，而且顯示出極好的記憶力。」在質問中她令人驚異的回答，甚至令法庭不得不停止公開開庭。儘管智力衰退、記憶喪失是很多精神疾病的病徵，但缺乏這些病徵，不代表就能完全排除精神疾病的可能性。可是許多學者還是指出，除審判上的表現外，依據目擊者的說法，沒有在貞德身上出現其他精神疾病可能導致的混亂，例如人格改變、語言雜亂無章等等。

　　因此，貞德死前看到的神蹟是一個謎。

西班牙女王胡安娜是「瘋子」嗎

西班牙有一部著名的電影《瘋女胡安娜》(*Juana la Loca*),電影的結尾,主角胡安娜和丈夫的屍體躺在一起,其靈魂在幽靜的古堡中遊蕩⋯⋯電影中的胡安娜,就是西班牙歷史上那位為愛痴狂、被愛情折磨而死的女王。

● 胡安娜的家世

西班牙女王胡安娜 (Joanna),十七歲時與費利佩王子 (Philip the Handsome) 結婚,但由於丈夫生性風流,胡安娜感到十分沮喪,不能安心執政。她的父親見此情形,便意欲搶奪王位,掌握政權;幸好有宮廷貴族的支持,她才保住了王位。胡安娜一直深愛風流倜儻的丈夫,丈夫死後,她的精神受到極大的打擊。胡安娜死後,由她的兒子繼承王位。

胡安娜出生於西元一四七九年十一月六日,她的外祖母伊莎貝拉 (Isabella of Portugal) 是一位悲劇女性。伊莎貝拉曾是葡萄牙公主,因為政治聯姻,嫁給了西班牙國王胡安二世 (John II),成為胡安二世的後妻。雖然胡安二世娶了伊莎貝拉,但並沒有真正愛過她,他讓伊莎貝拉一個人住在幽暗的城堡裡。伊莎貝拉在古堡裡常常獨自靜坐,凝視著牆壁發呆。由於憂鬱積壓,致使她的精神失常,最後變成瘋子,因此西班牙歷史上便有了「瘋子伊莎貝拉」的稱呼。

胡安娜的母親是西班牙歷史上最著名的女王 —— 伊莎貝拉一世 (Isabella I)。她曾驅逐占據西班牙上千年之久的阿拉伯人,還曾用自己的珠寶作為資金支持哥倫布遠洋探險。她勤奮好學,而立之年後還努力學習拉丁文。雖然她對西班牙的發展貢獻良多,但個人生活卻很不幸,童年時母親發瘋,晚年時女兒胡安娜又精神失常。伊莎貝拉一世於西元一五〇四年過勞死去了。

有些專家從病理學分析，認為胡安娜的異常行為是源自外祖母伊莎貝拉的遺傳；而有些專家則認為，與其說胡安娜是受遺傳因素的影響，還不如說是愛情的失落害了她，這一切都源於她有一個不忠的丈夫。

● 胡安娜悲劇的一生

西元一四九六年，胡安娜十七歲，在比利時一個小村子，她與一位奧地利王子 —— 羅馬皇帝馬克西米利安一世（Maximilian I）十八歲的兒子費利佩王子相識。王子英俊瀟灑，是當時有名的「美男子」。胡安娜愛上了費利佩王子後，匆忙與他結婚，享受費利佩王子帶給她的幸福；可她沒有想到，正是這位費利佩王子，使她的下半生過得異常悲慘。

費利佩王子生性風流，他對胡安娜的忠誠並未堅持太久，在胡安娜懷孕期間，他開始「舊病復發」。一次，他竟然要把妻子留在西班牙，隻身返回奧地利。伊莎貝拉女王堅決不同意費利佩王子的做法，王子便打算偷偷逃走。軟弱的胡安娜沒辦法阻止費利佩王子的出軌行為，所以每一次懷孕都使她憂心忡忡，總是擔心費利佩王子會在這期間尋找別的女人。

西元一五〇二年，由於哥哥、姐姐相繼去世，胡安娜成為西班牙的王位繼承人，風流的費利佩王子開始轉變，但維持不久。一五〇四年，伊莎貝拉女王去世後，胡安娜喪失最後的政治保護人。胡安娜的父親斐迪南是西班牙亞拉岡國王，素來有政治野心的費利佩王子悄悄與岳父斐迪南密謀，由於胡安娜精神失常，所以不能讓她掌握西班牙的政治實權，要把她架空！胡安娜本人並不關心政治，也不介意他們的陰謀，但宮廷貴族們出於自身利益的考慮，擁戴胡安娜為女王，使費利佩王子的陰謀最終失敗。

西元一五〇六年，費利佩王子到西班牙的布爾戈斯參加盛宴，胡安娜因為懷孕不能前往。費利佩王子在宴會後又跑去騎馬、打球。不幸的是，

他從馬背上跌落下來被抬回皇宮。已經懷孕六個月的胡安娜開始日夜照料丈夫，但丈夫還是離她而去。

痛苦的胡安娜無法接受這個事實，她拒絕在丈夫的死亡書上簽字。守靈時，她不准任何婦女單獨站在棺材旁。當丈夫下葬時，抬棺材的人想中途休息一下，當她得知休息的地方有一個女子修道院時，便立刻要求把丈夫的棺材抬走，因為她擔心丈夫的亡靈會和這些修女廝混。

丈夫下葬三個月後，胡安娜生下了第六個孩子，是個女兒。那是西元一五〇七年的冬天，當時寒風凜冽，胡安娜派人到丈夫的墓地，把丈夫的遺體從棺柩中取出，用擔架抬至宮中，安放在她和幼女的身旁。因為天氣寒冷，丈夫的面容沒有損壞，胡安娜抱住丈夫的屍體不放。後人便以此來判斷她確實是一位「瘋子」。丈夫生前在生活上的不檢點，對胡安娜刺激太大，使她處處提防；而丈夫死後，胡安娜處於一種精神恍惚的狀態，她不認為丈夫已經死去，生怕其他女人會接近丈夫。胡安娜對費利佩王子愛得太深，這種愛折磨著她，可以說，胡安娜是一位痴情的女子，也是一位命運悲苦的女王。

從西元一五〇八年起，胡安娜就被父親關在一個城堡裡。在城堡中，她依然執著愛著丈夫，最終於一五五五年帶著這份深沉的愛意死去。在胡安娜的六個子女中，有一個兒子成為皇帝，一個兒子成為皇位繼承人，四個女兒都成為王后。對於可憐的胡安娜來說，這也許算是一種安慰。

相關連結 —— 伊莉莎白女王為何終身未嫁

二十五歲時，伊莉莎白（Elizabeth I of England）登基為英格蘭與愛爾蘭女王，因為她的美貌、學識和至尊地位，無數歐洲大陸的王公貴族為其折腰，爭相邀寵，但她卻終身未嫁，這究竟是怎麼回事呢？

　　雖然獨身終生，但伊莉莎白也曾經利用自己的婚姻來作資本，在歐洲各國周旋。第一次是登基不久後，當時，國際社會遲遲沒有承認她是英格蘭女王。在一次談判（為了結束西班牙和法蘭西之間的戰爭，在法國的勒卡托康布雷西舉行）中，法蘭西人公然向伊莉莎白發難，提出誰是英格蘭王位的合法繼承人問題。

　　伊莉莎白其實很明白法蘭西人險惡的意圖，但是她不動聲色，暗中找到西班牙國王腓力二世（Philip II）這張牌。一段時間裡，她對腓力二世的求婚，既不明確回絕，但也不明確應允，這使腓力二世對聯姻抱有希望。於是他借西班牙當時在國際中的影響，敦促其他國家，認可伊莉莎白英格蘭女王的合法身分，而求婚的事因此拖了幾個月。一直到伊莉莎白知道，英格蘭特使已經在《卡托-康布雷西和約》上簽了字（說明國際社會已經承認她合法的英格蘭女王身分），她一改幾個月來的模稜兩可的態度，明確告訴西班牙使者—— 她不能和西班牙國王腓力二世聯姻，因為雙方宗教信仰不同。

　　之後，伊莉莎白曾經多次把自己的婚姻當作外交工具，眾多王公貴族向伊莉莎白求婚，她都沒有答應，可能她根本就不打算結婚。然而她堅決隱藏自己的真實想法，從不向各國王侯貴族關上求婚之門，只是欲言又止，讓他們一直對聯姻的事懷有希望。

　　雖不想結婚，但伊莉莎白喜歡跟男人交往。宮廷中，她有不少男寵臣，達德利伯爵（Robert Dudley）是其中最心儀的。達德利高大強健，英俊瀟灑，一表人才，還是貴族之後 —— 諾森伯蘭公爵（John Dudley）的公子。伊莉莎白對他十分寵愛，在西元一五六四年加封他為萊斯特伯爵。

　　事實上伊莉莎白早有和他結婚、永為伴侶的想法，可是有一件事情讓她最終放棄了。那就是在成為女王寵臣之前，萊斯特伯爵已是有妻室的人。很巧的是，萊斯特的妻子有一天突然命喪九泉，因此有好事者就說，

是她的丈夫為了能和女王結婚，而故意殺死妻子。不管此事是不是真的，但人言可畏，女王害怕與萊斯特結婚會遭到非議、有損君王的尊嚴，所以只能留下遺憾。

西元一五七八年，年輕的法蘭西國王亨利二世之弟 —— 阿朗松公爵（John II, Duke of Alençon）親自登門，向伊莉莎白求婚，但這場求婚竟成一場馬拉松，因為直到五年後，也就是一五八三年，五十歲的伊莉莎白才明確拒絕他的求婚。

阿朗松成為了伊莉莎白女王最後的求婚者，從此之後她就沒有提過婚嫁的事情。其中的祕密是什麼，就成了一個無法解釋的謎。

亨利八世離異之謎

　　作為英國都鐸王朝的第二代國王，雖然亨利八世（Henry VIII）組建過一個較為完善的政府和一支強大的海軍，但他卻算不上是一個偉大的人物。後人津津樂道的不是他的功業，而是他幾番波折的「離婚」鬧劇。

● 提前安排好的婚姻

　　亨利八世於西元一五〇九年正式成為國王，參與過爭奪義大利的戰爭。因沒能成功離婚而與英國教會產生分歧，並於一五三四年頒布法案，確定國王取代教皇成為英格蘭教會的首腦，從而提升王室在教會中的地位，擴大並強化王室專制的權力。

　　西元一五〇一年十一月十四日，西班牙女王伊莎貝拉和斐迪南之女凱薩琳（Catherine of Aragon）與亨利的長兄亞瑟（Arthur）成婚，凱薩琳帶著一份約五百萬美金的嫁妝來到英國。

　　然而西元一五〇二年四月，新婚不久的亞瑟不幸病故，亨利正式成為王儲。英國為了留下凱薩琳那筆豐厚的嫁妝，同時也不願終止與赫赫有名的斐迪南聯姻，於是在亨利七世（Henry VII）的建議下，凱薩琳又被許配給王儲亨利。當時亨利只有十一歲，雖然不同意這門婚事，但皇室人員以國家民族大義勸說，他最終還是同意了。一五〇九年，王儲亨利即位，稱為亨利八世。六個星期過後，王室才公開慶祝這椿婚姻。

　　七個月後，凱薩琳生下第一個孩子，但孩子剛生下來就夭折了。一年後，凱薩琳又生了個男孩，而正當亨利八世為都鐸王族後繼有人感到高興時，孩子又不幸夭折了。接下來，在西元一五三一至一五一四年凱薩琳又生了兩個男孩，卻都同樣夭折了，這讓亨利八世感到絕望，於是產生離婚的念頭。

● 離婚鬧劇

西元一五一六年，凱薩琳又生了一個女孩，也就是後來的瑪麗女王（Mary I of England）。一五一八年，凱薩琳又生了一個死胎。這樣一來，不單是亨利八世，就連全英格蘭的民眾也開始擔憂。因為年僅兩歲的瑪麗當時已許配給法國皇太子，如果亨利八世沒有兒子繼承王位，瑪麗將來就會成為英國女皇，而她的丈夫則成為法國國王，這樣英國就成了法國的一個行省。

亨利八世「離婚」鬧劇和其他國王一樣，他也希望透過軍事冒險完成霸業。當時，法國和西班牙為爭奪義大利，在歐洲大陸激戰，亨利八世於西元一五一二年參戰，受到岳父亞拉岡的斐迪南之支持。但在實際戰爭中，他並沒有展示出傑出的軍事才能。亨利八世特別信任沃爾西（Thomas Wolsey），讓沃爾西一人兼任約克郡大主教、樞機主教和英格蘭大法官。沃爾西覬覦教皇之位，亨利八世也表示支持。但是沃爾西的內外政策均失敗，使亨利八世的名聲也受到影響。

於是，亨利八世企圖以自己無嗣的問題轉移別人注意力。因此從西元一五二七年起，他不斷提出與凱薩琳離婚，稱與寡嫂結婚違反上帝的旨意，兒子夭折就是上帝的懲罰，只有離婚上帝才能寬恕他。因為這樁婚姻原是教廷批准，亨利八世只好向羅馬教皇提出離婚申請。當時的教皇完全聽命於法國的查理，而凱薩琳是查理的姑母，教皇自然不會同意離婚。

後來，亨利八世又再次把自己的離婚案提交給教皇裁決。西元一五二九年六月二十一日，亨利八世與王后凱薩琳全部出庭。凱薩琳見到亨利八世便俯身下拜，苦苦哀求亨利八世不要離婚，請求他顧念多年的夫妻情分。最後她問亨利八世，她到底做錯什麼。亨利八世把她扶起來說，他不否認這是一樁美滿婚姻，他之所以這樣做的理由，完全是為了皇室與國家。當時主教又出面為凱薩琳辯護，使離婚又一次沒有實現。

　　事實上，亨利八世堅持與凱薩琳離婚並非出於國家利益考慮，而是他喜歡上凱薩琳宮中一名叫安‧寶琳（Anne Boleyn）的女子。由於對教廷的裁決極為不滿，亨利八世索性開始和安安‧寶琳公開交往。戀愛中的亨利八世為安‧寶琳寫下了膾炙人口的十七封戀愛信，這些「情書」至今仍珍藏在梵蒂岡圖書館。安‧寶琳為了能夠得到合法地位，也希望亨利八世盡快離婚。亨利八世見羅馬教廷不肯同意自己的離婚申請，於是請英國國教會裁決，但也未得到受理。這時亨利八世便遷怒於主教沃爾西，把為他效命十五年之久的沃爾西視為異己勢力。沃爾西雖未被處死，卻被剝奪了一切財產和權力。

　　經過幾次離婚請求的失敗，亨利八世便有了脫離羅馬教會的念頭。西元一五三九年湯瑪斯‧克倫威爾上臺，主張英格蘭教會脫離羅馬教會。英國國會於一五三四年通過《最高權威法令》（Act of Supremacy），確定國王代替教皇成為英格蘭教會的首腦，提高王室在教會中的地位。至此，亨利八世終於如願以償離婚了。離婚後的亨利八世與安‧寶琳結婚，但安‧寶琳也沒能生下皇子，亨利八世後來又羅列各種罪名將她處死。

　　西元一五四〇年七月，亨利八世又將扶他登上至尊地位的湯瑪斯‧克倫威爾送上斷頭臺，而亨利八世的健康狀況每況愈下。一五四〇至一五四二年間，亨利八世先與年輕美貌的凱薩琳‧霍華德（Catherine Howard）住在一起，後來又和溫柔的凱薩琳‧帕爾（Catherine Parr）結婚。但亨利八世因疾病纏身，不久便告別了人世。

相關連結 —— 蘇格蘭女王為何謀殺親夫

　　西元一五六五年七月，年輕漂亮的蘇格蘭女王瑪麗（Mary, Queen of Scots）嫁給了貴族亨利（Henry Stuart）。亨利年輕帥氣，而且是伊莉莎白

的堂弟，而這最後一點也使亨利成了瑪麗獲取英格蘭王位的同盟者，瑪麗完全有理由相信這樁婚事將為她成為伊莉莎白的繼承人增加分量。

西元一五六八年二月九日，瑪麗離家，到城中參加一個僕人的婚禮，但柯克歐菲爾德行宮燃起了大火，後來在花園中發現了亨利的屍體。顯然他已經從火海中逃出，卻在外面被人掐死。

許多人猜測，亨利的死對頭伯斯維爾伯爵詹姆斯‧赫伯恩（James Hepburn）是暗殺活動的幕後主謀。四月，他被控告犯有謀殺罪，而瑪麗是否參與這次謀殺活動，是爭議最多的問題。

謀殺亨利的事情，本來就使瑪麗的統治危機四伏，她又嫁給了伯斯維爾伯爵，這就更是加速了她統治的終結。

默瑞伯爵西元一五六八年十二月親自趕往西敏寺，指控瑪麗。他帶來的證據讓人們無比震驚：瑪麗寫給伯斯維爾伯爵的許多信以及十四行詩（在此之前，關於這些東西還只是傳說），在這些信和詩中，她吐露自己對伯斯維爾伯爵熾熱的愛，還有對亨利強烈的憎恨。

這些信件是非常有力的證據，因為它們不僅表明瑪麗參與了謀殺案，還表明她曾與人通姦；但瑪麗否認這些信和詩是她所寫。

對於瑪麗在亨利的死亡之中的角色這一關鍵問題，歷史學家已有了較成熟的看法，很多證據表明：瑪麗和這場謀殺案有關。因為，雖然亨利曾經參與殺害瑪麗的私人祕書大衛‧里茲奧（David Rizzio），還得了梅毒，但瑪麗不計前嫌，敦促他回愛丁堡。在火災發生前幾小時，她才離開現場。亨利死後幾個月，她就匆忙嫁給伯斯維爾伯爵……所有這些都說明，瑪麗似乎已有某種預感。

伊莉莎白在世時，人們對瑪麗就有截然不同的兩種看法：在新教作家眼裡，她被視為是信仰天主教的陰謀分子；在天主教徒眼裡，她有被視為是無辜的殉難者。等她去世之後，瑪麗的兒子詹姆士（James）繼承王位，

這時候人們的看法開始趨於一致：認為她是一個命運不濟、愛情不幸浪漫的女英雄，而這樣的評價一直保留到現在。

自古，英雄難過美人關，美人難過薄命關。瑪麗到底有沒有謀殺親夫？謀殺親夫又是所為何事？移情別戀抑或妒火中燒？如果真是她所為，那麼她僅僅是策劃者，還是整個行動的參與者？所有這些都有待進一步考證。

拿破崙慘敗滑鐵盧之謎

比利時的滑鐵盧鎮，像歐洲許多小鎮一樣古樸寧靜，本身沒有多少特色，但它的名字卻能響徹世界。原因很簡單，因為說起滑鐵盧，人們會自然聯想到一場失敗的戰爭，和一位歐洲戰爭史的巨人——拿破崙（Napoleon）。

戰無不勝，攻無不克的「戰神」拿破崙，為何會在滑鐵盧失敗？已經有充分準備的統帥為何會沒想到失敗呢？拿破崙生命裡的最後一場戰爭，讓奉其為神明的法國人為之不甘，也讓崇拜他的人久久不能釋懷，所向披靡的法軍為什麼會失敗，成了他們心中難解的謎。

● 天時？

西元一八一五年春，拿破崙從厄爾巴島的回到巴黎，準備東山再起，很快重新控制整個法國的政權。歐洲各國君主聞訊後如臨大敵，立即組織第七次反法同盟，新一輪較量重新開始。

根據原定戰略部署，拿破崙打算在俄奧大軍到達之前解決戰鬥，以迅雷不及掩耳之勢先將英普聯軍各個殲滅；可是這一次戰爭局勢，並沒有朝著「戰神」部署的方向發展。

滑鐵盧失敗最大的客觀原因，就像雨果在《悲慘世界》（Les Misérables）中所描述：大戰的前一天突降大雨，整個滑鐵盧田野變成一片泥沼，拿破崙的作戰主力火炮隊在泥沼中掙扎，遲遲進不了陣地，進攻炮無奈只能晚打了，失敗由此成為定局。

如果沒有那場大雨的客觀原因，進攻炮一定會提前打響，大戰在普魯士人圍上來之前就結束，歷史會不會是另一種寫法？這一戰，不僅徹底結束拿破崙的戎馬生涯和政治生命，也改變了歐洲歷史。

● 人和？

戰爭失敗的另一個原因是，受命占領布魯塞爾重要陣地以牽制英軍的內伊元帥（Michel Ney）遲緩猶豫，使這一行動未能如期完成。

激戰時，拿破崙又命令內伊屬下的戴爾隆軍團，由弗拉斯奈勒尼向普軍側後方開進，和主力部隊一起對普軍夾擊，但戴爾隆對命令理解不清，錯誤向法軍後方的弗勒台開前進，使這決定性的一擊延誤了近兩個小時；而當戴爾隆重新趕回普軍後方時，又被不明戰局的內伊元帥嚴令調開，這時英軍已在戴爾隆的大炮射程之內，戴爾隆機械執行內伊的命令，使法軍在臨勝之際功虧一簣，英軍逃脫被全殲的命運，不但如此還留下了炮攻的實力，讓法軍騎兵無法施展優勢。

另外，也許是上帝不再青睞「戰神」。拿破崙培養的一批將才，陰差陽錯地在關鍵時刻不能為其所用，他身邊能攻善戰、和他配合默契的將領全都不在。這些微妙因素讓驚心動魄的滑鐵盧戰役極具戲劇性，讓勝利即將到手的法軍形勢急轉直下。

● 個人原因？

後來也有研究者把拿破崙的失敗歸結為他個人的主觀原因。一種說法稱拿破崙這位「戰神」，絕無僅有在那次戰爭中對勝利缺乏信心。也許是拿破崙已經意識到自己的時代即將過去，後來在對人談起滑鐵盧戰役時，他說：「我已經沒有從前的自信心了。」

還有人說，拿破崙在戰前就有嚴重的智力和體力衰竭跡象，他「兩眼失神，閃爍不定，步履蹣跚，舉止茫然」。與缺乏自信心觀點恰恰相反的說法是，拿破崙視上帝如僕人，堅信君權神授，勝利不可質疑在他手裡。這一點可以從西元一八〇四年拿破崙加冕盛典時看到，當教皇庇護七世

(Pius VII) 拿起皇冠準備戴在拿破崙頭上時，他突然接過皇冠自己戴在頭上，又將另一頂皇冠戴在妻子約瑟芬（Joséphine）頭上，這一舉動震驚所有王公大臣。

與此雷同的，還有拿破崙在西元一八一二年六月率六十萬大軍御駕親征俄國，他堅信戰爭會在年內結束，結果卻大大出乎拿破崙意料 —— 他的六十萬大軍被俄軍瓦解，只率兩萬七千名殘兵敗將退回巴黎。征戰俄國大敗而歸，就是喪鐘敲響的開始。

究竟是主觀失誤，還是客觀不可逆轉，或者是各種因素的天然巧合，都戲劇性給歷史留下了一個拿破崙兵敗滑鐵盧的典故，這其中的不解之謎，也許連拿破崙自己也說不清。

點擊謎團 —— 華盛頓死因難明

在完成了歷史賦予他的使命之後，美國第一任總統 —— 華盛頓（George Washington），於西元一七九八年初冬，悄悄回到離別了十六年的家鄉維農山莊，他已經六十六歲，準備在那裡安度自己的晚年；然而，一年後，死神竟奪去他的生命。對他的死因，到現在還沒有確切的說法，兩個世紀以來一直困擾著史學家。

西元一七九九年十二月十二日這天好像要有一場大雪，天空很陰沉。華盛頓對於這天的天氣早有預見，可還是騎馬開始巡視，上午十點鐘出去，下午三點鐘回家。

翌日早晨，他感到喉嚨痛，不能再出去巡視。那天下午，他的喉嚨開始嘶啞。到晚上，他啞得更嚴重了。那天夜裡，他冷得渾身發抖、呼吸不暢。第三天凌晨兩三點鐘，他叫醒妻子，但是又怕她著涼，就沒有讓她起床。清晨女僕進來生火，把利爾先生（Tobias Lear）叫來，那時候華盛

頓已經呼吸困難、連話都說不清。他讓人去把克雷克醫生（James Craik）請來，醫生沒來，他就讓羅森斯（George Rawlins）為他放血。約四點三十分，他讓妻子從寫字檯中，取出他早已經寫好的兩份遺囑。看了一下遺囑後，他讓妻子把其中一份燒掉，另一份保留到密室中。當妻子從密室回來，華盛頓握著她的手說：「這場病可能馬上讓我離開這個世界，如果真是這樣，妳要清理一下帳目，把款項結清，另外妳還要把我那些關於軍事的書信檔仔細整理一下。」

克雷克醫生大約五點鐘來到他的房間裡。華盛頓說：「醫生，我現在很痛苦，從一得病我就知道死神這次不會放過我。不過，死對我來說並不可怕。」他還說：「謝謝你們的照顧，不用替我操心，我很快就要去了。」

接著他又躺了下來，大家也都走出了房間，克雷克醫生一人照看他。晚上，醫生採取其他的治療方法，但是成效都很小。不久，華盛頓就停止了呼吸。

可是他的死因卻一直沒有被查實：他到底得了什麼病？醫生診斷的結果又是什麼？醫生給他吃的藥，對他的病有沒有作用？他生前為什麼準備兩份遺囑？目的是什麼？是不是其中還另有隱情呢……這些都沒有人能搞清楚。

小知識 —— 拿破崙為何鍾愛香檳酒

酩悅香檳已經有兩百多年歷史，一代代經營者已經將它打造成為全球最著名的香檳品牌。據說，如今每一秒鐘就有一個人打開一瓶香檳酒，而每兩瓶酒中就有一瓶是酩悅香檳。而且酩悅自創辦以來，總是與一些歷史名人有不解之緣。

據說，曾經叱吒歷史風雲的拿破崙就尤其鍾愛香檳酒，每一次重大征戰

之前，他都要到酩悅酒窖中痛飲美酒，然後就可以醞釀出高超的作戰方案。

在酩悅香檳的地下酒窖中，有一條寬闊的通道，名字就叫拿破崙大道。據說拿破崙當年十分喜歡在這裡的香檳酒林中漫步思考。

既然香檳酒就有如此神奇的效果，那麼拿破崙為何還會兵敗滑鐵盧呢？

對此，一些領著客人參觀古蹟的導遊說，這也正是歷史的遺憾。因為在滑鐵盧戰役出征之前，拿破崙因故沒能夠到酩悅酒窖來飲酒。

這種說法也可能只是傳說，無從考證。但是，香檳酒的確見證了歐洲的歷史和貴族的奢華生活。

西元一六八八年，一名教士在無意中發明了二次發酵法。喝慣葡萄酒的上流社會人士，第一次見到色澤明麗的新式美酒，再看到伴隨著清脆的啟瓶聲，原本平靜的酒液瞬間沸騰，飛花碎玉般噴湧出來，簡直是驚愕不已。

據記載，法國的一位侯爵流亡到英國時，就將香檳酒帶到了查理二世（Charles II of England）的宮廷中，結果引起轟動，飲用香檳酒也很快成為歐洲上流社會的時尚。

此後，香檳不斷戰勝各色美酒，並成為一種優雅、高貴的代名詞。

希特勒為何仇視猶太人

猶太人是古代民族希伯來人的一支，一個多災多難的民族。一九三〇、一九四〇年代，以希特勒（Adolf Hitler）為首的德國納粹黨，對猶太人進行駭人聽聞的大屠殺，使猶太人遭受了一場史無前例的劫難。

西元一九三三年一月三十日，希特勒出任德國總理，他所率領的納粹黨成為執政黨，立即開始煽動排猶運動。一九三五年，納粹當局又通過三項《紐倫堡法案》（*Nuremberg Laws*），規定猶太人不得成為德國公民，不得行使投票權，不得擔任公職，不得與德意志或其他種族血統的公民結婚。猶太人處於無權狀態。但這只是開始，接下來大量猶太人的財產被搶，大批猶太人被投入集中營或殺死，據統計，希特勒的納粹黨總共屠殺了大約六百萬名猶太人。

人們不禁要問，希特勒為什麼瘋狂殺害猶太人呢？後人一直想揭開這個謎底，於是各種說法紛紛出爐。

● 身世所決定

一種說法認為，希特勒仇恨猶太人與他的身世有關。有人考證，希特勒身上流著猶太人的血，但在娘胎中就種下了對猶太人的仇恨。希特勒的祖母曾在猶太人家中幫傭，遭到其家中猶太少爺的強暴，後來又被趕出家門，之後就生下了希特勒的父親；希特勒的父親在眾人的嘲笑中度過了一生，心中充滿對猶太人的仇恨。希特勒在這樣的環境中長大，繼承了其父親對猶太人的仇恨，這種仇恨最終造成了無數生命的死亡。

● 與個人經歷有關

　　還有人認為，希特勒仇恨猶太人與他的個人經歷有關。希特勒喜愛畫畫，尤其喜愛古典風格的美術作品。他頗為勤奮堅持創作，算是個業餘畫家，並且對自己的繪畫水準十分自負，幻想著有朝一日自己能成為一個藝術家。可是一位猶太籍老師把他的畫批評得一無是處，認為他根本沒有畫畫天分，深深傷害了他的自尊心，被希特勒記恨在心。

● 梅毒說

　　傳說希特勒年輕時與一位猶太妓女漢娜有染，被傳染了梅毒，由於貧困沒有得到有效的醫治，登上權力巔峰後，病情嚴重，已無法治癒。他把對妓女漢娜的仇恨遷怒到所有猶太人身上。這種說法一度流行很廣，人們還用它來解釋為什麼希特勒後來會有那麼多荒謬的念頭和匪夷所思的行徑。

● 取決於當時歐洲的政治氣候

　　排猶在當時的歐洲蔚然成風，猶太人受到相當廣泛的排斥和偏見。波蘭學者曾說過：「普通德國人對猶太人仇恨很深。這種仇恨不僅來源於黨的綱領，用於政治目的，而且是一種感情上的仇恨、心理的仇恨，認為仇恨的對象在身體上不乾淨，像痲瘋病患者一樣」。「猶太人是卑鄙的；猶太人是騙子、壞蛋；猶太人是德國的敵人，他們危及了德國的生存；猶太人是撒旦。」就是在二戰期間，許多德國人也是自願、主動殺害猶太人。

　　一個德國人解釋說：「刑警殺猶太人並不需要得到命令才行刑，他們往往是自覺執行。許多刑警以殺猶太人為樂。為什麼高興？為什麼自覺自願？很顯然，因為這些普通德國人對猶太人有看法，認為他們不是

人。」甚至有些德國人對殺害猶太人感到自豪，第六十一刑警營第一連，特地在酒吧門口豎立一個牌子，上面寫著該連槍殺猶太人的數目，他們習慣在大屠殺後，舉行一次「慶祝勝利大會」。所以有人說，希特勒是第一個決定用暴力手段將猶太人種族滅絕並付諸實踐的人，但不是第一個對猶太人抱有種族歧視偏見的人。

◉ 掠奪猶太人財產

還有一種說法認為，希特勒仇恨和排斥猶太人的目的是掠奪猶太人財產，轉嫁經濟危機帶來的不良後果，為侵略戰爭提供物質基礎。

西元一九二九至一九三三年的經濟危機，沉重打擊了德國，通貨膨脹加劇，工人大量失業，生活水準普遍下降，人民怨聲載道。為轉移人民的不滿情緒和彌補經濟危機帶來的損失，上臺後的希特勒把目光投向猶太人。猶太人一向以善於經營著稱，在德國和歐洲有很多猶太人從事商業和金融業，他們專心經營，科學管理，勤奮工作，經濟實力很強。希特勒為了擴大侵略戰爭的物質基礎，全面掀起反猶排猶的浪潮，大肆侵吞猶太人的企業及私人財產。大批猶太人的財產被砸被搶，許多猶太人在一夜之間就變成了窮光蛋。此外，希特勒上臺前許諾的扭轉經濟困境、改善人民生活的諾言無法實現，他又把這一切歸咎於猶太人，對他們展開瘋狂的排斥和屠殺。

◉ 煽動復仇主義和種族主義、反對共產主義的需要

持這種觀點的人認為，希特勒瘋狂排斥和仇恨猶太，是煽動復仇主義和種族主義、反對共產主義的需要。希特勒在他的著作《我的奮鬥》（*Mein Kampf*）一書中，狂熱鼓吹沙文主義、復仇主義、種族主義思想，極力宣

稱猶太人是奸詐、卑鄙、低劣的民族，日爾曼民族是世界上最優等的民族，應該主宰世界，狂妄爲德國未來的侵略戰爭描繪一個大致的輪廓。

同時，反猶太人還是希特勒反對馬克思和共產主義的需求。他認爲馬克思是猶太人，馬克思主義就是猶太人的學說，認爲：「馬克思主義的最後目的，是毀滅一切不是猶太民族的國家。」他把猶太民族與馬克思主義、社會主義革命連繫，把仇恨猶太人與仇視共產主義結合。

● 為侵略其他國家尋找藉口

這種說法認爲，反猶太人是希特勒推行擴張政策，尋求侵略別國的一個藉口。希特勒認爲，猶太人和斯拉夫人是劣等民族，汙衊猶太人的狡猾、聰明、詭計多端、欺詐、虛偽等特點來源於其民族特性，宣稱猶太人是瘟疫、災禍，已經威脅到世界各地，必須制止。可見，對希特勒來說，再也沒有比用剷除猶太人作爲對外侵略擴張的更好藉口了。六百萬猶太人就這樣成爲希特勒戰爭政策的犧牲品。

以上幾種說法都從不同的側面，反映希特勒瘋狂排猶的原因，但事實究竟是怎樣的呢？西元一九四五年，希特勒自殺，隨著他罪惡一生的結束，他排斥和屠殺猶太人的真實原因已無從得知。但無論原因如何，他爲猶太人民和世界人民帶來的創傷都無法彌補，但願世界從此不再有歧視、仇殺和戰爭。

延伸閱讀 —— 希特勒是怎樣死的

在盟軍隆隆的炮聲中，西元一九四五年四月下旬，希特勒這位曾經不可一世的納粹頭目淒涼度過他的生日和婚禮後，便從世界上消失了，於是人們幾十年來一直猜測他的生死。

　　很多人不相信希特勒能從天羅地網中逃生。當柏林陷於一片火海之時，有人就說希特勒已飛往巴伐利亞或者別的什麼地方；有人說希特勒在柏林失陷的三天之前，便和女飛行員萊契一起乘飛機離去，他的死是為了迷惑人而製造的一種假象；還有人說希特勒從地下通道裡逃出柏林，躲藏在攻不破的南蒂羅爾堡壘中。

　　從繳獲的檔案中，有些人發現在盟軍攻克柏林之前，希特勒的一些機關已轉移到貝希特斯加登（Berchtesgaden）了，同時轉移的還有希特勒的部分文獻、他的一個祕書，特別還有私人醫生莫雷爾（Theodor Morell）。根據當時希特勒的病情推斷，如果沒有這位醫生配製的強烈刺激劑，希特勒一天也活不下去，所以這個醫生絕對不會與希特勒分開。另外，希特勒任命鄧尼茲（Karl Dönitz）為北線軍事總指揮，但沒有任命南線總指揮，其原因大概是希特勒企圖在南方東山再起，因而把這個位置留給自己，後來眼見大勢已去，才不了了之。如果這些能說明希特勒在盟軍攻克柏林之前已逃遁到南方，那就從側面否定了希特勒是在柏林自殺。

　　但是對希特勒如何自殺的看法並不一致。有人依據希特勒屍體的解剖報告，稱「在被火燒變形的軀體上，並未發現明顯的致命傷或疾病」，「嘴裡發現有薄玻璃瓶的瓶身和瓶底的玻璃碎片」。詳細研究這份報告可得出結論「由氰化鉀中毒致死」。此外，尚有兩點旁證：第一，在四月三十日下午三點到四點希特勒自殺時，地下屋內充斥著氰化鉀的那種苦杏仁味；第二，四月二十九至三十日的夜間，希特勒曾讓總理府醫院院長哈澤教授（Werner Haase），看了一個裝在子彈殼裡的小玻璃瓶，希特勒說這些小瓶裡裝著快速致死的毒藥，並且當場請哈澤在自己的愛犬身上檢驗這些毒藥的毒性。

　　還有人以希特勒的貼身侍衛林格（Heinz Linge）的招供為據，稱「希特勒用一支七點六六口徑的手槍向右太陽穴上開了一槍。這支槍和另一支備

用的六點三五口徑的手槍都落在他腳邊。希特勒的腦袋稍稍偏向牆壁，鮮血流在沙發邊的地毯上。」林格隨後親手用毯子將屍體裹起來，澆上汽油焚燒。

奇聞種種，矛盾重重，會不會有水落石出的一天？所以這一切都有待進一步探討。

是誰燒了諾曼底號

法國的諾曼底號郵輪（SS Normandie）是有史以來最豪華的巨型郵輪，至今仍然給人一種懷疑其是否確實存在過、夢幻一般的感覺。八萬三千四百二十三噸，流線型球狀船首，電力推進，全船空調，從巴黎克里雍（Crillon）飯店聘請的頂級廚師，溫水迴圈的室內游泳館，現代化音響設備的歌劇院，大理石牆面的教堂，全船的裝飾藝術（Art Deco），被譽為「震驚世界的最豪華、最漂亮的郵輪」、「在世界客船史上享有不朽的名望」。

● 諾曼底號巨輪的政治意義

西元一九四一年深秋，法國巨輪諾曼底號靜靜停泊在紐約港的八十八號碼頭。這個碼頭在哈德遜河上，離繁華的第四十二街不遠。諾曼底號長達一千○二十九英尺，僅比英國的伊莉莎白皇后號短兩英尺。一九三九年九月一日，當它在公海上航行時，德國對波蘭發動進攻，但它還是安全地駛進了紐約港。

諾曼底號在港口停泊一天，就要花掉船東一千美元，因此船上只保留了極少數船員以保養馬達等重要設備，沒有想到會有人破壞或縱火該船。諾曼底號的設計師甚至認為，該船是有史以來防火性能最好的一艘船。

在德國，希特勒的德軍早就盯上了這艘法國船。西元一九四○年六月三日，法國向德國投降。在這之後的兩週，德軍情報機構的頭目卡拉瑞斯，就在美國的納粹間諜發出命令：「嚴密注意諾曼底號！」希特勒和他的高級將領明白，美國一旦加入對德戰爭，這艘法國巨輪一次就能夠運輸一萬兩千名美國海軍士兵到歐洲參戰。

紐約市沿海地區和紐澤西的港口城市是納粹分子活動的溫床，在一間

間凌亂骯髒的小客棧裡，住著從世界各地來的海員，其中有許多納粹間諜和納粹同情者。其中最臭名昭著的一家是紐澤西的「高速公路客棧」，另外兩家是曼哈頓的「老牛肉」酒吧和紐澤西的「施密德的吧」。「施密德的吧」裡一個侍者就是德國間諜，他每次都貪婪偷聽海員在喝多酒後洩露的海上消息。

西元一九四一年十二月七日，日本偷襲珍珠港。四天後，希特勒不經議會表決就通過了對美國開戰的宣言。他對他的副手叫囂說：「我們總要首先開戰！我們要永遠打響第一槍！」就在同一天的稍晚，希特勒的密友、義大利獨裁者墨索里尼（Benito Mussolini），也對美國宣戰。

就像希特勒和他的高級將領所擔心的那樣，美國海軍立即徵用了諾曼底號，並對它進行改裝。許多人都熱烈支持將該艦改裝成軍用運輸船，大約有一千五百名民工像蝗蟲一樣湧向該船改裝。

改裝任務非常緊迫，必須在西元一九四二年二月二十八日以前完成。完成後，該艦將在艦長羅伯特·考曼德的率領下，駛離紐約港到波士頓。在那裡，它將要裝上一萬名士兵和他們的武器裝備，到大西洋沿岸 —— 毫無疑問，它的目的地將是英國。

● 神祕的大火

然而，就在二月九日下午兩點三十四分，「起火了」的喊聲突然從船上響了起來。這時候，距諾曼底號遠征歐洲只有三週的時間了。人們匆忙上船滅火，但當天恰好風很大，火勢很快就失去了控制，人們眼睜睜看著火燒過了甲板，不到一小時，整條船就變成火海。

火勢不斷蔓延，將近三千名民工、船員、海軍士兵和海岸警衛隊成員，爬過諾曼底號的船舷，吊下繩子，順繩跳上碼頭，有的乾脆直接跳到踏板上逃生。紐約市的消防隊員發誓說，這是他們見過的最猛烈的大火。

　　大約有三萬紐約市民聚集到第十二街觀看這場大火。在他們中有一個頭髮花白、個子矮小的老頭，他就是諾曼底號的設計師，他的臉上布滿愁容。因為他濃重的口音，員警沒有讓他通過警戒線到船邊。凌晨兩點三十二分，諾曼底號終因灌水太多、傾斜過度而翻過去，就像一條擱淺的大鯨魚，躺在哈德遜灣的水面上。

　　在每一艘船都非常重要的時候，美國失去了一艘最大的船，並有一人死亡，兩百五十人擦傷、扭傷、摔傷以及眼睛和肺部灼傷。

　　美國政府立即成立了幾個調查小組，以查明這起備受大眾關注的大事故，聯邦調查局和律師盤問了一百多位證人。與此同時，海軍也成立了以退休海軍少將為首的調查組。兩個月後，國會海事委員會成立的調查小組發布結論說：「起火的直接原因，應歸結於民工的疏忽和管理上的疏漏。」

　　然而，廣大的美國人並不買政府的帳。為什麼一艘如此巨大的海輪，在有大量防火設施的情況下能夠爆發大火，並在幾小時內變成一堆焦炭？是不是有納粹破壞分子滲透到船上，為了不可告人的目的，縱火燒毀了這條船？如果是這樣的話，有一千五百名民工散布在船的每一個角落，為什麼沒有人發現有人縱火呢？或者是兩個以上的納粹或納粹同情者共同完成了這項破壞性的工作？

　　諾曼底號的燒毀是否是納粹所為，已經伴隨著這場大火造成的重大損失，成為一個巨大的謎團。

相關連結 —— 諾曼地登陸成功的背後英雄

　　邱吉爾曾說過這樣的話：「戰爭中真理是如此寶貴，要用謊言來保衛。」此話一語中的，洩露了第二次世界大戰期間，盟軍諾曼地登陸計畫取得成功的又一「天機」。讓我們充當一下事後諸葛，探討一下其中的奧妙吧！

　　一位代號為「寶貝」的雙重女間諜，出生於俄羅斯，後來加入法國籍。二戰爆發後，成為德國情報部門的一員。她被派往馬德里，一位她在那裡結識的美國朋友改變了她的命運。這位朋友建議她效力於盟國，並幫她連繫上英國使館。本來這名女子和納粹德國的頭目赫爾曼‧戈林（Hermann Göring）關係很好，哪知一踏上英倫三島，她就背叛納粹德國，開始祕密為英國「軍情五處」辦事。英國人透過納薩莉，獲得納粹德國的大量情報。

　　西元一九四四年五月，希特勒從密探那裡獲悉，英國陸軍元帥蒙哥馬利（Bernard Montgomery）去了阿爾及爾。苦苦思索的希特勒立即下令召集高級將領會議，最終取得共識：盟軍即將在法國南部的加萊地區登陸。

　　然而，這一切都是盟軍精心設計的「銅頭蛇行動」，是個圈套。所謂「銅頭蛇行動」，是由英國情報部門在諾曼地登陸戰前夕的一場祕密情報戰。其內容是在諾曼地登陸作戰之前，找一位與英國陸軍元帥蒙哥馬利長相酷似的人，冒充進行一系列掩人耳目的活動，以便用證據確鑿的「事實」向德軍表明，英國登陸作戰最高指揮官蒙哥馬利元帥已經到了非洲的直布羅陀和阿爾及爾，不在英國，從而使德國人相信：盟軍的登陸地點不是法國北部的諾曼底，而很可能是法國南部的加萊地區。

　　當然，除了我們已知的幾位幕後英雄外，還有許多不為人知的地下英雄都為這次登陸貢獻良多。正是借助他們的力量，西元一九四四年六月六日，一批神兵在諾曼底從天而降，而此時希特勒的重兵卻還集結在加萊地區待命。

巴頓為何沒有成為五星上將

在第二次世界大戰中，湧現出許多傑出的軍事將領，在這些璀璨的群星之中，有一個人的名字不會被人們遺忘，他就是美國著名軍事家巴頓將軍（George S. Patton）。

巴頓無疑是一代名將，正如艾森豪將軍（Dwight D. Eisenhower）在談到戰後時說道：「在巴頓面前，沒有不可克服的困難和不可逾越的障礙，他簡直就像古代神話中的大力神，從不會被戰爭的重負所壓倒。在第二次世界大戰的歷次戰役中，沒有任何一位高級將領，有過像巴頓那樣神奇的經歷和驚人的戰績。」

然而令人們惋惜的是，就是這樣一位天才將領，卻沒有像同時期的馬歇爾、艾森豪、麥克阿瑟（Douglas MacArthur）等人一樣，在肩上扛起五顆閃亮的金星，而在他去世前仍只是一位四星上將。是他的軍功不如他們顯赫嗎？顯然不是。那究竟是什麼原因呢？歷史記載並沒有給出明確答覆，人們只能從巴頓將軍的言行中尋找些許蛛絲馬跡……

● 士兵們對巴頓又敬又怕

雖然巴頓平時很愛惜士兵，但是當他在執行紀律時對違反軍紀和怠忽職守的行為，卻是鐵面無私、毫不留情。

西元一九四三年二月，巴頓負責整頓美國第二軍。在他到任後，下令整頓軍隊紀律，規定軍人必須隨時戴鋼盔、紮綁腿，就連護士也不例外。在他的指揮下，以前被隆美爾（Erwin Rommel）打得落花流水第二軍屢立戰功。

巴頓向來主張軍事訓練從實戰需求出發，必須從難從嚴要求。在北非戰役之前，為了讓部隊適應非洲沙漠地區的環境，他採取了「魔鬼訓練法」，把部隊帶到美國一個荒漠地區進行類比演練。那裡的氣候酷熱乾

燥,白天氣溫高達攝氏四十度,寸草不生。在這地獄般的地方,巴頓對士兵進行了嚴酷訓練:長途急行軍、坦克實戰演習、挖掘戰壕、野外生存訓練等等。另外,他還要求士兵必須衣著整齊、士氣高漲。他說:「高超的軍事技術和適應能力可以有效減少部隊傷亡,一品脫美國人的汗水可以挽救美國人一加侖鮮血。」

後來的戰爭雖然也證明了巴頓的話是正確的,但是士兵們對這種訓練方式仍然叫苦連天、怨聲載道。巴頓在軍界中常把傑克森的一句名言作為格言:「不要讓恐懼左右自己。」他自己是無畏的,因此對他人要求十分嚴格,他最痛恨的就是懦夫和逃兵。那是在西西里島登陸成功後,他有一次到醫院慰問傷患,一名因過度緊張而有些精神異常的士兵充滿失望的情緒,巴頓十分惱火,罵這個士兵是懦夫,並且打了他一記耳光。此事傳到美國後,引起了國內輿論的不滿,紛紛譴責巴頓,西西里島戰役的勝利,使他得到的榮耀瞬間消失了,甚至差一點被送上軍事法庭。因為戰爭的需要和艾森豪的庇護,才使他脫離困境。但是美國政府將巴頓調離了他賴以成名的地方 —— 北非戰場。

● 上司對他的莽撞和倔強無法容忍

巴頓性格果敢卻有點任性,並且帶有一定的清高和傲慢,很多時候不服從上級的命令,因此和上司的關係很不合。

在突破萊茵河的戰役中,由於戰線拉太長,汽油供應不足,他為了爭取戰機,加快進攻的步伐,竟然命令他的部下不擇手段取得燃料。特別是在戰爭中繳獲的汽油,巴頓自作主張,既不登記也不上報,盡快發給部隊,以解燃眉之急。在他的同意下,他的士兵冒充兄弟部隊的人,去友鄰部隊冒領燃料,甚至採取偷盜、詐騙、等手段把燃料騙過來。就連他自己竟然開著只剩最後一點汽油的吉普車,到上司那裡強行加油。

雖然他的這些「非常規」做法使他打了大勝仗，可是使他的上司極為惱火，簡直是一個無法無天的下級。

巴頓在多數人的眼中，是一個性格粗蠻、打仗全力以赴的人。所以他的這種直率、倔強和莽撞的性格，給他帶來了很多不必要的麻煩，不服從命令、和上司吵架等事件經常出現，因此，馬歇爾和艾森豪都對他評價為「勇猛有餘，氣度不足」。

● 政治家無法忍受他的言行

巴頓講話一般不用講稿，聲音洪亮，滔滔不絕，是一個天生的演說家。他的演說思想深邃，經常妙語連珠，極具一種狂熱的氣質。但也有時候，他的講話粗俗露骨，並夾雜有一些讓人不堪入耳，聽之令人臉紅的話。

因此巴頓有時會對他不假思索、信口開河的演講付出沉痛的代價。那是在諾曼地登陸後，戰爭的局勢正在逐漸向有利於盟軍的方向轉化，這場曠日持久的戰爭使人們感到厭倦了，都盼著早日能夠回家團圓，也大多希望戰爭早日能夠結束，在這個時期，巴頓發表了一些很不合時宜的言論：「與戰爭相比，人類的一切奮鬥都相形見絀！上帝啊，我是多麼熱愛戰爭！」這段話也許是巴頓內心的真實寫照，可是對那些飽受戰爭之難的人來說，在心理上是無法接受的，因此人們把巴頓稱之為「好戰分子」，並對他大加批評。

巴頓對政治似乎毫不理解，有時說話口無遮攔，他的這些性格險些釀成災禍。盟軍占領德國之後，巴頓參加了盟軍的閱兵式。出於對這位美國傳奇名將的景仰，蘇軍將領派聯絡軍官和一名翻譯來邀請他去飲酒。巴頓居然憤怒吼道：「告訴那個俄國狗崽子，根據他們在這裡的表現，我把他們當成敵人，我寧願砍掉自己的腦袋，也不同我的敵人去喝酒。」他的話

嚇得翻譯目瞪口呆，而他卻命令翻譯逐字逐句翻譯過去。這次外交事件，使美國在政治上非常被動，因爲二戰時美蘇是戰爭同盟國，美國好不容易建立起了反法西斯聯盟，豈能被巴頓破壞。

狡猾的記者有時也很愛鑽巴頓失言的漏洞。在巴頓任第三集團軍司令時的一次記者招待會上，他對盟軍的非納粹化計畫提出非議：「如果軍管政府雇用更多的前納粹黨員參加管理工作和作爲熟練工人，那麼軍管政府會取得更好的效益。」在此之前，他其實也是這麼做，在政府中他至少任用了二十名納粹黨員擔任要職。記者趁機追問他：「將軍，大多數普通的德國人參加納粹黨，難道不就是和美國人參加共和黨與民主黨的情形差不多嗎？」沒來得及細想的巴頓信口回答：「是的，差不多。」

第二天，美國及全球許多報紙上出現了一則顯要新聞：「一位美國將軍說，納粹黨人就像共和黨人與民主黨人一樣。」巴頓這回又惹禍了，輿論界一片譁然。儘管他意識到了自己的失言並道歉，可他還是被免去了第三集團軍司令和駐巴伐利亞軍事長官之職，被任命爲有名無實的十五集團軍司令，這時他的任務卻只是帶領文職人員整理二戰歐洲部分的軍事史了。他向軍界最高峰進取的機會，卻在輿論界大肆渲染他的反蘇和姑息納粹分子的言論下喪失了。

也許有許多學者認爲，巴頓未能成爲五星上將並非由於上述原因，而是時間和機遇的問題，他在晉升爲四星上將時就已是戰爭尾聲了，並且二戰很快就結束了，巴頓一旦離開了戰場，也就很難有所作爲了。

巴頓在二戰的美軍名將中，可能是最特殊的一個，軍界和學術界歷來對他有不同的評價。雖然由於各種原因，巴頓最終沒有成爲五星上將，但是他在二戰中所立下的赫赫戰功，爲後人所傳誦。美國廣爲流傳的一本書曾把他與馬歇爾、艾森豪、麥克阿瑟並列，把他們軍銜上的星數相加，稱之爲「十九顆星」，這或許是對巴頓將軍最好的認可和慰藉。

延伸閱讀 —— 巴頓將軍車禍身亡之謎

西元一九四五年十二月九日，美國陸軍四星上將喬治·巴頓在德國曼海姆附近遭遇車禍，搶救無效，並於十二月二十一日在海德堡醫院不治身亡。

巴頓將軍在二戰中可謂聲名遠揚，號稱「血膽老將」。就是這麼一位久經沙場的將軍，卻會在戰爭後不久喪身於車禍？如果沒有這場車禍的話，他或許在安享他的赫赫戰功了，命運卻和他開了個玩笑，就在他被授予軍銜的四個月後離開了人世。

西元一九四五年十二月九日清晨，住在德國曼海姆的巴頓將軍和蓋伊上將相約去打獵。第二天一早，他就將搭乘艾森豪將軍的專機離開，他的司機霍雷斯·伍德林開著一輛超長豪華凱迪拉克送他們去。據說事發當時，巴頓將軍乘坐的轎車剛好遇上火車過道口，在等火車駛過，司機恰巧注意到離火車道只六百碼處停著兩輛大卡車。當轎車開始向前慢慢行駛時，一輛卡車也從路邊開過來，向巴頓將軍的轎車慢慢駛來，同時另一輛卡車也由相反方向駛近。情急之下，巴頓將軍的司機迅速踩下剎車。但事故還是沒有避免 —— 凱迪拉克車重重撞在卡車右邊的底盤上，被撞出十英尺之外。巴頓將軍被慣性甩向前，頭部重重撞在駕駛座後面的圍欄上，脊柱完全斷裂，眉骨上方的頭皮也被隔板玻璃劃開有三英寸的傷口。

經過醫生診斷，他的脊柱嚴重錯位，頭骨也嚴重受傷，但是經過精心搶救，巴頓將軍的病情開始好轉，他的一條胳膊變得有力，另一條腿也有了微弱的知覺。然而就在十二月二十日下午，巴頓將軍的病情卻突然急轉直下。十二月二十一日清晨五點五十五分，他終因血栓和心肌梗塞而停止了呼吸。

巴頓將軍的死成為一樁謎，車禍發生時轎車裡坐的共有三人，卻只有巴頓受重傷，其他兩人則毫髮無損，並且在案發後肇事司機竟能溜掉，也

著實讓人不可思議。車禍後趕來的憲兵們對現場的調查也極為草率，甚至連任何的官方紀錄都沒留下，以至於後來當人們查閱巴頓的情況時，除了軍方履歷表外，其他方面居然是一片空白。而履歷中雖有他在服役期間的全部文獻，卻唯獨少了他遇難情況的相關資料。

這些讓人匪夷所思的事情顯然表明，巴頓將軍的死絕非單純是一場車禍，很有可能是有人蓄意謀殺。可是究竟誰是幕後指使？他為什麼要謀殺巴頓呢？

有人認為，巴頓將軍的死或許和「奧吉的黃金案」有關。據說二戰時，美軍一些高級將領發現了納粹埋藏的一批黃金，也就是人們所謂的「奧吉的黃金」，可是他們並沒有上繳國庫，而是在私下瓜分了。事情發生後不久，政府指派巴頓將軍去調查這個案子，他調查非常認真，並且進展迅速。可就在案情快要真相大白的時候，巴頓卻突然遭遇車禍。這兩件事在時間上的巧合，不能不讓人懷疑，或許那些人害怕事情敗露而先下毒手。

也有人認為，巴頓將軍的死是他的上司精心策劃的陰謀。在二戰結束後，據說巴頓一直有親德傾向，並曾公開批評盟軍的「非納粹化政策」，並在新聞記者面前把納粹分子和非納粹分子的鬥爭，不恰當比喻成美國民主黨與共和黨之爭。並且有人說他還在考慮要扶植德國未受損失的幾個親衛隊，然後想挑起一場對蘇聯的戰爭，這些原因都可能使他招致殺身之禍。

一些美國歷史學家對此甚至提出很多具體的假設，即這位上司就是艾森豪將軍。他們認為，艾森豪將軍與巴頓將軍不和的傳聞眾所周知，並且由來已久，巴頓在二戰後所做的一些行為與艾森豪的主張大相徑庭。艾森豪對他的所作所為非常不滿，很有可能派人拔掉這可恨的眼中釘。

巴頓將軍的車禍果真是一場預謀話，那麼也只有車禍參與者知道其中的箇中原因了吧！

聖雄甘地遇刺之謎

　　西元一九四八年一月三十日下午五點十分，印度聖雄甘地（Gandhi）在別人的扶持下，走向通往晚禱會場的草坪，而令他想不到的是，這卻是他的最後一次晚禱。當甘地走向平臺的一刹那間，一個信徒模樣的人跑到甘地面前，先向甘地鞠躬行禮，說了一聲：「聖父，你好！」然後突然從口袋裡掏出手槍，頂住甘地的胸口連開幾槍。甘地潔白的衣服立刻被鮮血染紅，他雙手合十，似乎想邁出最後一步，口中喃喃念道：「神啊 ── 」然後徐徐倒地。

　　這位終生提倡「非暴力不合作運動」的宗教領袖，卻被暴力結束了生命，不能不讓印度人民感到痛惜。

● 甘地為民族獨立奮鬥的一生

　　莫罕達斯・卡拉姆昌德・甘地於西元一八六九年十月二日，生於印度西部的波爾本達城，屬吠舍種姓。從祖父開始，甘地家族一直擔任當地小土邦的帝萬（首相）。他生性靦腆，不善言辭。中學畢業後，他赴英國留學並經過奮發苦讀，終於獲得了律師資格。一八九一年他結束學業，回到印度做律師，但並不很順利。一八九三年，他接受朋友的建議，到南非繼續當律師，並且一直到他西元一九一五年回國。在此期間，他深感種族主義的危害，並下決心要與種族歧視鬥爭到底。

　　西元一九一五年，甘地回到祖國後，便全身心投入爭取民族獨立的鬥爭中。他發展自己在南非時就已經建立的「非暴力抵抗」思想，並發動人們對殖民政府展開「非暴力不合作運動」。他為了抗議英國殖民者屠殺阿姆利則城千餘名印度人民的暴行，帶頭絕食。為了吸引印度廣大農民參與民族運動，他赤裸著上身，腰間圍一塊土布，每天親自紡紗織布半個小

時。他的行動得到了很多人的擁護和支持，人們奉他為「聖雄」。為了抗議「食鹽專賣法」，六十一歲的甘地身體力行，竟帶領七十九位門徒步行四百公里，到海邊舉行宗教洗禮儀式。

西元一九四七年，在極端分子的挑撥下，加爾各答信仰不同的教徒之間發生衝突。七十八歲的甘地為了拯救成千上萬個無辜者免於死亡，對外聲明決定從九月四日起開始絕食，一直到動亂結束。甘地絕食的消息幾小時就傳遍了加爾各答城，人們紛紛前往甘地的居所海達利公館探問甘地的健康狀況，印度教徒和穆斯林一起在暴行肆虐的貧民區遊行，呼籲恢復秩序與平靜。九月二日中午，二十七名市區的極端分子到甘地面前承認了自己的罪惡活動。當晚，全城就恢復了平靜。

印度教徒、錫克教徒和穆斯林的顯要人物共同聲明，保證阻止宗教仇恨再起，甘地不惜犧牲生命以捍衛和平的舉動，終於阻止了加爾各答暴亂蔓延，並且越加贏得人們的愛戴。

然而甘地的內心並沒有因此變得輕鬆，他為印度的前途憂心忡忡。印度的分治為他造成致命的創傷；舊日印度的一切落後事物，並未在新生的印度中消失；他終生宣揚非暴力，卻無法改變印度內亂四起的現狀；現在的執政者對他的尖銳言論不滿，不肯傾聽他的聲音……最迫切的問題就是，新德里一些極端分子暗藏殺機，暴亂隨時可能再度發生；政府不償還巴基斯坦國債的舉措也令人不滿。為了改變這些局面，西元一九四八年一月十三日，甘地又重新開始絕食。

印度教的極端分子組成國民志願服務團，他們知道了甘地絕食的原因後，對他十分仇恨，他們認為這樣做與政治訛詐無異，準備剷除甘地。一月十七日晚，甘地大部分時間陷於昏迷狀態，身體各器官的功能已經開始崩潰。一月十八日上午，甘地身體狀況十分危險。在這種態勢下，印度國大黨主席聞訊，緊急派出一幫人到處去尋找甘地所要的簽字，自己則親自

前往甘地寓所。不一會兒，各派代表都已聚齊，他們都已在七項聲明上簽字，並依次走到甘地臥榻前，親自確認自己的莊嚴保證。

處於死亡邊緣的甘地並沒有停止絕食，而是用盡力氣，口述了一項聲明。他希望各黨派不僅要保證新德里的平靜局面，而且應使全印度都能從根本消除不安定因素。直到在場的所有人一一俯身表示他們的莊嚴承諾，甘地才宣布停止絕食。

一月二十日下午，甘地舉行晚禱時，有人向平臺上投擲炸彈，幸好甘地安然無恙。投擲炸彈的凶手當場被員警抓獲。從刺客口中，新德里警察局得知了炸彈案的幕後操縱者及活動計畫，但卻沒有將所有的陰謀分子一網打盡。

寓所被炸後，警方加強了對甘地的安全保障。甘地卻不以為然地說：「神是我的唯一保護人，如果他想結束我的生命，任何人都不能拯救。」於是，就發生了一月三十日下午那驚人的一幕。

● 誰害死了聖雄？

經過調查，凶手南度藍姆・高德西（Nathuram Godse）是一位狂熱的印度教徒，同時還是國民志願服務團的頭目。他出身婆羅門，奉行素食、節欲，早年崇拜過甘地，投身不合作運動，並因此而入獄。

西元一九三七年，他受沙瓦迦爾的影響，參加了以復興印度教統治地位為目標的印度教大會，並創辦了「國民志願服務團」。在法庭上，他辯白說是為了印度母親而向甘地行刺，因為他認為甘地「沒盡到一個印度父親的責任」。

甘地遇刺後，印度舉國沉浸在悲痛之中，他的遺體被安放在比拉爾大廈一樓的平臺上，上面灑滿玫瑰和茉莉花瓣，五盞油燈環繞四周。成千上萬的人來到他的寓所，悼念他們的救星。在舉行葬禮時，送葬行列以四輛

裝甲車和總督衛隊為先導，後面跟著望不到頭的送葬隊伍。在沿途各處的人行道上、河堤上，到處都是等候與甘地訣別的人群。在亞穆納河河濱廣場，還有十萬名群眾等候在那裡，一代聖雄從此長眠。

對於他的死，很多人困惑不解。既然在甘地寓所被炸後得知了凶手的情況，警方卻為何不採取有力措施保護甘地？另外，社會上狂熱分子已經叫囂要處死甘地，而印度當權人物都是甘地信徒，又為何對這一嚴重事件視若無睹？

點擊謎團 —— 誰謀殺了黑人領袖

西元一九六三年八月二十八日，馬丁‧路德‧金恩（Martin Luther King Jr.）作為一名牧師和其他領袖，發動並領導了二十萬人遊行，為了爭取黑人的權利，他在林肯紀念堂前發表著名的《我有一個夢》（*I Have a Dream*）演說。「感謝上帝，我們終於自由了！」並用這一首古老的黑人聖歌結束他充滿美好感情和嚮往的演說。然而誰又能想到，這卻是五年後鏤刻在他墓碑上的詩句。

西元一九五五年十二月一日，蒙哥馬利市一位名叫羅莎‧帕克斯（Rosa Parks）的四十二歲的黑人婦女因拒絕讓座給白種男人而被捕，罪名是「行為有失檢點」，罰款十美元。這激起全市黑人（占汽車公司全部乘客的四分之三）的義憤，他們向公車公司提出嚴正抗議並宣布「罷乘」，鬥爭的領頭人就是金恩牧師。最後聯邦最高法院不得不宣布：在公共交通事業中不得有種族歧視。鬥爭最終取得勝利，馬丁‧路德‧金恩也從此成為舉國聞名的人物。

西元一九六○年，金恩牧師被投入監獄，原因是他積極策劃和領導一種反對種族歧視的新招數 —— 黑人到實行種族隔離的餐館「入座」、到圖書館「入讀」、到電影院「入觀」、到白人專用海灘「入浴」……在亞特蘭

大，他曾親率五十一人到速食店「入座」。

西元一九六八年四月初，金恩到曼菲斯市支持一千三百名垃圾清運工（大多數是黑人）已經堅持了兩個月的罷工。四號傍晚，他正在旅館房間外同幾個人談話時，從街對面一幢公寓裡傳出一聲槍響，子彈穿過金恩的脖子。

因為非暴力主義英雄的離去，在美國掀起了前所未有的暴力活動高潮。全美有一百六十八個城鎮因黑人暴動而遭破壞，同時有兩千六百個地方下半旗致哀，這是對一名黑人從未有過的尊敬。

後來，警方查出凶手是詹姆斯‧厄爾‧雷（James Earl Ray），是個搶劫慣犯，曾被判入獄二十年，西元一九六七年四月成功越獄。他於一九六八年四月四日早晨住進貝茜太太的出租公寓，傍晚開槍打死馬丁‧路德‧金恩，他對自己的犯罪事實供認不諱，並被判入獄九十九年。可是，他在審判後不久就反悔了，堅持說自己是被冤枉。

最讓人不解的是，厄爾‧雷在西元一九六七年是如何成功越獄的呢？他是個三流竊賊，在打劫雜貨店後駕車逃跑，被甩出車外，偷打字機時將存摺丟下，兩次越獄都沒有成功。這樣一個傻瓜，為何能成功越獄，並很快過上富有體面的生活，確實讓人費解。有人懷疑聯邦調查局參與了此案，因為他們在一九六四年還制定了「消滅金恩小組」的計畫。聯邦調查局局長胡佛（J. Edgar Hoover）甚至在馬丁‧路德‧金恩榮獲諾貝爾和平獎之後，送恐嚇信要他「小心謹慎以謝國人」。

二○○一年一月，一名美國佛羅里達州的牧師向《紐約時報》的記者透露，殺害馬丁‧路德‧金恩的凶手就是他的父親。這位六十一歲的牧師名叫威爾遜，他對記者說：「我父親亨利就是槍殺馬丁‧路德‧金恩三人小組的頭，父親認為『為了整個國家的前途』，這樣做完全是責任所在。」

然而直到現在，馬丁‧路德‧金恩之死還是一個謎，而他支持的黑人民權運動仍繼續進行。

日本是否真的偷襲過美國珍珠港

據史料記載，西元一九四一年十二月七日清晨，日本海軍航空母艦的艦載機和微型潛艇突襲了美國海軍太平洋艦隊在夏威夷的基地珍珠港，以及美國陸軍和海軍在歐胡島上的飛機場，太平洋戰爭就此爆發。

這次襲擊最終將美國捲入了第二次世界大戰，它是繼十九世紀中墨西哥戰爭後，外國第一次攻擊美國領土，這個事件也被稱為珍珠港事件或奇襲珍珠港。

那麼，日本是否真的偷襲過美國珍珠港呢？還是有其他陰謀？

● 竊取密報

西元一九三五年，美國陸軍重組監聽機關——訊號情報處，是由密碼專家威廉姆·弗里德曼（William F. Friedman）所領導，人們將訊號情報處與隨後成立的海軍通信保密科冠以「魔術」的代號。

一直到西元一九四一年，「魔術」仍舊可以截獲，並且破譯絕大多數日本人的「紫色密碼」外交電報，這些電報是用九七式打字機發出。到了一九四一年底，他們每週破譯的祕密外交電報平均多達兩百多頁。其中就包括很多關於珍珠港的情報，並且每次都及時將最重要的情報遞交給軍政首腦——總統、陸軍部和海軍部部長、作戰部長、情報局長、國務卿，其他人幾乎不可能接觸到這些情報。

可是，美國當時的總統華盛頓，並沒有將與珍珠港有關的情報，通知太平洋艦隊司令金梅爾海軍上將（Husband E. Kimmel）和夏威夷基地司令肖特陸軍中將（Walter Short）。後來，金梅爾將軍在接受調查時直言不諱：「海軍部扣下了珍珠港可能遭受襲擊的相關情報，太平洋艦隊被剝奪了一次戰鬥機會，導致西元一九四一年十二月七日的災難性局面。」

而對於這般反常行為，海軍作戰部長史塔克（Harold Stark）的解釋是：「我不希望通知金梅爾司令，因為這樣會洩密。」那麼，他怕洩露的到底是日本人的祕密，還是華盛頓的祕密呢？

● 珍珠港事件的真實內幕

其實，就算美國高層害怕洩密，也應在大戰將來臨之時，加強珍珠港上太平洋艦隊的軍事實力。然而在西元一九四一年初，太平洋艦隊的一艘航空母艦、三艘戰列艦、四艘巡洋艦、十七艘驅逐艦——這相當於四分之一的作戰力量都被調給了大西洋艦隊。而且，海軍部把艦隊中最優秀的指揮官和水兵也調到了大西洋艦隊。因為這個，金梅爾曾經多次向史塔克陳述加強太平洋艦隊實力的重要性，但海軍部卻未加理會他的呼籲；更為奇怪的是，日本飛機在對珍珠港狂轟濫炸時，太平洋艦隊的主力——三艘航空母艦恰巧全部外出，當然它們也因此逃過了這次劫難。

一九九五年九月五日，當時美國總統柯林頓（Bill Clinton）收到一位名叫海倫‧哈曼女士的來信。她在信中稱父親史密斯曾經向她講述過許多關於珍珠港事件的驚人內幕。

二戰時，她父親是美軍後勤部副主管。他說，珍珠港事件爆發前的不久，羅斯福總統（Franklin D. Roosevelt）曾緊急召開過一個只有極少數軍官參加的祕密會議，在會議上透露一個令人驚訝的消息：美國高層已預見到日本海軍會偷襲珍珠港，並預見到可能造成大量的人員傷亡以及財產損失。羅斯福總統命令參加會議的人，盡快將一批醫務人員以及急救物資集結到在美國西海岸的一個港口上，以便於隨時待命出運。他還特別強調，禁止將該次的會議內容向外人透露。他的解釋是，只有當美國本土遭到攻擊時，現在猶豫不決的美國民眾才會同意他宣布投入二戰。此信在當時引起很大的轟動，但由於哈曼的父親史密斯已經在一九九〇年去世了，人們

無法從那裡得到更詳實的資料。

總統柯林頓收到信後，紅十字會夏威夷分會的工作人員，查閱該會在西元一九四一至一九四二年的財政年度報告影本以相關的國家檔案時，意外發現：在珍珠港事件前一兩個月，美國紅十字會和後勤醫療部隊曾進行過一次非常規的人員和儲備物資的緊急調動，同時還接收到價值五萬美元的藥品和物資，都是祕密進行。正是這批額外補給，在珍珠港事件發生發揮極其重要的作用。

● 真的是「苦肉計」嗎？

美國著名作家約翰‧托蘭（John Toland）和美國史專家查理斯‧比爾德（Charles A. Beard）等人分析：具有遠見卓識的羅斯福總統和他的高級幕僚們，面對國內濃厚的孤立主義情緒，為使美國能在納粹德國和日本法西斯全面征服歐亞大陸之前投入到戰爭當中，才上演了這「苦肉計」。於此同時為了減少損失，羅斯福總統又將三艘航空母艦調離珍珠港，還透過祕密管道不動聲色送去大批醫護人員以及急救物資。可是，畢竟人們至今仍沒有找到最有力和最直接的證據，所以他們的說法是否屬實還是不得而知。

對於美國人的這一行為，日本人更是表現出特殊的興趣，一些所謂的專家學者對此更是大加渲染。他們稱，美國人事先知道日本偷襲珍珠港的企圖，暗示日本是在美國「引誘」下被迫發動對珍珠港的襲擊。他們企圖透過這樣的說法，將發動太平洋戰爭的罪名推到美國身上。

事實上，在全面發動侵華戰爭後，日本一方已經開始考慮是「北上」還是「南進」了。西元一九四一年十月，東條英機上臺，主張對美英開戰，這樣就最終確定要發動太平洋戰爭、奪取印度支那以及太平洋諸島的「南進」計畫，同時也就決定日本必然會對美在太平洋的軍事基地發動攻擊。於是他們首先選擇珍珠港的太平洋艦隊，而沒有選擇駐紮在菲律賓的美國陸軍。

　　關於珍珠港事件是否是上演的「苦肉計」，是美國民眾對二戰時期，以羅斯福為首的美國政府用什麼樣方式、付出多大代價投入反法西斯戰爭這一歷史真相的探究或者是爭論，而日本人是發動太平洋戰爭的罪魁禍首，這不管怎樣都推脫不了。

點擊謎團 —— 山本五十六是被誰擊斃

　　日本海軍將領、聯合艦隊總司令 —— 山本五十六的座機，於西元一九四三年飛越西南太平洋上空時被擊落，山本本人當場斃命。可是對他的死至今仍有爭議：究竟是誰擊落了山本五十六的座機呢？

　　在山本五十六的座機出事時，托馬斯·蘭菲爾（Thomas George Lanphier Jr.）和雷克斯·巴伯（Rex T. Barber）是當事人。二戰期間，他們隸屬美國空軍 P-38 戰鬥機中隊，該隊駐紮在瓜達康納爾島。西元一九四三年四月十八日，他們奉命起飛，攻擊山本五十六從巴布亞紐幾內亞的拉包爾飛往布干維爾島的座機。

　　相傳，當時是巴伯首先向山本五十六乘坐的「貝蒂」號轟炸機開火，可是蘭菲爾說他也開了火。因為當時的 P-38 戰鬥機上沒有空中照相槍，不能在飛機射擊時同步拍攝射擊結果，所以兩人的說法都無法辨明真偽；況且當時的行動十分保密。直到二戰結束後，美國才宣布，能擊落山本五十六的座機，是因為美國海軍破譯了日軍的通訊密碼。也就是說，到真相大白時，已經過去好幾年了，那麼究竟是誰首先開火就更難說清了。

　　根據非官方的戰後軍事史料的記載，當時蘭菲爾和巴伯各自擊落一架轟炸機 —— 一架是山本五十六乘坐，另一架是由他的參謀乘坐，因此二人分別獲得一枚勳章。此外，巴伯還因為協同擊落第三架轟炸機，因此與其他人分享另一枚勳章。但是日本軍事史料最後證實，當時運載山本

五十六一行只有兩架轟炸機，沒有三架。於是美國空軍馬上裁定巴伯和蘭菲爾二人只能分享一枚勳章，標明他們共同擊落山本五十六的座機。

　　德克薩斯大學（達拉斯分校）杜立德圖書館館長說：「史料記錄必須有權威性，對於這些二戰老兵來說，重要的是該給的獎賞一定得給。」可美國空軍不願接受該協會的調查結果，使得爭論不得不繼續下去。

阿波丸寶藏之謎

　　西元一九六七年至一九八〇年的四年間，中國交通部上海海上救助打撈局，曾承擔一項舉世矚目的重大打撈工程，即後來被稱「水下撈寶」的工程，就是打撈沉沒在福建沿海、平潭海域達三十餘年的日本萬噸級遠洋郵輪阿波丸。

　　阿波丸是全世界所有打撈者都魂牽夢繞的一條沉船，因為有傳說稱，那是一座四十噸的「金山」。

● 震驚世界的災難事件

　　西元一九四五年三月二十八日，已被日本軍隊徵用的阿波丸，在新加坡裝載了從東南亞一帶撤退的大批日本人駛向日本。四月一日的午夜時分，船航行到福建沿海東南海域，美軍潛水艦「皇后魚號」正在該海域巡航，發現了阿波丸，使阿波丸遭到數枚魚雷襲擊，三分鐘後迅速沉沒。全船兩千〇九名乘客及船員，最後只有三等廚師 —— 下田勘太郎一人倖免於難。

　　這一事件令全世界為之震驚，而當人們聽說阿波丸船殼內還有驚人財富時，震驚更是難以言表！

● 阿波丸上的無價之寶

　　西元一九七六年，美國《共和黨報》十一至十二月號特刊報導：阿波丸上裝載有黃金四十噸，白金十二噸，工業鑽石十五萬克拉，大捆紙幣、工藝品、寶石、人工製品四十箱，價值不明。

　　西元一九七六年，臺灣《中國時報》十一月二十一日報導：阿波丸被

擊沉時載有金錠四十噸，白金十二噸，未加工的寶石十五萬克拉，美、英、香港貨幣數捆，工藝品四十箱，鎢兩千噸，鋁兩千噸，錫三千噸，鈦八百噸，橡膠兩千噸。

阿波丸沉船上除金銀財寶外，很可能還有一件無價之寶，就是「北京人頭蓋骨化石」。

西元一九七七年一月十三日，中國國務院決定組織交通部和海軍的力量，打撈阿波丸沉船，工程的代號是「7713」。

五月一日，發現阿波丸沉船，此時船已斷為兩段，前段長是四十四點七公尺，後段長是一百〇七點八公尺，埋在海底泥深九至十一公尺，水深在六十至六十九公尺之間。

西元一九八〇年，「J503」海軍號艦的指戰員完成拆解沉船首段的任務，穿引船底四道、十四根千斤鋼纜，上海救撈局「大力號」海上自航浮吊船，把首段一舉吊浮出來，並且拖到平潭島娘宮錨地擱上淺灘。該次打撈行動，一共撈獲錫錠兩千四百七十二噸，售價達五千餘萬美元，此外還有橡膠等貨物數千噸。

可是，在阿波丸上並沒有找到黃金，更沒有發現「北京人頭蓋骨化石」。有人對此產生疑問：是不是那些傳言只是日本人為了打撈他們的兩千〇八具骸骨而故意布的迷陣呢？

本著人道主義的精神，中國政府先後在西元一九七九年的七月、一九八〇年的一月和一九八一年的四月，以中國紅十字會和中國上海海難救助打撈公司的名義，在上海向日本方面分三批移交了撈起的死難者遺骨以及遺物。

至今，傳說的四十噸黃金以及「北京人頭蓋骨化石」，是不是真的藏在阿波丸上的爭論還是沒有結果。

相關連結 —— 阿波丸

　　阿波丸是日本郵輪株式會社，於一九四〇年代初建造的一艘遠洋郵輪，其姐妹船還有「箱根丸」等。

　　阿波丸船長一百五十四點九公尺，寬兩百〇二公尺，深十二點六公尺，總噸位一萬一千兩百四十九點四噸，主機功率五千八百八十千瓦（七千五百九十匹馬力）。

　　西元一九四五年初，阿波丸被日本軍隊徵用，用以作為救濟運輸船。為避人耳目，阿波丸上懸掛的是象徵和平的綠十字旗，並在船體兩側漆上巨大醒目的綠十字標誌，以掩蓋其為侵略戰爭服務的真實用途。

　　阿波丸遇難後，死亡人數超過了鐵達尼號的冰海沉船，成為有史以來最大的海難事件，引起了國際社會的巨大震驚。

納粹寶藏在哪裡

第二次世界大戰末期，納粹德國將要土崩瓦解之時，納粹當局慌忙將戰爭期間的部分祕密檔和劫掠的財富藏起來，這便引發了日後久未間斷的尋找納粹寶藏的活動。

● 漁夫的意外發現

奧地利薩爾斯堡東南六十公里的巴特奧塞的附近，怪石嶙峋、松林茂密。此地有托普利茲湖（Lake Toplitz），曾被稱為是史泰利亞公國（Herzogtum Steiermark）的「黑珍珠」湖泊。它原是個鹽礦，長大約兩公里，而寬卻不到四百公尺，最深處達一百〇三公尺。五十餘年來，關於它的各種恐怖傳聞以及周圍艱險的山路，讓許多旅行者都望而卻步。

西元一九四五年五月初，一名常在湖上捕魚的漁夫，某天他忽然發現湖中漂浮著紙片，撈上來後，發現上面印著莫名其妙的符號。他想著，這可能是一張哪國的鈔票。

第二天，漁夫就拿著那張晒乾、展平的紙片，來到巴特奧塞的一家銀行，銀行付給他一筆數目可觀的奧地利先令，使漁夫一夜暴富。於是，漁夫更加仔細尋查了那個地方，再次發現同樣的紙片，他就接二連三到那家銀行換錢。

不料有一天，在銀行窗口旁，他被兩個美國軍官攔住了……

不久之後，消息不脛而走，稱漁夫打撈起紙片的托普利茲湖，曾經是親衛隊保存財寶的「保險櫃」；接著更傳聞四起，都說托普利茲湖裡面藏了親衛隊攫取的黃金，那些是德意志帝國的黃金儲備。

● 保存財寶的「保險櫃」

傳聞大約四十年後被證實了，奧地利三名記者找到事件的見證人——M. 格魯伯，他是前希特勒德國反坦克部隊軍官，奧地利人。

西元一九四四年秋天，格魯伯被派到距薩爾斯堡不遠的富士爾城堡，他無意中成了一次祕密會議的見證人。納粹高層官員——其中包括戈培爾（Joseph Goebbels）和里賓特洛甫（Joachim von Ribbentrop，時任外交部長）也都有參加這次會議。會後，一些裝著金錠、金幣、珠寶和英鎊假鈔的貨運汽車駛往富士爾城堡。之後，該車隊轉向托普利茲湖地區。

當時，英美軍駐法蘭克福的司令部也得到在托普利茲湖發現英鎊的消息，他們還因為一個意想不到的機會找到了一些裝著英鎊的箱子。

那時，美軍先遣部隊進入奧地利，撤退的德軍士兵和輜重車隊在公路上到處都是，混亂中，兩輛汽車被困在薩爾斯堡和林茨之間無法行駛。見車輛實在無法擺脫阻塞，負責押運的德軍上尉便命令把其中一輛車的所有箱子扔到河裡去。兩週後，那些箱子在水流的作用下打開了——河上漂浮著成千上萬張英鎊紙鈔令當地居民又驚又喜。

與此同時，一輛裝有英鎊的卡車被發現的電報，從巴特奧塞傳到了英美先遣軍的司令部，卡車上裝載著二十三個箱子裡共有兩千萬英鎊。

追蹤調查後美國人馬上發現，已找到的這兩輛汽車，只是在托普利茲湖附近消失的整個車隊的一部分，而且周邊居民也證實了該情況。

於是海軍潛水小分隊就在托普利茲湖搜索，但因為一個潛水兵在水下意外死亡，而使搜索工作停止了。之後那些與帝國黃金儲備有連繫、卻不能保守祕密的人也先後失蹤了。

● 不斷發生的死亡事件

西元一九四六年二月，林茨的兩位工程師——奧地利人赫爾穆特·梅爾和路德維格·皮克雷爾來到托普利茲湖，與他們同行的還有一個叫漢斯·哈斯林格的人。三人都是有經驗的登山家，因此決定登上可以俯瞰整個托普利茲湖的勞克馮格山。

或許哈斯林格感到有些不妙，與另兩位同行了一畫夜之後，半路就返回了出發地。一個月後，那兩個登山家仍舊杳無音信。之後在山頂，營救小組發現了一座用雪堆成的小屋，旁邊有兩具屍體，而且皮克雷爾的肚子被人剖開，他的胃還被塞進了背包。

查明後，在第二次世界大戰期間，這兩個人參與過一個「試驗站」的工作，該「實驗室」就在托普利茲湖邊。德國海軍在裡面研發新式武器。顯然，這兩個知情者是被滅口。

西元一九五〇年八月，職業攀岩運動員葛蘭斯和漢堡工程師凱勒博士也來到這裡，兩人試圖爬上達赫施泰因山南坡的一處峭壁，從那裡可以一覽無餘觀看托普利茲湖。結果葛蘭斯最後失蹤，他身上的安全繩「意外」斷裂，凱勒博士為此做了見證。而且不久之後，他也詭異的突然失蹤。葛蘭斯的親屬進行私人調查，注意到失蹤的凱勒博士二戰時曾經在親衛隊服役，他還擔任過潛艇祕密基地的負責人。細想起來，只有潛艇軍人才有可能與托普利茲湖邊的「試驗站」有關係，也只有他們才有可能成為轉運和儲藏帝國財寶的同夥。

西元一九五二年，是「殺人湖」死亡人數最多的一年，前後共有幾個人在那裡神祕死於非命。

◉ 寶藏背後的真相

西元一九五九年夏天，「殺人湖」祕密的帷幕才開始徐徐拉開。潛水隊獲得了許可證，可以在托普利茲湖潛水作業五週。工作進展很順利：他們從湖底打撈出十五個箱子和鐵皮集裝箱，發現一九三五至一九三七年版的五萬五千英鎊假鈔，使當年的伯恩哈德行動（Operation Bernhard）真相大白，揭發一場罪惡的欺詐，是印發大量假幣來擾亂敵對國家的金融秩序。

威廉・赫特爾是昔日的親衛隊衝鋒隊員，他積極參與了伯恩哈德事件。一九八〇年代中期，這位受人尊敬的德國公民，每晚都會坐在當地一個啤酒館裡，喝上一杯白葡萄酒。二戰後，除了被關押在美軍的戰俘營裡的兩年外，他在托普利茲湖邊度日；也正是因為他，在規定期限的前兩週，打撈行動被迫半途終止。

西元一九五九年八月二十七日，兩隻標號為「B-9」的箱子被打撈隊撈上，裡面有納粹德國安全總局的集中營犯人名冊和檔案。可是打撈隊得到的訊息不是祝賀，而是一封嚴厲命令的電報：「繼續滯留在那裡不妥，立即停止搜尋。」表面原因是因為資金短缺，真實原因卻是被鉅款堵住了嘴。

知道托普利茲湖祕密的，除了赫特爾以外，還有一九八〇年代中期住在維也納的 M. 欣克女士，因為戰時她擔任過親衛隊分隊長瓦爾特・施倫堡（Walter Schellenberg）的私人祕書。在欣克女士的幫助下，赫特爾將打撈托普利茲湖沉箱的危險性通報給聯邦德國的一位政界和銀行界活動家。原來除了藏匿假幣外，托普利茲湖裡還藏匿德間諜的名單以及記載間諜行動指令的專案檔案。現在，其中許多人在各自的國家堂而皇之做著公民，甚至潛伏在議會、政府及著名銀行或公司的董事會中。一些瑞士銀行的祕密帳號可能還藏在在湖裡，這些銀行至今還保存著當時納粹分子劫掠的財富。

西元一九三八年初秋，在托普利茲湖又一件莫名其妙的悲劇發生了。慕尼黑潛水運動員 A. 阿格納 —— 三名西德旅遊者中的一位不顧當地政府的禁令，潛入到湖底，不久後漂上來的卻是他的屍體了。調查才發現不知是誰割破了他的氧氣管，他的兩名同伴後來也被查明是前親衛隊分子。該事件後，除非持有特別許可，奧地利當局制止了一切在托普利茲湖的民間業餘潛水活動。

西元一九八四年十一月，西德考察專家 —— 漢斯·弗里克教授宣布，他將探查托普利茲湖，乘坐特製的微型潛艇。奧地利一家報紙十一月十五日披露，在水下八十公尺處，漢斯·弗里克乘特製的微型潛艇發現了假英鎊，並打撈上一些帶水下發射裝置的火箭、水雷、轟炸機骨架等的破損部件，可是未提到大家都關心的黃金問題，對此，弗里克本人也保持沉默。

在托普利茲湖發生這麼多事件，曾經引起了奧地利政府的多次警惕，最後當局決定自己管理和監督，探查托普利茲湖。

● 「寶藏」漸漸浮出水面

奧地利軍隊的考察專家們於西元一九八四年十一月開赴托普利茲湖，在所有通往湖區的大小路上，都有憲兵隊戒嚴。專家考察過程中，在湖底發現了假幣，還打撈出一枚長三百五十公分、重一噸的火箭，金屬骨架竟沒有一點鏽蝕的痕跡，雖然沉在水底已經四十年之久，美國工兵部隊人員為此感到驚詫不已。

奧地利掃雷部隊的專家，在湖西南部的湖底借助掃雷器和檢波器發現，可能有大量金屬在湖底存在，金屬集中在約四十平方公尺左右範圍內，可是偵察人員稱還很難確定是黃金還是地下彈藥庫。

專家們在距湖岸僅七十公尺的環湖山岩的峭壁上，還發現了一個類似地下倉庫入口的洞，遺憾的是該入口已經被炸毀。找到相關見證人，專家們得

知戰爭結束時入口還沒有被堵上，該見證人曾鑽進洞口，他還順著坑道爬進一個放置寫著「易爆品」箱子的人造大山洞。確實，戰時有一批被押解到托普利茲湖修築地下工程的囚犯，他們在湖底水下開鑿水平坑道以及入口。

托普利茲湖尋寶的考察工作，在西元一九八五年原本該掀開新的一頁，薩爾斯堡工兵小分隊想經過森林密布的湖南岸進入地下坑道。但專家們推斷，有可能希特勒分子在通往財寶埋藏處的坑道裡布下地雷，然後所有的考察活動就很快停止。因此這「阿里巴巴山洞」裡到底有什麼，就成為了一個永久的謎。

從此，再也沒有誰躍躍欲試想在托普利茲湖底尋寶了。托普利茲湖藏寶的故事，也就以一連串的問號或刪節號而暫時告一段落……

相關連結——希特勒屍骸的去向

根據俄羅斯《真理報》的報導，希特勒在西元一九三八年時，說希望自己死後能葬在納粹黨的墓地，墓地是在利恩茲市，他想讓自己的金色墓地以烏拉爾寶石裝飾，並且要在整個墓地的中央。可是顯然他並沒有如願，蘇軍士兵於一九四五年，在總理府花園的一個彈坑裡發現了希特勒的屍體，屍體被嚴重燒焦。這屍體殘骸被重埋過八次，最終才被火化。

西元一九四五年四月三十日，第一次掩埋屍體，希特勒與其新婚妻子伊娃（Eva Braun）以及他的兩條狗同時被埋在總理府的花園裡。

五月四日，俄羅斯士兵楚拉科夫在一個彈坑內又發現兩具屍體，身分不明。士兵搬走屍體，並在那天將屍體掩埋，因當時的蘇軍認為希特勒的屍體已經找到了。

五月五日，屍體又被重新挖出，送到在布赫鎮的一個診所做醫學檢查；五月八日，屍體殘骸在費諾夫鎮第四次下葬，並且是在前蘇軍反諜部

門的監視之下。

不曾想，五月十七日，屍體殘骸又一次被挖出，米什克將軍從莫科斯趕來，重新檢查屍體殘骸，而且他還親自將重檢的報告以及被認為是希特勒和愛娃兩人的下巴骨帶回莫斯科。

可是，對希特勒屍體的確認工作，從起初就有很多問題 —— 目擊證人提供的證詞有出入，況且目擊證人也很難找到。為了找到目擊證人，蘇聯軍事情報人員在柏林以及附近的地區進行過非常仔細的搜查。西元一九四五年五月一日，朱可夫將軍（Georgy Zhukov）提交給史達林（Joseph Stalin）有關希特勒的死亡報告，此份報告上說，希特勒自殺身亡於當地時間四月三十日下午的三點五十分。

尋找希特勒的屍體殘骸的任務，由蘇軍第三集團軍的反諜部門負責。第一白俄羅斯方面軍副司令員塞奧夫中，親自下達指示給第三集團軍反諜部門的負責人，要他們開始搜索希特勒的屍體。西元一九七〇年三月十三日，當時的蘇聯總書記布里茲涅夫（Leonid Brezhnev），收到蘇聯國家安全委員會負責人安德洛波夫（Yuri Andropov）送來的一份要件，要件稱：西元一九四六年二月，第三集團軍蘇聯國家安全委員會特別部門，在駐馬德堡軍營內埋葬了希特勒、愛娃、戈培爾、戈培爾妻子以及孩子的屍體。出於作戰需求，該營地將被轉移給德國當局。考慮到工程建設或相關土方開挖工程可能會暴露希特勒的埋葬地，建議挖出這些屍體並且火化。蘇聯國家安全委員會特別部門的工作人員將嚴格按照程序，在完全保密的情況下執行該任務。

三月十六日，檔案得到蘇聯最高領導層的批准，於是，西元一九七〇年四月五日早上，蘇聯國家安全委員會特別部門的工作人員再一次將希特勒、愛娃等人的屍體殘骸挖出，並將這些骸骨放入盒內，當天早上就完成屍體殘骸的「物理摧毀」任務，並將骨灰撒進河裡。

誰是殺害甘迺迪的元凶

　　槍擊發生在總統車隊經過迪利廣場右側的輔路──埃爾姆大街（Elm Street）時。當時，車隊的時速已經從約二十公里減慢至十五公里。

　　十二點三十分三十秒，正當甘迺迪總統（John F. Kennedy）向人群揮手微笑時，廣場上突然響起了沉悶的第一槍，甘迺迪總統用手摀住喉部──他被擊中脖子；緊接著，又響起了第二槍，致命的第二槍擊中總統後腦勺，甘迺迪猛地向後倒。子彈打飛他的部分頭蓋骨，鮮血和腦漿混在一起噴湧而出，濺滿了車的後備箱和隨車人員全身……

● 總統遇刺

　　西元一九六三年十一月二十二日中午，美國歷史上最年輕的總統約翰·甘迺迪，帶著妻子賈桂琳（Jacqueline Kennedy）在八位保鏢的保護下，乘坐林肯大陸（Lincoln Continental）豪華敞篷轎車，準備到德克薩斯州達拉斯市的貿易中心。一路上他們笑著向道路兩旁的人們揮手致意，中途甚至還兩次停車和人們握手。

　　十二點三十分，總統的車隊由休斯頓街道轉彎進了埃爾姆街，再過五分鐘就到達目的地了。可就在這時，突然兩聲槍響，只見總統手摀著脖子，身體直挺挺朝前傾斜了一下，便倒在夫人的膝蓋上。甘迺迪總統最後因搶救無效，於下午一點二十分不治身亡。

　　凶手很快抓到了，是一名叫李·哈維·奧斯華（Lee Harvey Oswald）的工作人員。

　　本來，總統遇刺一案應該可以水落石出，但事情的發展並沒有人們想像的那麼簡單。十一月二十四日早晨，有個叫傑克魯比（Jack Ruby）的人為了「替總統報仇」，居然衝出擁擠的人群，在員警總部門口，拔槍殺死

了正被押解到偵訊機構的奧斯華。魯比於西元一九六四年三月四日被判入獄，在一九六七年一月三日因癌症死於獄中。

◉ 胡佛捲入總統刺殺案

奧斯華為什麼要刺殺總統？是個人原因，還是受他人指使？

從調查結果看，奧斯華曾自稱是一位「馬克思主義者」，西元一九五九年到蘇聯住了三年，並在那裡娶妻。當時他還曾公開宣稱要取得蘇聯國籍，可不知怎麼後來居然改變主意，回到了美國。許多人由此猜測，奧斯華可能是聽命於蘇聯的國家安全委員會，他回到美國就是為了刺殺甘迺迪。

奧斯華回國後在紐奧良工作，並曾與一些親卡斯楚（Fidel Castro）的組織有來往。而此前甘迺迪曾支持過一批流亡的古巴人，這些人企圖顛覆古巴政府。因此有些人就認為，刺殺甘迺迪一事可能與親卡斯楚的古巴人有關。

在調查過程中有證人提到，奧斯華曾受雇於聯邦調查局，代號為S-172或S-179，每月領兩百美元的酬勞。由此人們推斷：奧斯華可能是受聯邦調查局的「委託」，暗殺甘迺迪總統。而從案發後對此事的調查情況以及當時聯邦調查局長胡佛與甘迺迪的關係來看，這種可能性確實很大。

甘迺迪死後，林登‧詹森（Lyndon B. Johnson）接替了他的總統職位，並任命以美國首席大法官厄爾‧沃倫（Earl Warren）為首的特別委員會負責調查此事。奇怪的是，那份調查結果——《沃倫報告》居然被美國政府封存，說是要在二〇三八年，即所有與此案有關的人全死了以後才能公布它。由此許多人都推測，此案可能與政府中的某些人有牽連，而且牽連很廣，否則為何要如此神祕？

另一方面，據說胡佛自西元一九二四年任聯邦調查局局長以來，地位一直是穩如泰山；但自甘迺迪的弟弟羅伯特（Robert F. Kennedy）擔任司

法部長後，聯邦調查局首次被迫服從司法部的領導，由此引起胡佛很大的不滿。總統遇害後，詹森總統雖曾令聯邦調查局協助沃倫委員會調查，但胡佛卻明確警告負責此事的吉姆·加里森（Jim Garrison）不要深究。同時在聯邦調查局的調查人員中，與總統暗殺有關的人也都先後離開原來的位置。案發後聯邦調查局、中央情報局及軍方情報部門收集的有關凶手的關鍵性材料，也突然之間不是被全部被銷毀，就是不翼而飛。由此，一些人推測胡佛可能就是這次暗殺的策劃者和組織者。

◉ 鮮為人知的內幕

一九九〇年，有個叫珍妮佛·懷特的女人讓她的兒子李奇·懷特召開了一場記者招待會，披露一些鮮為人知的內情：

珍妮佛的丈夫羅克斯曾在美國中央情報局擔任殺手，奧斯華和魯比都是他的好友。有一次，珍妮佛偷偷聽到他們在說暗殺甘迺迪總統的事。而在總統遇刺的當晚，羅克斯回家時也顯得非常激動，並叫她躲回娘家。三天後羅克斯接她回家，說沒事了。西元一九七一年，羅克斯突然對她說，中央情報局出賣了他。沒過幾天，他就死於一個非常奇怪的爆炸事件中。

西元一九八二年，珍妮佛的兒子李奇在家裡的儲藏室中，發現了羅克斯的幾本日記本，其中記載他在海軍訓練和遠東地區執行特別任務的情形，以及他與奧斯華的友情。尤其是詳細寫下了一九六三年，他和另外兩個人暗殺甘迺迪總統的過程。

西元一九八八年，珍妮佛和兒子李奇把羅克斯的日記告訴了美國聯邦調查局，聯邦調查局立即來了三個人，他們把那些日記全都拍攝下來後就走了。可過了幾個小時，其中的一個人回來說，他的記事本忘了拿，結果他拿走記事本以後，羅克斯的那些日記本也不見了。

顯然，珍妮佛的證詞為揭開甘迺迪遇刺之謎提供了重要的線索，可是

隨著與此案相關的人因各種緣故先後死去，以及與此事有關的絕密資料或失蹤，或被銷毀，現在誰也說不清在暗殺甘迺迪事件中，誰是真正的幕後指使人。而幾十年來，為了收集甘迺迪總統被暗殺的證據、追查案件的真相，又有二十多個人葬送性命。所以，這個案件從此也被人們稱為是「二十世紀最大的謎案」。

林肯遇刺本來就是美國歷史上的一個難解之謎，前謎未解，後謎又至，殺死甘迺迪的凶手究竟是誰？事情的真相如何？沒人能知道答案。

相關連結 —— 甘迺迪

甘迺迪，美國第三十五任總統（西元一九六一至一九六三年），生於一九一七年五月二十九日，卒於一九六三年十一月二十二日，畢業於哈佛大學。

在第二次世界大戰時，甘迺迪指揮的魚雷艇被日本海軍擊沉，身受重傷，逃上敵後荒島，後來率領士兵歸隊。二十九歲時，甘迺迪競選眾議員獲勝，連任三屆（西元一九四七至一九五三年）。在國會裡，甘迺迪對內重視社會救濟和平民福利，對外反對共產主義，支援冷戰。對杜魯門（Harry S. Truman）一度重壓蔣介石與中共聯合的政策表示不滿。

西元一九五三年，甘迺迪進入參議院，當時正值麥卡錫反共運動盛行之際，大批聯邦公務人員以同情共產黨的罪名遭到清洗，甘迺迪對此並無異議。

西元一九五六年，甘迺迪寫成《勇敢者傳略》一書出版，並獲得普立茲獎。一九五〇年代後期，甘迺迪任參議院外交委員會委員；力主擴大援助非洲和新獨立國家。此後，他的政治觀點逐漸左傾，在民主黨內的聲望也逐漸升高。

西元一九五八年，甘迺迪連任參議員。

西元一九六〇年一月，甘迺迪宣布競選總統，並以差距甚小的多數擊敗共和黨候選人尼克森（Richard Nixon），成為美國歷史上最年輕的總統。他一共執政一千〇三十七天，任職開始就遇到美國入侵古巴遭受慘敗的事件。

西元一九六一年六月，甘迺迪與蘇聯領導人赫魯雪夫（Nikita Khrushchev）在維也納會談，以強硬態度對待蘇聯要與東德單獨簽訂和約的威脅。

西元一九六二年十月，甘迺迪發現蘇聯在古巴安置導彈，便下令封鎖古巴，迫使蘇聯撤出導彈裝置。十個月後，美、蘇、英禁止核子試驗條約簽字。甘迺迪組織拉丁美洲爭取進步同盟與和平隊，提出的大量削減所得稅的立法以及擴大人權的立法，卻推遲到他死後才通過。

西元一九六三年十一月，甘迺迪總統在德克薩斯州達拉斯市遇刺身亡。

戴高樂為何突然辭去法國總統之職

戴高樂（Charles de Gaulle），法國軍人、作家、政治家和法蘭西第五共和國的締造者。西元一八九〇年十一月二十二日生於法國里爾的一個天主教愛國主義家庭。西元一九〇九至一九一二年在聖西爾軍校學習，成績優異，被譽為「未來的優秀軍官」。

第一次世界大戰期間，戴高樂英勇作戰，曾三次受傷，在凡爾登戰役中一度被誤認為已陣亡。

二戰期間，當法國政府準備同德國談判停戰時，戴高樂離開法國前往英國，並於西元一九四〇年六月十八日，在倫敦發出著名的堅持抗戰號召。此後，他作為自由法蘭西武裝力量的領袖，帶領人民積極反抗納粹德國。

● 急流勇退

戴高樂在西元一九四四年八月二十五日，離開寄居四年又六十八天的英國回到巴黎，受到民眾熱烈歡迎。雖然他名義上是法蘭西臨時政府主席，實際上卻行使著政府首腦和國家元首的權力。

西元一九四五年十二月，議會的制憲委員會就憲法框架達成一致：取消法國總統權力，總統由議會選舉，對議會負責，政府只聽令於議會。雖然戴高樂周圍有不少的追隨者、崇拜者，但他厭惡政黨政治，也不想有什麼政黨。他本人的意思是：自己就是法蘭西，而政黨不過是他的一部分。所以可以說，這讓他與那些職業政客水火不容。

在這種情況下，戴高樂於西元一九四六年六月發表一番講演，他說：「我想對未來說句話，我和你們的分歧點，就是對於政府以及政府和人民代表機構關係的看法相悖。共和國的復興工作，希望在我離任後，你們能

做好。我這是最後一次演說，我坦誠告誡大家，假如你們不對法國近五十年的歷史思索的話，不好好考慮政府權力尊嚴和職責的話，我想不用多久，你們會對今天的選擇痛悔。」很明顯，在波旁宮說這番話時，他就有離去的打算了。

離開議會，戴高樂準備去地中海附近的昂蒂布休息一週。這是自西元一九三九年以來他第一次度假：「面向大海思索，我就想辭去官職，悄無聲息離去，在任何的場面我都不會去抱怨；我不再擔任何的職務頭銜，不要退休金；我要安安靜靜做我自己想做的事。」一九四六年一月十四日回到巴黎，他批閱完許多積壓的文件，然後告訴幾位部長他要辭職。

● 撲朔迷離的離去

一月二十日，戴高樂邀請所有部長共聚辦公室，戴高樂平靜和各位部長握手，緊接著就謹慎地讀了聲明：「我不贊成政黨政治，可是它捲土重來。除非用武力去建立獨裁政治，但我不會同意。我無法制止一切，因此，我在今天向國民議會議長遞交政府辭職書，我應急流勇退。我衷心感謝列位給予我的幫助，請求你們能留任到繼任人到來之前，保證工作順利進行。」部長們萬分震驚，也十分傷心，他們都默不做聲，戴高樂轉身離去。他剛滿五十五歲，精神充沛，神智清晰，正是大展鴻圖的時候。總書記多列士（Maurice Thorez）評論：「離任很瀟灑。」法共報紙卻說他逃避困難。社會黨領袖布魯姆（Léon Blum）卻莫名其妙：「戴高樂離任沒有理由。」大多數報刊則持遺憾和萬分惋惜的態度。

由戴高樂的聲明可以看出，他辭職的確是出於對當時政壇的不滿，當時的人也認為戴高樂辭職只是一種以退為進的策略。按理說，戴高樂會馬上出山，但事實上，他一直到西元一九五八年，才在強大的壓力下再次進入政壇，可見說他突然辭職的原因是急流勇退。但作為一個堅信自己就代

表國家的政治家，正值黃金時期，卻突然退出政壇是不可思議的。因此到底是什麼原因讓他突然辭職，還缺乏有說服力的說明。

延伸閱讀 ── 戴高樂的輝煌人生

戴高樂西元一九一二年畢業於聖西爾軍校。在第一次世界大戰中，曾三次負傷。一九一六年最後一次受傷後，戴高樂被俘，期間五次逃跑未遂。直到一九一八年停戰後，戴高樂才被獲釋。

西元一九一九年，戴高樂又應募到波蘭軍隊任職，次年被授予波軍少校軍銜。在這期間，他提出了步兵和坦克在空軍配合下協同作戰的思想，並被聘為波蘭朗貝托夫軍事學院戰術教官。

西元一九二一年，戴高樂回國後曾任聖西爾軍校戰爭史講師，一九二二年考入軍事學院。一九二四年畢業後，戴高樂到美因茲萊茵區法軍司令部任職。一九二九年，他被調往駐近東部隊，一九三一年底回國，隨後在最高國防委員會祕書處任職。

二戰爆發後，戴高樂又受命組建第四裝甲師，並多次發表公告，號召法國人民奮力抵抗德意法西斯的侵略。從此，他成為法國抵抗運動領袖，積極爭取法國殖民地參加抵抗運動，並組建「自由法國」武裝力量，配合盟軍作戰。

西元一九四四年六月，戴高樂出任法蘭西共和國臨時政府主席。在關係國家存亡的歷史關頭，他總是站在戰爭的最前列，為反法西斯戰爭的勝利和法國的解放貢獻良多。

西元一九四五年十一月，戴高樂當選為政府總理。翌年一月，因未能建立凌駕於一切黨派之上的總統制而辭職。一九四七年四月，他又宣布成立「法蘭西人民聯盟」並擔任主席。一九五三年五月，戴高樂宣布退出政

界，回到家鄉科隆貝雙教堂村隱居，著手撰寫《戰爭回憶錄》（*Mémoires de guerre*）。

西元一九五八年六月，法國各派政治勢力在阿爾及利亞問題上產生嚴重分歧，應當時法國總統要求，戴高樂又出任內閣總理，穩定政局。同年十二月，他當選為法蘭西第五共和國總統。

西元一九六九年四月，因改革議案在全民投票中被否決而辭職，此後戴高樂回到了科隆貝雙教堂村，撰寫其執政時期的回憶錄。其中主要著作有《敵人內部的傾軋》、《劍鋒》、《未來的軍隊》、《法國和她的軍隊》、《戰爭回憶錄》和《希望回憶錄》等。

東西方冷戰基於「馬歇爾計畫」嗎

　　美國和蘇聯都想「領導世界」。美國要獨霸世界，而蘇聯絕不允許美國任意主宰；美國要使東歐變成所謂的「自由世界」，而蘇聯絕不允許美國插足蘇聯的勢力範圍；美國要關心和擴展它的經濟利益，而蘇聯要擔心和保障自身的安全利益；美國要在全世界推行資本主義，包括美國的價值觀念和生活方式，而蘇聯要在全世界推行以自己為樣板的社會主義。

　　美蘇聯是戰後兩大強國，它們的一個共識是，在剛剛經歷了第二次世界大戰以後，必須避免直接交戰。但它們之間的策略目標、構想、利益的衝突和社會主義、資本主義兩種制度的對立，必然導致昔日盟友反目成仇，這是冷戰的根本起因。

● 杜魯門計畫

　　第二次世界大戰後，歐洲大部分地區經過德國的掠奪和盟軍的轟炸，已經變得支離破碎，工廠陰冷淒涼，寂然無煙，看不到一點生命跡象，道路網已經被破壞殆盡，車輛的燃料已經耗完。而且隨著勝利的到來，饑荒就像一個幽靈在歐洲遊蕩，隨之而來的，還有近半個世紀的冷戰。

　　西元一九四七年三月十二日，杜魯門向國會要求撥款四億美元，其中兩億五千萬給希臘，一億五千萬給土耳其，以抵抗共產主義的侵略，最後總統的計畫通過了。

　　這份名為杜魯門主義（Truman Doctrine）的檔案，在美國外交史上具有劃時代的意義。它象徵著美國已經徹底走入冷戰，而這也是美國第一次大規模介入其他國家的內戰。實際上，當時希、土兩國的情況並不像美國人所聲稱的那樣嚴重，對此杜魯門心裡有數。情況不嚴重的希臘和土耳其尚且得到美國傾力支持，那麼對於被貧窮和共產主義困擾的歐洲，美國要如何應對呢？

● 東西方冷戰開始

這種情形下，馬歇爾計畫（The Marshall Plan）非常出名。馬歇爾計畫，又稱「歐洲復興計畫」，表面上看來，馬歇爾計畫是一個純粹的經濟援助計畫，馬歇爾在談話中也說，這個計畫不針對任何國家，而是針對「飢餓、貧窮、絕望和混亂」；但實際上人們已經知道，這個計畫有著深刻的政治背景。杜魯門說，它與「杜魯門主義」是「一個核桃的兩個半邊」，主要目的是對付蘇聯。

蘇聯也想參加馬歇爾計畫。史達林說，社會主義蘇聯和資本主義美國在戰爭年代能夠合作，在和平年代為什麼就不能合作呢？能夠以美援度過經濟難關，豈不是一件好事？於是，史達林就派外交部長莫洛托夫（Vyacheslav Molotov），帶著八十九位經濟學家來到巴黎；但到了之後，外交部長才了解到，每一個受援助的國家都要公開自己的經濟資料備查，一下傻了眼，這件事涉及主權問題，萬萬不妥。

於是莫洛托夫一怒之下離開了會場，臨行時丟下一個警告：馬歇爾計畫會破壞國家主權，使德國死灰復燃，讓美國控制歐洲，「使歐洲分成兩個集團⋯⋯在各國關係中間製造新的困難」。

由於美國多方援助，加上巨額美元注入，歐洲的經濟狀況大大改觀，人們不再受嚴冬的煎熬，工廠有了生機，饑荒消失，人們也更加忙碌，歐洲總算度過了一次難關。對此，半個歐洲都對美國感恩戴德。

美國在歐洲推行杜魯門主義的馬歇爾計畫的順利進行，使美國政府在歐洲有一定的地位，結果導致蘇聯和美國對立，世界和平的格局被打破，陷入了東西方冷戰狀態。

相關連結 —— 馬歇爾計畫

西元一九四七年六月五日，美國國務卿喬治・馬歇爾（George Marshall）在哈佛大學發表演說，第一次提出援助歐洲經濟復興的方案，因此得名為「馬歇爾計畫」。

馬歇爾計畫認為，當時的歐洲經濟瀕於崩潰，糧食和燃料等物資極度匱乏，需要的進口量遠遠超過它的支付能力。如果沒有大量的額外援助，就會面臨性質惡劣的經濟、社會和政治的危機。因此馬歇爾呼籲，歐洲國家應共同制定一項經濟復興計畫，美國則用其生產過剩的物資來援助歐洲國家。

西元一九四七年七月至九月，英、法、義、奧、比、荷、盧、瑞士、丹、挪、瑞典、葡、希、土、愛爾蘭、冰島十六國的代表在巴黎舉行會議，並決定接受馬歇爾計畫，建立歐洲經濟合作委員會，建議美國在四年內提供援助和貸款兩百二十四億美元。

西元一九四八年四月，德國西部占領區和的第里雅斯特自由區，也宣布接受美國國會通過的《對外援助法案》（*Foreign Assistance Act of 1948*），馬歇爾計畫正式執行。

馬歇爾計畫實施期間，西歐國家的國民生產總值成長了四分之一。馬歇爾計畫也成為戰後美國對外經濟技術援助最成功的計畫，為北大西洋公約組織和歐洲經濟共同體的建立奠定了堅實的基礎，促進了西歐的聯合和經濟的恢復。

不負責歷史課，刷新三觀的懸案八卦：

隋煬帝弒父 × 李世民奪嫡 × 亨利八世離婚鬧劇 × 甘迺迪總統刺殺案，潛入歷史深處，知識與解謎的雙重享受！

作　　者：陳深名

編　　輯：吳真儀

發 行 人：黃振庭

出 版 者：崧燁文化事業有限公司

發 行 者：崧燁文化事業有限公司

E - m a i l：sonbookservice@gmail.com

粉 絲 頁：https://www.facebook.com/
　　　　　sonbookss/

網　　址：https://sonbook.net/

地　　址：台北市中正區重慶南路一段六十一號八樓
　　　　　815 室

Rm. 815, 8F., No.61, Sec. 1, Chongqing S. Rd.,
Zhongzheng Dist., Taipei City 100, Taiwan

電　　話：(02)2370-3310

傳　　真：(02)2388-1990

印　　刷：京峯數位服務有限公司

律師顧問：廣華律師事務所 張珮琦律師

定　　價：350 元

發行日期：2023 年 11 月第一版

◎本書以 POD 印製

Design Assets from Freepik.com

國家圖書館出版品預行編目資料

不負責歷史課，刷新三觀的懸案八
卦：隋煬帝弒父 × 李世民奪嫡 ×
亨利八世離婚鬧劇 × 甘迺迪總統刺
殺案，潛入歷史深處，知識與解謎
的雙重享受！/ 陳深名 著 . -- 第一
版 . -- 臺北市：崧燁文化事業有限
公司 , 2023.11
面；　公分
POD 版
ISBN 978-626-357-827-2(平裝)
1.CST: 世界史 2.CST: 通俗史話
711　　112018223

電子書購買

臉書

爽讀 APP